公共图书馆资源建设与发展研究

刘 静 著

吉林科学技术出版社

图书在版编目（CIP）数据

公共图书馆资源建设与发展研究 / 刘静著. -- 长春:
吉林科学技术出版社, 2022.12
ISBN 978-7-5744-0079-5

Ⅰ. ①公… Ⅱ. ①刘… Ⅲ. ①公共图书馆—文献资源建设—研究 Ⅳ. ①G258.2

中国版本图书馆 CIP 数据核字(2022)第 244332 号

公共图书馆资源建设与发展研究

著　　刘　静
出版人　宛　霞
责任编辑　杨超然
封面设计　正思工作室
制　　版　林忠平
幅面尺寸　185mm×260mm
开　　本　16
字　　数　290 千字
印　　张　13
印　　数　1–1500 册
版　　次　2023年8月第1版
印　　次　2023年10月第1次印刷

出　　版　吉林科学技术出版社
发　　行　吉林科学技术出版社
地　　址　长春市福祉大路5788号
邮　　编　130118
发行部电话/传真　0431-81629529 81629530 81629531
81629532 81629533 81629534
储运部电话　0431-86059116
编辑部电话　0431-81629518
印　　刷　廊坊市印艺阁数字科技有限公司

书　　号　ISBN 978-7-5744-0079-5
定　　价　85.00元

编委会

前　言

进入二十一世纪以来，在社会主义文化大发展大繁荣的背景下，全国各地公共图书馆新馆纷纷建立，图书馆的办馆条件大大改善。各地图书馆都开始意识到提升图书馆的管理能力，增强文化服务的效能，是保持公共图书馆全面、可持续化的发展前提，也是公共图书馆生存和发展的必要条件。本教材的目的是帮助图书馆专业的学生和公共图书馆的工作人员理解什么是公共图书馆的服务，如何提高公共图书馆的服务质量，以及如何掌握新时期公共图书馆管理理论进而如何提升公共图书馆的服务效能。

当前，公共图书馆作为公共文化服务体系的重要组成部分，在传承和保护中华民族优秀文化、满足人民基本文化需求、提高全民族文明素质、建设社会主义文化强国等方面的作用日益凸显，这也对各级公共图书馆进一步拓宽视野、更新理念、强化业务、提升服务、培养人才等提出了更高的要求。

在构建现代公共文化服务体系中，公共图书馆通过各类馆藏和馆员的自身专业能力来满足公众日益增长的对知识、信息及相关文化活动的需求，公共图书馆投入的各项资源要在满足读者和用户需求中体现出能力和效率。服务是图书馆存在与发展恒久不变的主题，作为一个将毕生的精力都付诸图书馆实践的人来说，几十年孜孜不倦追求的就是如何做好图书馆服务，使图书馆在服务读者、传播知识中充分发挥作用；服务还是一种实践性的活动，在人们走进图书馆后，如何为其提供服务，如何提升服务效能，这是图书馆需要具备的专业素养。服务的过程需要理念的指引，需要理论指导实践；服务的实践也需要遵循规律，需要借助技巧。管理是理论与实践的结合，管理的过程主要也是实践。

《公共图书馆资源建设与发展研究》一书，在内容组织方面以公共图书馆核心业务工作的实际需求为导向，在对公共图书馆的服务、管理等问题进行了充分的阐释。全书内容共分六个章节，具体如下：

第一章主要介绍公共图书馆概述，包括公共图书馆的起源与发展、公共图书馆的性质与特点、公共图书馆的职能以及公共图书馆类型与形态。

第二章主要介绍公共图书馆信息资源，包括信息资源的发展与变化、信息资源的类型与特征、信息资源建设的基本原则及其信息资源服务的基本理念。

第三章主要介绍公共图书馆文献及数字资源建设，主要包括文献资源组织与管理、文献资源建设、数字资源建设。

第四章主要介绍公共图书馆的管理，包括公共图书馆战略管理、公共图书馆设备与经费管理、公共图书馆人力资源管理、公共图书馆统计以及公共图书馆营销。

第五章主要介绍公共图书馆读者服务，包括读者服务概论、公共图书馆基本服务、面对特殊群体的服务、政府信息公开服务以及基于新媒体的服务。

第六章主要介绍公共图书馆资源建设标准与服务标准，包括公共图书馆资源建设标准与服务标准的必要性及目标、公共图书馆的信息资源建设标准以及公共图书馆的服务标准。

本书由榆林市星元图书楼刘静、袁丽丽、王丹凤负责审校工作。

本书在编写过程中查阅了大量资料，在此对相关人员表示衷心的感谢。由于编者的理论水平和实践经验有限，书中难免有错漏之处，恳请广大读者批评指正，以便再版时修正完善。

目　录

第一章　公共图书馆概述

第一节　公共图书馆的起源与发展

研究和探讨公共图书馆的起源与发展，首先要考察图书馆这一文化现象在人类文明发展史上的发端及其历史发展的社会文化原因。

一、公共图书馆的起源

1. 文字的发明

图书馆的起源与人类文明起源与发展紧密相联系。图书馆起源的一个最重要的历史文化背景就是文字的发明。作为记录和传达语言的书写符号，文字与宗庙建筑、金属冶炼技术等一起，被认为是人类进入文明社会的重要标志。恩格斯在《家庭·私有制和国家的起源》一文中对此进行了阐述："从铁矿的冶炼开始，并由于文字的发明及其应用于文献记录而过渡到文明时代。"在世界文明发展史上，先后出现了象形文字、表意文字和表音文字。象形文字的出现被认为是埃及早王朝时期（约公元前3100年—公元前2686年）开始的标志之一，在此后的3000多年中，象形文字一直为埃及人所使用。"象形文字"一词在希腊语中意味着"神圣符号"，它是一种纪念性的文字，刻写在坚硬的表面或精心描绘出来。古埃及的象形文字多书写在纸草之上，这是一种称为纸草的水生植物的茎芯制作而成的书写材料，书吏多采用以芦苇的纤维制成的笔进行书写，将多张纸草黏合在一起，就成了纸草卷"。

中国的汉字则兼具象形、表意和表音的特点。所谓"画成其物，随体诘诎，日月是也"，讲的就是汉字象形的特点；"视而可识，察而可见，上下是也"，讲的就是汉字表意的特点；"以事为名，取譬相成，江河是也"，讲的就是汉字表意和表音相结合的特点。这些都是中国东汉学者许慎在《说文解字序》中列举的例子。他还描述了文字的起源："古者庖羲氏之王天下也，仰则观象于天，俯则观法于地，视鸟兽之文与地之宜，近取诸身，远取诸物，于是始作易八卦，以垂宪象。及神农氏结绳为治而统其事，庶业其繁，饰伪萌生。黄帝之史仓颉，见鸟兽蹄迒之迹，知分理之可相别异也，初造书契。仓颉之初作书，盖依类象形，故谓之文；其后形声相益，即谓之字。"

文字需要有书写和记录的载体，这样，伴随着文字的发明，文献也就应运而生了。

2. 文献的出现

图书馆起源的另一个最重要的历史文化背景就是文献的出现。文献的出现与文字的发明是互为依存的文化现象。所谓“夫文字者，坟籍根本”。文字通过文献的载体来加以展示记录，文献通过文字书写刻印的形式来予以保存。许慎在《说文解字序》中认为：“盖文字者，经艺之本，王政之始。前人所以垂后，后人所以识古。”文献作为人类知识的保存载体，成为人类文明承续的集中体现。随着文献的产生与数量的增加，文献有序保存的需求开始出现，保存文献的图书馆也就应运而生了。

埃及亚历山大图书馆创建于公元前3世纪，是世界图书馆发展史上最著名的图书馆之一。历史上曾拥有藏书至少70万卷（纸草卷）。这些文献最大范围地覆盖了世界上各个时代已知的科学文化作品。文献的出现成为图书馆起源的文化基础，而图书馆的出现与发展又为文献的长期保存提供了条件。中国现在保存在781个图书馆等机构（不包括台湾省）中的纸质古籍善本文献多达13万部。

3.“图书馆”的词源与图书馆的起源

“图书馆”的对应英文为Library，来源于拉丁语的Libraria；在意大利语和西班牙语中为Biblioteca，则是从拉丁化的希腊词Bibliotheca和Dnkn来的，都具有藏书处所的含义。今天的两河流域（又称美索不达米亚）是世界最早图书馆的发源地。1889-1900年，美国考古学家彼得斯（John Punnett Peters）在伊拉克境内位于巴格达以南的尼普尔（ Nippur）的一个寺庙废墟附近，发现了许多泥版图书，其被认为是4000多年前世界上最早的图书馆或档案馆遗存文献的一部分。这样的考古发现，在19世纪后期和20世纪前期曾有过多次。

公元前7世纪，亚述巴尼拔国王在位于底格里斯河上游的尼尼微（今伊拉克摩苏尔附近）建立了一所皇宫图书馆。1845年至1851年，英国人A.H.莱亚德在尼尼微古城发现了大约3万块有楔形文字的泥板。古埃及至迟在古王国时期（约公元前28世纪—公元前23世纪）建有王室图书馆和寺院图书馆。古代希腊和罗马时期也建有为上层贵族保存文献的图书馆以及一些著名学者的私人图书馆。闻名于世的亚历山大图书馆由托勒密一世创建于公元前288年，典藏丰富，学者云集，是古代图书馆的代表。

在中国，伴随着早期的甲骨文献、金石文献、泥陶文献、简牍文献和缣帛文献的出现，图书馆也随之产生了。《尚书·多士》中记载：“惟殷先人，有册有典”，《墨子·鲁问》中也有“书之于竹帛，镂之于金石”的字句。《周礼·春官宗伯》中记载：“大史掌建邦之六典，以逆邦国之治”，“小史掌邦国之志，奠系世，辨昭穆”，“外史掌四方之志，掌三皇五帝之书”。这说明周代的大史、小史、外史等官，掌管着皇宫的三皇五帝之书，负责各类文献档案的收集、整理和保存，成为国家管理典藏文献的专门职官，而这些文献在王室中的典藏处所则成为中国古代图书馆的萌芽。《史记·老子韩非子列传》中记载：“老子者，楚苦县厉乡曲仁里人也，姓李氏，名耳，字聃，周守藏室之史也。”因此老子被誉为中国古代最早的图书馆馆长。司马迁在《史记·太史公自序》中曾提到了古代图书馆的名称：“秦拨去古文，焚灭《诗》《书》，故明堂、石室、金匮玉版图籍散乱。”据此，明堂、石室、金匮等被认为是当时的国家藏书之所。

4. 公共图书馆的萌芽

（1）图书馆向公众开放的进程

公元前3世纪，由托勒密一世创建的埃及亚历山大图书馆曾向所有公民开放；古罗马的图书馆也曾向城市自由民开放，欧洲中世纪的贵族、僧侣或新兴的富裕阶层的一些私人图书馆也曾向学者和一些市民开放；在回教图书馆发展时期的伊拉克巴格达，在一个城市中就有30所向公众开放的图书馆，这些都具备了公共图书馆的一些性质和要素。15世纪初期，也出现过个别为市民服务的城市公共图书馆，如德国的不伦瑞克市在1413年就有这样的城市图书馆，“但在中世纪后期，这一类型的图书馆还没有显示出它的活力”。同时期的梵蒂冈图书馆从世界各地收集了古典文献，以便公众使用，但其服务的范围还局限于神职人员和学者。15世纪后期，居住在意大利的希腊人贝萨里昂（1403-1472）将毕生所收藏的图书赠送给威尼斯市，附加条件就是向民众开放，这些珍贵图书后入藏于16世纪中期对外开放的圣马可图书馆。16世纪普鲁士阿尔勃莱希特公爵在柯尼斯堡建立的君侯图书馆中就专门辟有城堡图书馆，对外开放并提供公共服务、16世纪后期，在意大利佛罗伦萨建立的美第奇家族的洛伦佐图书馆被认为是文艺复兴时期带有公共性质的早期图书馆，这一图书馆1571年正式向公众开放。1796年，经历了法国大革命后的法国国家图书馆从原先每周开放两天改为每天开放四小时。从以上例子可以看到，图书馆的公共性质在历史上有一个逐步趋向开放的发展轨迹。

（2）公共图书馆思想

在公共图书馆历史进程的实践基础上，公共图书馆思想也开始产生。16世纪上半叶，马丁·路德等人倡导德意志城镇图书馆是为一般市民服务的理念。17世纪中期，出任法国马萨林图书馆馆长的诺代提出了“图书馆不应该专为特权阶级服务”，“馆藏不应当有倾向性和排他性”，“图书馆必须向一切研究人员开放”的思想，图书馆的办馆宗旨就是“向一切愿意来馆学习的人开放”。17世纪后期，长期担任公爵图书馆馆长的莱布尼茨（1646-1716）提出了“图书馆的头等重要的任务是：想方设法让读者利用馆藏”，主张尽可能地延长开馆时间，不要给图书出借规定太多的限制，并要求馆内有取暖设备和灯光设备。曾任英国不列颠博物馆馆长的帕尼齐（1797-1879），1856年出任第六任馆长、对馆藏政策，他认为“不列颠博物馆应当收藏世界上一切语种的有用的珍贵图书，英文的藏书应当是世界第一的，俄文藏书应当在俄国境外是第一的，其他外文的收藏也应当如此”。不仅如此，帕尼齐设计的圆顶巨型阅览室建成后，读者从1856年的5万人次增加至1888年的20万人次。

（3）会员制图书馆的出现

18世纪英、美等国出现的会员制图书馆成为近代公共图书馆的雏形。富兰克林（1706-1790）在其自传的“创建图书馆”部分描述了他1731年在美国费城创建会员制图书馆的情景：

“我们读书俱乐部的会员们每个人都有一些书。起初我们聚会的场所是一家啤酒店，后来我们离开了那地方，租了一间开会的房间。因此我提议大家把自己的一部分书籍拿到那间房子，这样对大家都有利，而且在我们讨论的时候参考方便，而且每个人都可以把他需要的书借回家去读。我们就这样做了，开始的时候大家都感到很满意。接着，我进一步提出了一个推广读书的建议：创立一所公共图书馆，让更多的人可从书籍当中受益。于是我起草了一个简单的计划，同时拟定了一个必要的章程。请精于此道的公证人查尔斯。布罗克登先生把这些规则改写成为一份图书订阅合同，按照合同规定，每个订阅图书的会员必须先付一笔钱，用以图书馆购买第一批书籍，以后每年支付一定的费用来添置图书。

那时候，在整个费城读书的人还非常少，我们这些人大多数很穷，以致我东奔西跑只不过找来了50来个年轻的商人，愿意为此先付40先令，以后每人每年付10先令。我们就靠了这样小小的一笔资金起家，从国外进口书籍，图书馆每周开放一天，向会员出借书籍。如果过期不将图书归还，就会按照事先约定的条款加倍罚款。这种图书馆不久就显示出它的优越性，很快，其他的城镇和地区也开始仿效了。一时间，读书成了时髦的事情。而且图书馆因为大量的私人捐赠得以扩大。因为大众没有其他公共娱乐来转移他们对读书的兴趣，于是就和书结下了不解之缘。没过几年，从外地来的人就发现这里的民众比同一层次的其他国家的人民更有知识、更有教养。”

会员制图书馆的会员有三项权利：一是可以借书；二是可以要求添购自己想要看的书；三是在每年一次的会员大会上有权选举图书馆管理员。这种会员制图书馆后来也逐渐向非会员开放，成了真正的公共图书馆。费城市民曾亲切地称会员制图书馆为“我们的市图书馆”。会员制图书馆在美国发展迅速，至1870年已超过千所。与此同时，18世纪上半期的英国在商业性的租借图书馆基础上也出现了非商业性的会员图书馆，或名之为“图书俱乐部”，但限于会费的交纳，尚局限在有一定收入的知识阶层。

二、世界公共图书馆的发展

1. 世界图书馆发展的文化背景

对于20世纪前的欧洲地区图书馆发展历史，曾担任团际图联主席的卢克斯(Claudia Lux)曾进行了如下的总体勾勒：公元前300年的欧洲图书馆：面向天文学、植物学、语言学、动物学；6-15世纪的欧洲修道院图书馆：面向神学、哲学、文学、艺术、科学；16-19世纪的欧洲图书馆：面向人文学科、艺术和科学方向发展。图书馆作为人类社会的一个普遍的文化现象，其产生和发展同宗教、社会、文化、政治、学术等都有着密切的联系。

(1) 宗教与图书馆的发展

在世界图书馆的发展史上，宗教与图书馆的发展有着特别紧密的内在联系。早在公元前250年前，在中东的耶路撒冷就创办有基督教的图书馆，公元3世纪至5世纪，基督教图书馆在欧洲和北非各地迅速发展起来。到了中世纪(476-1640)，宗教的作用愈益显著。修道院图书馆成为欧亚各国的普遍现象，如意大利博比奥修道院图书馆，君士坦丁堡的东正教图书馆，叙利亚大马士革、伊拉克巴格达的回教图书馆等。此外，还有大量的教廷图书馆，如罗马的教廷图书馆等。将搜集典籍作为毕生追求的尼古拉五世帕伦图契里，曾重建了梵蒂冈图书馆，成为15世纪意大利最重要的图书馆。16世纪的宗教改革给欧洲各国的修道院图书馆及其馆藏造成了很大的损失；与此同时，宗教改革领袖马丁·路德（1483-1546）对图书馆也十分重视，他在1524年《给德意志所有城市的参议员的信》中写道："为了建立新的图书馆或图书室，不应当吝惜汗水和金钱，在那些有能力做到这一点的大城市，更是不应当吝惜。"16世纪中期，位于慕尼黑的联邦德国巴伐利亚州立图书馆的前身皇家图书馆开始建立，随着教会的世俗化，至1803年，历史悠久的教会和修道院图书馆的大批珍藏入藏该馆，1829年易名为宫廷图书馆，以重点收藏考古、语言和历史文献为其特色。

（2）文艺复兴、印刷术的发明与图书馆的发展

文艺复兴推动了世界图书馆事业的发展。恩格斯曾对文艺复兴作了如下的评价："这是一次人类从来没有经过的最伟大的、进步的变革，是一个需要巨人而且产生了巨人——在思维能力、热情和性格方面，在多才多艺和学识渊博方面的巨人的时代。"文化的繁荣促进了文献的学习、流通和典藏，而印刷术的发明使文献的购买成为更为普遍和更为容易的事情。通过雕版或活字技术以及手工抄写可以将孤本化身千百，知识资源的数量不断增加，知识信息传播的需求也不断增强，各类图书馆特别是私人图书馆不断涌现，图书馆的馆藏日益丰富。意大利佛罗伦萨的美第奇家族图书馆以其世代传承的丰富馆藏闻名于世，而米开朗琪罗为洛伦佐·美第奇图书馆的设计更是为其锦上添花。15世纪后期，受意大利文艺复兴的影响，弗朗索瓦一世（1494-1547）于1534年在路易十一世的基础上又在巴黎南部的国王行宫——枫丹白露宫建立了一所意大利风格的皇家图书馆，人文主义者比代（1468-1540）出任了该馆馆长。弗朗索瓦一世还于1537年12月28日颁布了呈缴文献的《蒙彼利埃敕令》，在世界图书馆发展史上产生了重要的历史影响。在意大利北部的切泽纳镇，至今还保存着现存唯一的文艺复兴早期的图书馆——马拉特斯塔图书馆。11世纪中期，中国毕昇（约970-1 051）发明了泥活字印刷，至15世纪中期，德国人谷登堡（1400-1468）发明了金属活字印刷。活字印刷处于摇篮时期的刊本称为"摇篮本"，现保存于世的已成珍稀善本。

（3）政治与图书馆的发展

16-18世纪，德国在普法战争之前曾分成了许多诸侯小国，在各地诸侯建立的城邦首府中都建了带有私人性质的君侯图书馆，如16世纪海德堡的帕拉丁纳图书馆以及普鲁士的阿尔勃莱希特（ 1490-1568）公爵在柯尼斯堡建立的君侯图书馆。其中柯尼斯堡君侯图书馆还颇有特点地析分为二：一为专供公爵使用能宫室图书馆，一为对外开放的城堡图书馆。16世纪下半叶出现在西班牙的"巴沼克"图书馆，以经营者多为郡主和诸侯而体现出豪华、浮夸的风格，而文献的大量增加使巴洛克图书馆开始形成依靠墙壁摆放书架的图书使用和管理方式，其代表就是1567年在西班牙马德里近郊建立的艾斯库略尔宫大厅图书馆。受这种大厅式图书馆建筑样式的影响，17世纪初在意大利的米兰和罗马分别新建了安布罗西安图书馆和安吉洛图书馆。17世纪中期在法国巴黎出现的著名的马萨林图书馆，1642年著名学者诺代（ 1600-1653）出任馆长之后，提出了一些政治方面的考虑，如图书馆不应该专为特权阶级服务，馆藏不应当有倾向性和排他性，图书馆必须向一切研究人员开放，经营图书馆的目的不在于提高图书馆所有者（君主、诸侯、贵族等人）的声誉等。19世纪上半期，拿破仑征服了许多

国家，他把许多图书作为战利品从荷兰、德国、奥地利、西班牙、意大利等国带回了法国巴黎，入藏法国国家图书馆，这样，法国国家图书馆成为法国最大的图书馆，并跻身全世界最大图书馆的前三甲。

（4）学术进步与图书馆的发展

在欧洲，随着人文与自然科学的进步，从15世纪末开始，先后出现了一些专门的图书馆。如1497年建立的林肯学院图书馆，即为英国历史最为悠久也是最大的法律图书馆；1735年在德国汉堡成立的商业图书馆；1752年在哥丁哈根建立的皇家园艺图书馆；1763年在法兰克福创立的曾肯体堡图书馆，成为一所医学专业的图书馆；1766年创设于荷兰西部城市莱顿的荷兰文学社，成为欧洲最重要的文学专业图书馆。

（5）博物馆与图书馆的发展

博物馆与图书馆作为不同的文化现象，两者之间你中有我、我中有你，在历史上互相联系、互相融合。1753年经英国议会立法成立了不列颠博物院，其中分为图书馆和博物馆两部分。被誉为“图书馆员的拿破仑”的帕尼齐，于1856年出任不列颠博物馆第六任馆长（1866年退职），并设计了世界闻名的圆顶巨型阅览室和铁制书库，为人们留下了卡尔·马克思在这里看书学习并写作《资本论》的佳话。1971年由F.S丹顿提出白皮书，建议将图书馆从博物院分出，单独成立英国国家图书馆，这一建议当年获得英国议会批准通过，1973年不列颠图书馆正式独立建制运行，18世纪初，法国国家图书馆也设立了铜版画部和勋章部，在收集图书文献的同时，也承担起了一般由博物馆承担的收集珍贵文物的使命。

2. 世界公共图书馆发展进程中的重要人与事

如果说19世纪中叶以前的图书馆只是公共图书馆的萌芽的话，那么19世纪后50年在英、美等国出现的图书馆，则被认为是近代意义的公共图书馆，在此基础上，全球各国的公共图书馆开始大量涌现。近代意义的公共图书馆具有三大特点：一是向所有读者免费开放；二是经费来源于地方行政机构的税收；三是设立和经营必须有法律依据。这就将公共图书馆与此前具有公共性质要素的图书馆区分开来了。

（1）公共图书馆法的制定

为了使公共图书馆的发展与运行纳入法制的轨道，美国的马萨诸塞州议会于1848年通过了在波士顿市建立公共图书馆的法案，两年后，英国议会通过了《公共图书馆法》，这些都是世界上较早的公共图书馆法规。

（2）爱德华兹与杜威

爱德华兹与杜威是近代公共图书馆发展史上做出重要贡献的人物。爱德华兹（Edward Edwards，1812-1886）是英国图书馆学家，出生于英国伦敦，曾经在不列颠博物馆图书馆印本部从事编目工作，参与了首部公共图书馆法的编制。1851年出任曼彻斯特公共图书馆的首任馆长，被誉为“英国公共图书馆之父”。爱德华兹于1869年撰写出版了《免费的市立图书馆》，提出了免费的市立公共图书馆是图书馆的最高形式，也是面向社会的重要形式。这一经典的著作及其观点，在经历了150年之后，依然让人感到深刻和亲切。

另一位对公共图书馆事业做出重要贡献的是杜威（Melvil Dewey，1851-1931），美国图书馆事业家和教育家，出生于纽约，曾经在阿默斯特学院就读，毕业后在该学院图书馆工作。杜威一生中做了多件在图书馆发展史上影响巨大的事情：一是1876年发明编制了《杜威十进分类法》（初名为《图书馆图书小册子排架及编目适用的分类法和主题索引》，1951年第15版改为现名），为全球各国图书馆广泛采用；二是与美国图书馆界同行一起在费城参加全美图书馆员大会并倡议成立了美国图书馆协会；三是创办了美国第一种图书馆学专业期刊——《图书馆杂志》；四是开办了图书馆用品公司，推动了图书馆家具设备的专门化和标准化。

（3）国际图联的建立

随着全球图书馆事业的发展，19世纪末至20世纪初，在英国、法国、美国、瑞士、德国、比利时、捷克等国家先后召开了各种规模和类型的国际图书馆员大会和图书馆大会，为国际图联的创建提供了基础和条件。1927年9月，适逢英国图书馆协会成立50周年，包括中国在内的全球15个国家的图书馆协会代表在英国爱丁堡联合倡议并签署协议，成立了国际图书馆协会联合会（International Federation of Library Associations and Institutions），简称国际图联（IFLA），成立初期称为“国际图书馆和书目委员会（International Library and Bibliographical Committee）”。1971年在荷兰海牙正式注册，总部设在荷兰国家图书馆（皇家图书馆）内。国际图联拥有来自147个国家和地区的1852个会员，并设有公共图书馆和大都市图书馆专业委员会。“世界变得越来越小了，图书馆员可以为他们的读者在世界范围内搜寻信息，可以和他们的同行在全球范围内讨论图书馆工作问题。国际图书馆协会联合会，即IFLA，就是这样一种为上述工作提供支持的关系结构网络。”

（4）《公共图书馆指南》

1986年，国际图联编制出版了《公共图书馆指南》，1998年，国际图联公共图书馆专业组决定对其进行重新修订。经过多次大会讨论和征求意见并进行修改，《公共图书馆服务发展指南》在2001年8月于美国波士顿召开的第67届国际图联大会上正式出版发行，这一修改事项也得到了联合国教科文组织的支持和参与。《公共图书馆服务发展指南》共分为六部分，即公共图书馆的作用与目标、法律与经费制度、适应用户的需求、馆藏建设、人力资源、公共图书馆的管理与宣传，另外附有国际图联和联合国教科文组织《公共图书馆宣言》、芬兰图书馆法案、图书馆用户服务承诺、加拿大安大略与西班牙巴塞罗那图书馆建筑标准等。

（三）我国公共图书馆的发展

1．我国古代图书馆的发展

（1）先秦两汉图书馆的发展

秦朝统一中国后，秦始皇于三十四年（公元前213年）采纳宰相李斯的建议，“非秦记皆烧之。非博士官所职，天下敢有藏《诗》、《书》、百家语者，悉诣守、尉杂烧之。有敢偶语《诗》、《书》者弃市。以古非今者族。吏见知不举者与同罪。令下三十日不烧，黥为城旦。所不去者，医药卜筮种树之书”。这就是著名的“焚书坑儒”的“焚书”事件，使先秦积累的文献遭到了“皆烧之”的厄运。西汉初年，开始着手建立石渠阁作国家藏书之所，典藏入关所得秦代的图籍文书。汉惠帝四年（公元前191

年），“除挟书之律，儒者始以其业行于民间”。汉武帝时．“开献书之路，置写书之官，外有太常、太史、博士之藏，内有延阁、广内、秘室之府”。东汉光武中兴，“四方鸿生巨儒，负褒自远而至者不可胜算。石室、兰台，弥以充积。又于东观及仁寿阁集新书”。

（2）三国魏晋隋唐图书馆的发展

汉代纸的发明，对文献和图书馆起了重要的作用。《后汉书·蔡伦传》中记录了蔡伦造纸的史实：“自古书契多编以竹简，其用缣帛者谓之为纸。缣贵而简重，并不便于人。伦乃造意，用树肤、麻头及蔽布、鱼网以为纸。元兴元年奏上之，帝善其能，自是莫不从用焉，故天下咸称‘蔡侯纸’。随着纸的发明，文献数量大幅增加，特别是写本文献成为公私收藏的重要文献，《晋书·左思传》中记载的“洛阳纸贵”的故事也从一个侧面反映了纸的流行和写本书的兴盛。三国魏晋时，国家的典籍“藏在秘书中外三阁”和东观‘圳。南北朝时，朝代更迭，图书馆的藏书屡遭厄运，图书散乱殆尽，但其间时有整理秘阁、裨残补阙的情况。隋代统一之后，曾进行了较大规模的访书抄书活动，有的“秘阁之书限写五十副本”，使东都洛阳的观文殿、修文殿以及西京嘉则殿的藏书得以补续残缺，藏书之富，冠绝古今。”。唐朝建立后，继续购募遗书，并大加搜写，广采天下异本，使秘书省、弘文馆、史馆、崇明馆、集贤院等四部充备，唐代发明了雕版印刷技术后，至五代，刻书数量大增，为以后图书馆的文献典藏提供了新的文献载体。

（3）宋元明清图书馆的发展

继汉代纸的发明、唐代雕版印刷术的发明之后，宋代沈括在《梦溪笔谈》中记载了泥活字印刷的发明：“庆历中，有布衣毕昇又为活版”，并详细叙述了泥活字的制作印刷方法。之后，元代王桢又在《农书》附录的文章《造活字印书法》中介绍了木活字印书省便之法。雕版印刷术和活字印刷术的发明形成了印本文献的时代，使图书馆的典藏发生了巨大的变革。北宋时，新建了崇文院、秘阁，另设有宫内藏书楼太清楼、龙图阁以及天章阁等。南宋的秘书省则建有规模庞大的右文殿、秘阁、道山堂、石渠等图书馆藏书处，分东廊和西廊八十多间秘阁书库。元代的皇家图书馆珍藏在承续辽代和金代以及收掠宋代藏书的基础上也有一定的发展。明代建都南京后，于洪武年间建皇家图书馆大本堂和国子监，取古今图籍充其中，而以收藏《永乐大典》闻名于世的文渊阁更是成为皇家图书馆的藏书中心。永乐年间迁都北京后，进一步购募天下遗籍，贮于文渊阁，又有皇史宬等收藏档案。清代的皇家图书馆不仅有收藏《四库全书》的北方宫廷四阁（文渊阁、文源阁、文津阁、文溯阁）和江南三阁（文汇阁、文宗阁、文澜阁），还有皇宫中专门收藏善本的天禄琳琅、宫廷刻书并藏书的武英殿等专门图书馆。明清私人图书馆也有很大发展，较著者有天一阁、汲古阁、澹生堂、绛云楼、海源阁、铁琴铜剑楼、皕宋楼等。日本学者岛田彦桢在20世纪初期写有《皕宋楼藏书源流考并购获本末》，提供了清代私人图书馆的许多情况。同时，宋元明清还有不少书院图书馆，在古代图书馆发展史上也有重要的作用。

2．我国近现代公共图书馆的萌芽与发展

（1）我国最早的公共图书馆

在西方公共图书馆发展的同时，东方中国的公共图书馆也开始出现。1849年创建的上海Book Club（上海书会，后易名上海图书馆，英文名为Shanghai Librafi）在进入20世纪后改英文名为Public Library. S. M G，即工部局公共图书馆或工部局公众图书馆，对外曾用中文招牌“公众图书馆”，又有洋文书院、洋文书馆、市政厅图书馆等俗称，从名称和相对的开放度体现出其公共的性质。这是“图书馆”一词在中国出现的较早的例子。1872年，日本开始设立“东京书籍馆”，并宣布对公众开放，1879年，“东京书籍馆”改名“东京图书馆”。1896年9月27日的中国《时务报》在“古巴岛述略”的文章中也列举有“图书馆”的词汇，这些都是研究“图书馆”一词在近代亚洲出现的重要史料。

（2）西方人在华创办的各类图书馆

随着西方传教士来到中国并在中国沿海城市开埠，带有西方文化色彩的图书馆与中国古代的藏书楼文化开始融合，上海作为东西文化的交汇点和最早开埠的中国沿海城市，成为近代图书馆的发源地，较典型的例子是创建于1847年的上海徐家汇天主堂藏书楼，现多用徐家汇藏书楼之名。带有西方色彩的图书馆还有其他几个例子，如创办于1871年的亚洲文会北中国支会图书馆，由英国人伟力亚力（Alexander Wylie，1815-1887）受伦敦总会的委托来上海创办，成为专门的图书馆。创办于1875年的格致书院藏书楼，由英国人傅兰雅（Joh Frver，1839-1928）在上海创办，并向中外读者提供服务。1 894年，上海圣约翰大学图书馆（后命名为罗氏藏书室或罗氏图书馆）建立，由美国圣公会传教士创办，成为中国近代较早的大学图书馆。除上海之外，武汉在近代图书馆发展史上也占有重要的位置，这是因为作为中国近代早期公共图书馆的文华公书林在此创办。1903年，美国人韦棣华（MaryElizabeth Wood，1 862-1931）在武昌县昙华林文华学校筹办图书馆阅览室，1910年春，文华学校图书馆建成，命名为文华公书林，并为学校师生和校外读者服务。

（3）20世纪初期我国各类图书馆的发展

进入20世纪，中国图书馆在中西文化交融下得到了长足的发展。1902年，京师大学堂图书馆（北京大学图书馆前身）的建立成为近代大学图书馆事业发展的重要事件。1896年至1909年，李端棻、罗振玉以及清政府学部等先后奏请筹建京师图书馆。1909年，京师图书馆宣告正式成立，缪荃孙被任命为正监督，于1912年正式对外开放，成为当时中国北洋政府时期的国家图书馆，也成为近代图书馆发展史上具有代表性的一件大事。1902年，清政府颁布施行《学堂章程》，其中有“大学堂当附属图书馆一所”，“大学堂设图书馆经营官，以各分科大学中正教员或副教员兼任”等规定，“图书馆”一词开始出现在中国官方的文件中。1904年，湖北省图书馆与湖南省图书馆先后建立，开了中国省级公共图书馆的先河。1909年，清政府提出了“京师开办图书馆”和“各行省一律开办图书馆”的要求，各地政府也积极响应并提出建馆奏折，公共图书馆建设在中国各地遂形成了一种风气。同年，邓实等人在上海创办了国学保存会藏书楼，以供会员和会外好学之士观览，这种学会学堂的图书馆成为19世纪末20世纪初中国图书馆发展的一个特色。在上海图书馆保存的盛宣怀档案中，发现有1910年盛宣怀在上海斜桥盛公馆东首计划创办上海图书馆的档案，其中有上海图书馆创办人刘氏给盛宣怀的信函以及上梅图书馆新馆的各类设计图，包括图书馆办事处地盘图样、图书馆办事处图样、图书馆中央正面图和侧面圈等，可据以了解当时图书馆普通书楼、上等书室与书楼的布局。

（4）20世纪上半期我国公共图书馆的发展

1902年，浙江绍兴的徐树兰以“存古创新”为宗旨，依靠个人的力量创办了古越藏书楼，被认为是中国近代较早的公共图书馆．并于1904年正式向社会开放。1903年，具有公共性质的武昌文华公书林建立。从1904年至1914年的10年间，中国共建立了18个省级公共图书馆。清政府于1909年颁布了《京师图书馆及各省图书馆通行章程折》，提出了供专家学者研究学艺、检阅考证和供人浏览的办馆宗旨。民国年间，各类向公众开放的公共图书馆成为中国较为普遍的社会文化教育设施。在上海，1922年上海总商会的商业图书馆、1926年的东方图书馆、1939年的上海私立合众图书馆等，都向公众提供了借阅服务，公共图书馆成为20世纪上半期图书馆发展的主流。据中华图书馆协会的统计，截至1925年，全国502所图书馆中，公共图书馆为259所，占51.6%；又据1948年出版的《第二次中国教育年鉴》的统计，发展至抗日战争前的1936年，全国图书馆数量已猛增至5196家。20世纪30至40年代，陕甘宁边区也曾创办有一些公共图书馆，如1937年5月在延安创办的中山图书馆等。

（5）20世纪下半期和21世纪初期我国公共图书馆的发展

20世纪下半期，公共图书馆发展的一个最重要的特点就是政府主导与推动。1953年，中央人民政府文化部社会文化事业管理局下发了社管图字第343号公函，要求全国各地的公共图书馆“应以图书最迅速地、广泛地在读者中间流通的总原则，开展推广、阅览、辅导、群众工作”，并积极推广为工人、农民服务的小型阅览室。1957年9月6日，国务院全体会议第57次会议批准公布了《全国图书馆协调方案》，决定在国家科学规划委员会下设图书组，并在北京、上海两个直辖市分别设立全国第一中心图书馆和第二中心图书馆；同时还决定在武汉、沈阳、南京、广州、成都、西安、兰州、天津和哈尔滨等城市分别建立9个地区性中心图书馆，开展了地区性的中心图书馆之间的分工合作。1980年5月26日，中共中央书记处举行第23次会议，听取了北京图书馆馆长刘季平所作的《图书馆工作汇报提纲》。同年6月1日，中共中央办公厅秘书局发出通知，通知指出：“决定在文化部设图书馆事业管理局，管理全国图书馆事业。书记处认为：将来还可以考虑把北京图书馆搞成一个中心，建设全国性的图书（馆）网，把图书馆办成一个社会事业。”1982年12月，文化部颁发了《省（自治区、市）图书馆工作条例》。1987年8月，中共中央宣传部、国家文化部、国家教委、中国科学院共同向中共中央、国务院提交了《关于改进和加强图书馆工作的报告》，当年10月正式下发。其中提出图书馆要把开发文献信息资源和最大限度地满足社会对文献信息的需求作为根本任务，并要求图书馆实行开架阅览。1994年起，国家文化部组织开展了对全国省、地、县的公共图书馆和少年儿童图书馆的第一次评估，并于1998年、2003年、2009年进行了第二、三、四次的评估，推动了全国公共图书馆服务体系的建设和服务与管理品质的提升。1997年1月，中共中央宣传部、文化部、全国总工会、团中央、全国妇联、国家科委、国家教委等9个部委联合下发了《关于在全国组织实施“知识工程”的通知》，倡导全民读书，建设阅读社会，推动了包括公共图书馆在内的群众性读书活动。2002年4月，由国家文化部和财政部联合实施了全国文化信息资源共享工程，创新了以公共图书馆为主体的图书馆服务内容、管理体制和信息传递技术。至2010年，全国已建成1个国家中心，33个省级分中心（覆盖率达100%），2867个县级支中心（覆盖率达95%），22 963个乡镇基层服务点（覆盖率达67%），59.7万个村基层服务点（覆盖率达98%），累计提供服务9.6亿人次461。2003年3月，国家文化部在上海召开了“部分省市城市图书馆资源共建共享工作座谈会”，肯定了上海市自2000年12月正式启动的中心图书馆总分馆建设经验。公共图书馆总分馆建设在全国逐步推开。2004年12月，国家推出了“送书下乡工程”。2005年12月23日，中共中央和国务院发布了《关于深化文化体制改革的若干意见》，其中明确指出：“国家兴办的图书馆、博物馆、文化馆（站）、科技馆、群众艺术馆、美术馆等为群众提供公共文化服务的单位，为公益性文化事业单位”，“发展公益性文化事业单位要以政府为主导，增加投入、转换机制、增强活力、改善服务，实现和保障广大人民群众的基本文化权益”，并提出“逐步形成覆盖全社会的比较完备的公共文化服务体系”。2007年8月21日，中共中央办公厅和国务院办公厅下发了《关于加强公共文化服务体系建设的若干意见》，内容包括实施全国文化信息资源共享工程、农家书屋建设工程等在内的公共文化服务工程。2011年2月，文化部和财政部共同出台了《关于推进全国美术馆、公共图书馆、文化馆（站）免费开放工作的意见》，根据意见，全国所有公共图书馆在免费开放的同时，要使基本公共文化服务质量和水平不断提升，健全服务各项目形成服务品牌。

（6）我国公共图书馆的法制进程

中国公共图书馆法的编制可追溯至1990年文化部主持《公共图书馆条例》起草工作，后因机构改革等原因而中断。2008年，文化部决定正式启动《公共图书馆法》立法。先后形成了2009年11月《公共图书馆法》的“讨论稿”和2010年3月的“征求意见稿”。2008年4月，国家住房和城乡建设部、国土资源部、文化部共同发布《公共图书馆建设用地指标》（建标［2008］ 74号），于2008年6月1日起正式施行。2008年8月，国家住房和城乡建设部、国家发展和改革委员会、文化音口共同发布《公共图书馆建设标准》（建标［2008］ 150号），于2008年11月1日起正式施行。从1994年开始编制的《公共图书馆评估标准》先后于1998年、2003年和2009年进行修订，体现了与时俱进，以适应图书馆事业发展的要求。《公共图书馆服务规范》则是由国家质量监督检验检疫总局和国家标准化管理委员会共同发布的标准规范，由文化部提出，主要由上海图书馆负责编制，浙江图书馆和长春图书馆参与编制，是近年来由国家层面正式颁布实施的首部公共图书馆的服务规范。

“国际大都市图书馆指标体系研究”是国家社会科学重点项目（05ATQ001），自2005年至2008年先后完成了阶段性成果《地界著名城市图书馆述略》和中英文对照的最终成果《国际大都市图书馆指标体系研究》，创建了由资源条件、服务效能、服务成果、影响贡献为框架结构的指标体系，对全球有代表性的16个城市图书馆进行了具体介绍，并用创建的大都市指标体系对纽约、巴黎、新加坡、香港和上海的城市图书馆详细的案例数据与事实进行了分析和比较。2010年，深圳市也完成了《图书馆之城建设指标体系研究》。

对于20世纪公共图书馆的作用可概括为：收藏更多的科学图书；建立更多的研究型图书馆；馆藏增加；开展馆际互借；信息检索；进行用户培训。图书馆的发展导致了对资源的持续性需要，即需要：更多的预算去购买图书；更多的工作人员；更大的空间。

第二节　公共图书馆的性质与特点

一、公共图书馆的性质

公共图书馆是什么？这是了解和研究公共图书馆的出发点。公共图书馆在历史上一出现，就体现出了公益性、均等性和普惠性的文化本质；同时，公共图书馆作为图书馆类型中数量最多和涉及面最广的图书馆，既具有图书馆的共同特点，也体现出与大学图书馆和专业图书馆的相异之处。

1. 公共图书馆的定义

世界各国一些权威的参考工具书和学者曾先后给图书馆下了定义，如：

《大英百科全书》："图书馆是用于阅读或研究的图书收藏，或存放这种收藏的建筑或房间。"

日本《广辞苑》："图书馆是搜集、整理、保管大量书籍，供需要的公众阅览和利用而提供的设施。"

美国学者J·贝克在《情报学浅说》中的解释："图书馆一直是我们的主要知识宝库。它们不断收藏图书、期刊和报纸，整理这些资料供日常使用，并且提供各种服务项目，帮助人们查找资料。"

我国学者黄宗忠认为："图书馆是对信息、知识的物质载体进行收集、加工、整理、积聚、存贮、选择、控制、转化和传递、提供给一定的社会读者使用的信息系统。简言之，图书馆是文献信息的存贮与传递中心。"

国际图联和联合国教科文组织在《公共图书馆服务发展指南》中给公共图书馆作了如下的定义："公共图书馆是由社区，如地方、地区或国家政府，或者一些其他社区组织支持和资助的机构，它通过提供一系列资源和服务来满足人们对知识、信息和形象思维作品的需求，社区所有成员都有享受其服务的权利。"

公共图书馆属于图书馆的一种类型，既具有图书馆的属性，又具有公共图书馆自身的特性；而公共图书馆在历史发展进程中既保持了其固有的特点，也同时注入了新的功能。通过回顾公共图书馆的发展历史，考察公共图书馆在当代新的发展，可以对其作如下的定义：

公共图书馆是由政府投资兴办或由社会力量支持兴办的向社会公众开放的图书馆类型，是知识资源收集、存储、加工、研究、传播和服务的公共文化空间和社会教育设施，具有公益性、均等性和普惠性的特点。

2. 公共图书馆的公益性

要了解什么是公共图书馆服务，首先要了解什么是公共服务。所谓公共服务，是指能使公民（及其被监护人的未成年子女）的某种直接需求得到满足，同时在某种程度上使用了公共权力或公共资源的社会生产过程。公共图书馆应当向所有公众提供免费的基本服务，以满足公众的基本文化需求。这里讲的基本服务，包括为读者免费提供多语种、多种载体文献的借阅服务和一般性的咨询服务，组织各类读者活动以及提供其他公益性服务等。公共图书馆的所有服务应当着眼于以读者为本的公益性服务，不能以营利为目的。公共图书馆的经费来源应当保障图书馆业务发展所需经费和图书馆员的工资收入。

公益性作为公共图书馆的本质属性，主要表现在以下几个方面。

（1）读者平等、无偿地使用图书馆信息资源

在公共图书馆开馆时间内，所有读者可免费到馆内使用一切资源，图书馆会为读者提供时间和空间上的保障，而且在读者使用图书馆资源期间，图书馆不得以任何理由收取任何费用。为了保障读者的合法权益，读者有权对图书管的管理提出自己意见，而且不论是专家、学者还是一般的读者都有平等接受服务的权利，图书馆工作人员对所有的读者都一视同仁，最大程度地满足读者的需求，维护读者在图书馆面前人人平等。

（2）为读者提供公共文化服务是其职责之一

公共图书馆的职责之一是为读者提供公共文化服务，而文化服务体系建设的出发点和着眼点就是满足广大群众的公共文化权益需求。公共文化服务以实现公共利益最大化为目标，服务的对象是全体民众，力求满足全体社会成员的需求，体现其公共利益，以公益性作为其工作的准则，而公共图书馆恰好满足了公共文化体系建设的需要，为公民提供免费或优惠的公共文化服务。

（3）公共图书馆具有提高公民文化信息素养的职责

图书馆在信息搜集与获取方面为读者提供个性化的服务，充当读者的“向导”，从而使得读者有选择性地获取信息，避免了阅读泛滥造成的浪费时间、浪费精力等问题，而且公共图书馆一贯坚持“平等服务”的原则，无偿地为读者提供服务。公共图书馆让每个人都拥有利用知识的权利，满足不同读者不同层次的需求，努力提高广大民众的科学文化素质，为公众通过阅读获得和谐生活提供了最好的平台。

3. 公共图书馆的均等性

公共图书馆设置布局应遵循普遍均等原则，选址要考虑服务半径、服务人口等因素，在服务工作中应平等对待每一位读者并尊重和维护其隐私。

为了缩小地区公共图书馆服务能级的差异并顺应图书馆的未来发展趋势，在全球的公共图书馆中不同程度地开展了地区间资源共建共享的活动，如我国文化部于2010年启动了“县级数字图书馆援疆行动”，为新疆地区的所有县级公共图书馆配送电子图书、电子期刊、视频资源、政府公开信息数据、网络专题信。资源等，其目的就是构建起一个覆盖全新疆的数字图书馆服务网络。

信息技术的发展是实现公共图书馆均等化的重要技术手段。信息化改进了城乡和

边远地区基层图书馆的服务方式，使发达国家及发达地区的图书馆资源能够向发展中国家和边远地区进行辐射，实现信息资源的共享。

4. 公共图书馆的普惠性

公共图书馆实行惠及全民的服务政策，即向所有公民开放，城乡“所有成员都有享受其服务的权利，而不受种族、国籍、年龄、性别、宗教信仰、语言、能力、经济和就业状况或教育程度的限制”。《公共图书馆服务规范》在总则中也指出：“公共图书馆的服务对象包括所有公众。应当注重培养少年儿童的阅读习惯，并努力满足残疾人、老年人、进城务工者、农村和偏远地区公众等的特殊需求。”伴随着中国城市化的进程，大量农村人口进入城市，而每年进城市务工者的数量也是十分惊人。为了体现公共图书馆的普惠性，作为移民城市的深圳市在1998年修改制定了《深圳经济特区劳务工条例》，对进城的农民工和外来工等享受同城待遇做出了一些安排，并于1997年在深圳市皇岗区图书馆建立了第一个劳务工图书馆，至2010年，不同形式的劳务工图书馆已建有近100家。

二、公共图书馆的意义

公共图书馆是一个专门收集、整理、保存、传播文献并提供利用的科学、文化、教育和科研机构。文献是图书馆开展一切工作的物质基础。关于图书馆的作用，或说图书馆的社会职能，1975年国际图联在法国里昂召开的图书馆职能科学讨论会上，一致认为主要是四种：

1. 保存人类文化遗产

图书馆的产生，是保存人类文化遗产的需要。为有了图书馆，人类的社会实践所取得的经验、文化、知识才得以系统地保存并流传下来，成为今天人类宝贵的文化遗产和精神财富。

2. 开展社会教育

近代资本主义大工业的产生，要求社会人有较多的劳动知识和劳动技能，图书馆从而真正走入平民百姓当中，担负起了对人的科学知识文化教育的任务。现代社会，图书馆成为继续教育、终身教育的基地，担负了更多的教育职能。

3. 传递科学情报

传递科学情报，是现代图书馆的一个重要职能。图书馆丰富、系统、全面的图书信息资料，成为图书馆从事科学情报传递工作的物质条件。在信息社会，图书馆的科学情报功能将得到加强。

4. 开发智力资源

图书馆收藏的图书资料，是人类长期积累的一种智力资源，图书馆对这些资源的加工、处理，是对这种智力资源的开发。同时，图书馆将这些图书资料提供利用，是开发图书馆用户的脑力资源。换言之，图书馆承担有人才培养的职能。

另外，图书馆作为一个文化教育机构，在人民生活水平日益提高的今天，还为人民群众提供了第五种功能：提供文化娱乐。图书馆提供的服务，满足了社会对文化娱乐的需要，丰富和活跃了人民群众的文化生活，在精神文明建设当中，起到了不可或缺的作用。

“一个城市的文化底蕴是否深厚，只要看这个城市的三馆建设的如何就知道了。”这“三馆”指的就是：图书馆、博物馆和展览馆。图书馆在这三馆中排在第一位，公共图书馆的作用是不容小觑的，它是向大众传播知识的机构，是丰富大众精神生活的重要工具，也是全体人民终生学习的基础设施。在网络时代、知识经济时代，图书馆既是信息中心，又是知识中心、知识宝库和知识源泉。社会的发展、人类的进步离不开知识，当然也离不开图书馆。

公共图书馆的发展不容忽视。图书馆是一个只有投入没有产出的单位，但它所产生的影响是长远的、是浅移默化的。

有关人士认为，发展公共图书馆首先是政府足够的重视，舍得投入大量的精力进行建设。在这个前提下，可以将公共图书馆作为公益设施的一部分，纳入城市建设规划；吸引更多优秀专业人才，加大对购书经费的投入，逐年提高购书经费的人均占有量等，使公共图书馆能充分发挥其作用。

其次，公共图书馆不能缺乏科学的管理。为了让社区的所有成员都能利用它的服务，图书馆馆舍位置、阅读及学习的设备、开放时间等，都必须从使用者的角度考虑。

此外，公共图书馆的价值体现在它的资源能够物尽其用。公共图书馆是公民的第二教育课堂，不仅肩负着保存人类遗产、普及教育的责任，而且还是社会、文化、科技、信息的中心，大众应当充分享受这一丰富资源。而我市的众多市民并不知道公共图书馆是他们应当享有的一种权益，与他们的生活是密不可分的。

图书馆行业也应该摆脱以前的旧观念，应当走出去，顺应潮流，大胆改革创新，提高职工队伍的素质，运用当今先进的技术改善图书馆的知识传播手段和服务方式。数字图书馆就是一个很好的解决方案。可以24小时全天开发，读者也可以随时随地上网访问浏览。同时相对于纸质图书来说，费用也大大节约。这一方面，北京云比特数字技术有限公司的云比特公共数字图书馆走在了前面，费用也只是纸质图书的十分之一。对于经费欠缺的尤其是一个很好的补充。

知识经济时代是要求人们必须终生学习的时代，作为基础设施的公共图书馆应该发挥其积极的作用，为公民的读书学习提供优质服务，为知识创新提供保障。各级政府都应该把公共图书馆作为一项大事来抓，因为其发展程度是衡量一个地区文明程度的重要尺度。

三、公共图书馆的特点

1．知识积淀的宝库

公共图书馆的文化结构主要包括文献、建筑、馆员、读者和技术，而文献作为知识的载体是公共图书馆文化最基本的内容和最集中的体现。人类社会创造了图书馆的模式，其重要目的就是为了让人类的文明能够有所积淀和传承。公共图书馆是人类社会时间、空间和价值观的体现。无论是古籍善本、名人手稿，还是碑帖谱牒、书信档案，无论是丛书刊物、票据册子，还是证章钱币、照片绘画，各类文献载体将人类的历史知识信息予以保存。众多城市中的公共图书馆建筑成为城市文化的标志，如象征四本巨著的法国国家图书馆，列入世界最佳建筑设计案例的美国华盛顿州西雅图市图书馆，跻身北京新十大建筑行列的中国国家图书馆二期工程和跻身上海十大文化新建筑的上海图书馆，被誉为世界文化之窗的埃及亚历山大图书馆等，都体现出公共图书馆作为人类知识积淀的象征和文化传承的符号，成为人类为之仰望的知识宝库和圣殿。历史上的图书馆，曾是一个人们发现新思想和历史真相的地方。作为典型例证的是达-芬奇的收藏。达·芬奇死于1579年，他的手稿于1 637年捐赠到米兰的Ambrosiana图书馆，1796年拿破仑将手稿转移到巴黎，此后，该收藏“消失”了170多年，直到1966年在马德里国家图书馆重新发现。图书馆在保存达·芬奇的收藏中扮演了一个重要的角色。

2. 公共文化的空间

公共图书馆是公民的一种生活方式，体现了人们的一种价值观、社会道德、公共意识、生活情趣和精神寄托。公共图书馆是平等免费的社会公共共享空间，是一处给人以心灵寄托的精神家园和幽雅宁静的公共绿洲。公共图书馆在城市化的进程中，给原城市市民与新城市市民提供逐渐融合的缓冲区域。公共图书馆给寂寞孤独者以慰藉，给贫穷无助者以鼓励，给公共文化服务以基本保障，给信息公开和公民诉求铺设社会通道。

公共图书馆是一个文化共享的社会公共空间，与私人空间相对应，它向社会各阶层的公众开放并提供服务，包括公共图书馆所属的物理空间和网络空间。与街道、广场、公园、运动场、文化活动中心等一样，公共图书馆作为公共文化共享空间，属国有资产，属全民所有。一些团体或私人出资兴办并提供公众服务的公共图书馆，则可归属于半公共空间，如上海近年来在市中心的社区街道中有书吧和书坊形式的微型公共图书馆，有的采用会员制服务方式，就是属于这种类型。

人们在生活工作中，一般有两个必然的选择，即住所与工作单位，有人也称之为两点一线，即从家里的居所出发，经过自助方式或公共交通到达工作机构上班，下班再由工作机构返回住所。除了这两个空间选择之外，有人将公共图书馆作为公众的第三选择，也形象地称之为“第二起居室”。这第三种选择，体现的是公共图书馆的普适性。如同教堂曾经在中世纪成为人们祈祷、集会、聊天、商洽生意或者互通消息的公共场所，公共图书馆一经出现，便成为人们学习、休闲、体验、约会、交流的公共空间。

公共图书馆也是政府与公民之间的信息桥梁。2008年5月1日开始实施的《中华人民共和国政府信息公开条例》规定了各级公共图书馆是政府公开信息的查阅场所，这样，公共图书馆成为了政府信息公开体系中的重要组成部分，公共图书馆也借此为广大市民与政府信息之间构建了信息共享的便捷通道。

3. 没有围墙的学校

公共图书馆被誉为没有围墙的学校，是社会教育体系的重要组成部分，是公众进行终身教育的城市教室。在公共图书馆，公众可以看书、读报、上网，听讲座、看展览、欣赏音乐、参加各类读者推广活动，还可以自愿加入图书馆志愿者或社会监督员行列。通过遍布城乡的公共图书馆服务点和网上的数字和虚拟服务，创造了人人皆学、处处可学、时时能学的社会环境。公共图书馆把个人读书与社会读书结合了起来，把个人书房与社会大书房结合了起来，把个人网上空间与互联网结合了起来，把个人的自由阅读与图书馆引领学习的推荐导读结合了起来。

公共图书馆为广大公众提供了一个巨大的学习空间。公共图书馆是一个智力开发的场所，体现出面向未来、激扬智慧的价值理念。公共图书馆作为面向公众的知识门户，为广大读者提供知识的导航。古代的图书馆曾被视为“治愈灵魂之地”（Healing Place of the Soul），如根据希腊历史学家赫卡泰奥斯所描述的，Osymandyas（拉美西斯二世）墓穴群中的神圣图书馆上的铭文就具有此等功效。

4. 文化信息的中心

公共图书馆体现了文化的积淀、文化的传播、文化的教育、文化的展示、文化的交流、文化的研究、文化的创新、文化的共享与服务。公共图书馆的文化属性包括社会性、教育性和民族性。公共图书馆作为地区的信息中心是文献流、信息流、知识流、人才流、思想流的汇聚地，也是集图书馆、博物馆、美术馆、科技馆、档案馆和文化馆（群文馆）为一体的文化活动中心。公共图书馆像是一台多重触控器，它的触角几乎可以与社会的方方面面发生各种联系和互动，在跨界中进行创新的协作，在拓展中进行互联的共享。

第三节　公共图书馆的职能

公共图书馆作为人类文明传播的圣地，负担着为科学研究服务和为大众服务的双重任务，在这里不仅积淀一个民族和国家的文明成果，而且还蕴含着国家乃至民族的走向和未来的可持续发展的文化基因。在我们现在的知识经济时代，文化日益成为每个国家强大经济实力的组成部分。我们的公共图书馆对提高全民的文化索质和生产能力也一直在发挥着重要的作用，所以我们认为公共图书馆的可持续发展已成为社会可持续发展不可分割的组成部分，要我们所有人去关注。

一、传统公共图书馆的只能

传统公共图书馆的社会职能由国际图联1975年概括为以下四条：

（1）保存人类文化遗产；

（2）开展社会教育；

（3）传递科学信息；

（4）开发智力资源。

1. 保存人类文化遗产

保存文化遗产的职能是图书馆的一项最古老的职能。图书馆是作为保存各民族文化财富的机构而存在的，以文献为物质基础而开展业务活动的。与以往不同的是现代图书馆不仅保存手写和印刷型的文献，还保存其他载体形式的资源，而且保存的目的是为了更好的使用。进入信息社会以后，"馆藏"的概念已有了变化，从而赋予了这项职能新的内涵，形成多载体全方位保存的格局。

2. 开展社会教育

图书馆要教育读者懂得获取文献资源的过程和方法、掌握进行终身学习所必需的技能。可以为社会、为读者提供最完备的学习条件：资源、场地、设备。它还是学校教育的重要组成部分，尤其是大学图书馆，更是课堂教学的补充与延续。与此同时，丰富群众的文化生活也是教育职能组成部分。进入信息社会以后，读者可以通过计算机网络进行远程信息检索，使图书馆的教育职能显得更加重要。如何让读者通过网络环境，获得知识，培养自学能力和创新能力；如何让读者了解图书馆的信息资源；如何教育读者获取和利用这些资源，都成图书馆的重要任务。

3. 传递科学信息

进入信息社会，人们对信息的依赖程度越来越大，图书馆本身又收藏有大量的科学信息资源，所以图书馆的传递科学信息的职能就变得十分突出和重要，成为现代图书馆的首要职能。图书馆通过书刊借阅、馆际互借、参考咨询、讲座、宣传报道等途径，使读者迅速、准确地获得所需的科学信息。现在借助于遍布全国，乃至全球的计算机网络，使科学信息的传递速度更快，范围更大。

4. 开发智力资源

开发智力资源的职能是图书馆承担各种职能的基础。随着文献数量的不断增长和种类的不断扩大，信息量激增，人们普遍感到利用起来十分不易。图书馆通过对信息资源进行整理、分析、综合、指引，形成有秩序、有规律、源源不断的信息流，进行广泛的交流与传递，最大限度地为读者所利用。图书馆的文献资源开发包括这样三方面的内容：

（1）对到馆的文献进行分类、编目，以便科学排架，合理流通；

（2）对馆外资源进行搜集、过滤，成为虚拟馆藏，形成更加宽广、快捷的信息通道；（3）使馆藏文献数字化，通过网络实现资源共享。

二、公共图书馆的新职能

而随着时代的发展科技的进步，社会民众的精神需求不断提高，公共图书馆又被赋予了一些新的职能。

1. 公共图书馆是地区社会活动中心

国际图联与联合国教科文组织联合颁布的《公共图书馆服务发展指南》明确指出："图书馆也是个人和团体正式或非正式聚会的重要社会中心．尤其是在无法提供聚会场所的社区显得特别重要。"这个权威性文件确定了图书馆的社会活动中心职能。

（1）举办各类讲座，发挥"城市教室"功能。各级公共图书馆要根据群众关心的各种热点问题组织专题讲座．聘请各行各业专家主讲，必要时也可请当地政府官员主讲，使图书馆真正发挥"城市教室"功能。

（2）为读者提供自由交流空间。组织专家、地方政府官员与广大读者在图书馆高雅、温馨的文化氛围中进行自由式对话，加强社会沟通，形成共识，促进社会和谐与进步。

（3）举办各类学习班，充分利用图书馆丰富的信息资源。根据各阶层群众的实际需要举办各类学习班，为人民群众升学、就业提供最实际帮助．尤其是要特别关注弱势群体的需要。

（4）为本地区的社会活动提供场地，为本地区社会发展做贡献。

（5）本地区政府官员会见外宾的首选场所。在西方发达国家市长会见外宾有时就选在图书馆阅览室进行，因为这里环境温馨、高雅，浓郁的书香和深厚的文化底蕴，使宾主双方心情舒畅、气氛融洽，有利于达成共识。

2. 引导大众阅读的方向和品位

图书馆不能仅仅满足向读者提供书刊和各类资讯，而重要的是引导大众阅读的方向和品位。这既是各级公共图书馆的优势．亦是各级公共图书馆的义不容辞的责任。为此要举办读书专题报告会，请专家评介图书，组织读者聚会评论图书，请作者与读者见面对话等等。图书馆要与出版社、书商沟通，定期推荐图书，使公共图书馆成为本地区最具权威的书评家，成为一个充满活力、魅力和吸引力的社会有机体。图书馆以自己的行动，传承先进文化，促进社会进步。

3. 图书馆是地区社会信息咨询中心

咨询就是信息的传递与共享。在信息社会，人们生活在快节奏和信息网包围中，每个社会阶层都深感自我调节和处理问题的能力减弱，渴望社会咨询机构的协助，特别是在社会转型期人们的心理承受力处于临界点更需关怀协助，而图书馆正是公认的社会咨询中心，有事先找图书馆成为文明社会的生活准则。由于图书馆具有公益性、公共性特点，可以运用自身深厚的文化力和丰富的信息资源，向广大人民群众提供宽领域、多层次的咨询服务，从身边生活知识到医药卫生，从政策法律到学术研究，从就学择业到心理健康，都能给以满意的答复。图书馆的咨询服务说到底就是为广大人民群众排忧解难，为社会整合矛盾，维护稳定，促进本地区经济繁荣和社会进步，这是一项利国利民的好事。

图书馆工作者要摆脱传统图书馆静态借还书的思维定势，跟上时代前进步伐，千方百计把咨询工作做好。为此就要培养高级咨询馆员，有针对性地加强资讯搜集．制定咨询工作服务细则，使图书馆咨询工作出现新飞跃，使图书馆真正成为广大人民群众永远信赖的知心朋友。图书馆是一个城市的标志性建筑，也是其文化品位的象征，图书馆是把纳税人的金钱用于信息的整理与保护，并免费向公众开放。图书馆为全社会提供人与人、人与信息直接交流的自由空间。在这里，每个人都可以随心所欲地畅游于知识的海洋，获取灵感，汲取动力，并取得咨询协助。

在新的历史条件下，图书馆的社会职能要有新的拓展与延伸，各级公共图书馆要成为本地区的社会记忆中心、社会活动中心和社会咨询中心。上述图书馆的社会职能，深刻体现着图书馆特有的人文关怀，处处闪耀着人文主义光辉，它照亮了我们每个人的人生旅途，提升我们的生活质量，使我们的生活更加美好。

第四节　公共图书馆的类型与形态

一、研究型图书馆

公共图书馆可以按照不同的逻辑出发点来进行分类，按照纵向的行政区域可以分为国家图书馆（兼具公共图书馆的性质）、省（市）级图书馆、地级图书馆、区县图书馆、街道乡镇图书馆以及社区（村）图书室等；按照服务对象和服务内容可以分为研究型图书馆、大众型图书馆、城市图书馆、农村图书馆、主题图书馆、面向特殊人群的图书馆如少年儿童图书馆以及盲人图书馆等；按照城乡中心图书馆体系，又可以分为中心图书馆总馆和中心图书馆分馆以及基层服务点；按照借助的特殊工具以及文献信息传递的方式、载体和技术，又可以分为汽车图书馆、骆驼图书馆、手机图书馆、数字图书馆、网络图书馆等。下面分述几种主要公共图书馆类型。

研究型图书馆指为专业读者提供研究性服务的公共图书馆。研究型图书馆以研究型的馆藏文献和专业的图书馆员作为服务的基础。国家图书馆是研究型图书馆的重要类型，省（市）级公共图书馆和主题图书馆也具有研究的功能。其中国家图书馆是一个国家的总书库和版本库，也是一个国家的参考咨询中心、书目中心和图书馆事业的指导中心。国家图书馆是出版物呈缴本的主要接受机构。世界上有的国家并不将国家图书馆列入公共图书馆的范畴，如苏格兰国家图书馆一般不向公众开放，专业读者需要持有在其他研究型图书馆未能满足查阅的证明才予以接待；中国国家图书馆将服务对象延伸至广大公众包括少年儿童读者，兼具了公共图书馆的服务性质。省（市）级公共图书馆作为区域或城市的中心图书馆和文献中心，其重要的服务对象为专业读者。如德国的州立公共图书馆系统中，设在柏林的普鲁士文化遗产州立图书馆和设在慕尼黑的巴伐利亚州立图书馆，分别以音乐文献和历史文献为其馆藏特色，为专业读者提供研究性的服务。研究型图书馆还积极为政府决策咨询服务，如中国国家图书馆、上海图书馆每年主动上门为全国“两会”和上海市“两会”服务，推出为政府决策咨询服务的知识专题服务产品，承接国家级的研究课题等。中国国家图书馆设立有图书馆研究院，上海图书馆设立有图书馆学情报学研究所和历史文献研究所，深圳图书馆设立有公共图书馆研究院，苏州图书馆设立有东南文献研究所，这些都体现了公共图书馆的研究特色。

《东方早报》2010年7月3日公布了对全球87位教授、学者和作家的调查，其中从来不去或基本不去图书馆的有41位，经常去图书馆或偶尔去图书馆的有46位，其中常去图书馆的20位基本为大学教授和学者，说明在从事学术研究过程中，许多研究学者还是需要利用研究型图书馆收藏的历史文献或特色文献的，毕竟个人收藏有限；但作家就不同了，他们可以通过网上收集知识信息，图书馆就很少去了。这些读者需求和图书馆利用的新变化对研究型图书馆而言是一个新的挑战。

二、大众型图书馆

大众型图书馆指为各类公众提供综合性普通服务的公共图书馆，这是公共图书馆类型中数量最多、最贴近读者的图书馆类型。大众型图书馆以普通文献的采访和大众化的知识信息服务为基础。地县级图书馆、街镇图书馆、社区图书馆和农家书屋等一般归为大众型图书馆。大众型图书馆与研究型图书馆互有交叉，如大众型图书馆可以是独立建制的，也可以在国家图书馆或省（市）级公共图书馆的服务空间中划分普通性服务区和研究性服务区，以满足大众群体和研究群体读者的不同需求；而有的地、县级大众型图书馆中也会根据读者需求辟出专业性的主题服务区，如地方文献或历史文献阅览室等。

三、少年儿童图书馆

少年儿童图书馆又称儿童图书馆，是为少年儿童提供服务的公共图书馆。一般分为国家级、省市级和区县级以及隶属于一般公共图书馆的少年儿童服务专区，其中少年儿童阅览服务专区应与成人阅览区分开，宜设置单独出入口，或设立室外少年儿童活动场地。如1914年成立的京师通俗图书馆中就辟有儿童阅览室，1917年在天津创办了中国较早的儿童图书馆，湖南省长沙市和广东省深圳市分别有湖南省少年儿童图书馆和深圳市少年儿童图书馆，澳大利亚布里斯班社区图书馆、香港中央图书馆、上海市黄浦区图书馆辟有专门区域作为少年儿童服务专区。莫斯科有俄罗斯国家少年儿童图书馆并形成了全俄罗斯的儿童图书馆服务网络。中国国家图书馆少儿馆于2010年5月开馆，位于国家图书馆总馆北区东侧，由中文图书区、文献阅览区、展示区、主题活动区与数字共享空间五个区域组成，面积约650平方米，内设阅览座位120余个，提供约2.2万册文献供少年儿童读者阅览，同时还开设了少儿数字图书馆服务。至2009年底，我国共有独立建制的少年儿童图书馆91家。在少年儿童服务中，可以结合各图书馆的实际，按照少年儿童的年龄再进一步细分为婴幼儿服务区、小学生服务区和中学生服务区。在这些服务区中，还可以结合一些成人的图书馆服务，以鼓励和方便成人与少年儿童一起到图书馆读书学习。尽早培育并强化儿童的阅读习惯是公共图书馆的责任。少年儿童阅读可以通过个人、同伴、小组、群体共读或亲子阅读等多种方式进行。认知神经科学认为，儿童阅读素养提高是一个循序渐进的过程。阅读是指从页面抽取视觉资料和理解篇章意义的过程，阅读过程包括视觉、注意、记忆、正字法规则识别、听觉、语音、语义、提取以及理解等加工过程的参与，如果儿童能掌握其中的关键认知技能，很早就能被激动人心的知识和形象思维作品所振奋的话，那么他们将会在知识获取中促进自己在情感、意志等方面的综合素质的提高，并从这些人生发展的基本要素中终身受益，不仅可以丰富自己的生活，也会增加对社会的贡献。少年儿童阅读习惯的养成，也会鼓励和带动父母和其他成年人使用图书馆。

四、主题图书馆

主题图书馆是通过特定领域（某一领域或数领域）的专藏和服务来满足人们专类

知识和信息需求的图书馆。主题图书馆兼具综合型图书馆和研究型图书馆的性质。主题图书馆的服务方式可以是多样的，如主题文献阅览、主题多媒体知识资源制作与服务、主题文献提供、主题文献展览、主题信息沙龙、主题学术讲座、主题网络咨询、主题学术交流等。

主题图书馆与专门图书馆在概念与实践上同中有异。首先，主题图书馆的对应英文是Special Library，与之相对应的中文可译成专门图书馆或专业图书馆。《中国大百科全书·图书馆学情报学档案学》卷中有“专门图书馆”的条目，其解释为：“收集和组织专门领域（某一领域或数领域）的文献，主要为特定读者服务的图书馆。一般按其从属机构的类别分为机关图书馆（包括立法机关和政府机关）、研究机构图书馆、公司企业图书馆、事业单位图书馆、军事单位图书馆、大众传播图书馆、群众团体图书馆、医院图书馆、宗教图书馆等。”主题图书馆的本质特征在于“特定文献的专藏”，这些特定文献的专藏可以在国家图书馆内，也可以在其他公共图书馆内；可以在大学图书馆内，也可以在专业图书馆内。主题图书馆的逻辑出发点在专藏，而不在于按机构性质区分的图书馆类型。其次，主题图书馆的服务对象可以是专业的读者，也可以是一般的读者。以家谱图书馆为例，读者既有来自研究院所的研究人员和大学的教授和研究生，也有来自社会各方面的公众，他们的目的是要获取与族谱有关的专类知识和信息。第三，主题图书馆所收集和组织的专藏及其服务是特定领域的，如生命科学、影视、服装等就是某一专业的；而报刊、手稿、家谱则是某一文献类别的；至于非物质文化遗产、儒家经典文献、黑人文化研究等，是围绕某一主题的；还可以是某几个主题合在一起的，如近代市政、工业，舞蹈、音乐、戏剧、电影等。主题图书馆与专门图书馆相比较，更具有专指性、直观性和灵活性。主题图书馆与特色阅览室也有所不同。主题图书馆的形态，可以是独立建制的图书馆，如美国的总统图书馆，上海的历史文献图书馆；也可以是总分馆体系的分馆，如美国纽约市公共图书馆中的黑人文化研究图书馆，新加坡城市图书馆中的艾斯普尔艺术图书馆（Esplanade Library)；还可以是较大型图书馆中的特色阅览服务区（以相当规模的专藏为基础），如上海图书馆中的家谱阅览室（以全球家谱文献最为丰富的收藏为基础）。这种主题图书馆的规划建制，往往因地而异，因城而异，因馆而异。

五、盲人图书馆

残疾人一般分为盲人、聋哑人、肢残人、智障人和综合性残疾人，盲人图书馆是较为普遍设立的公共图书馆类型，往往在图书馆中设立专门的服务区。以盲人图书馆为例，一般备有盲文出版物，唱片、录音带等有声资料，以及供盲人专用的计算机等。公共图书馆要求设置无障碍设施的专用标识，包括盲道、残疾人电梯、残疾人洗手间等。为方便盲人等残疾读者利用图书馆，许多公共图书馆普遍开展了电话预约送书上门的图书馆借阅服务以及志愿者服务。中国盲文图书馆（中国视障文化资讯服务中心）2011年6月28日在北京建成开馆，总建筑面积2.8万平方米，内设文献典藏区、盲人阅览区、展览展示区、教育培训区、科技研发及文化研究区、全国盲人邮寄借阅服务区等，收集整理了5万多册盲文书和大字本图书，计划藏书25万册和磁带光盘66万张，为1600多万盲人提供平等共享公共文化服务。全国各地公共图书馆也开展了形式多样的盲人读者服务，如上海图书馆从2002年起与邮局系统合作开展了为盲人读者送书上门服务以及盲人读者听电影的服务。

六、中心图书馆总分馆

中心图书馆一般是在城市或城市群中布局，也有是在城乡一体化的形态中布局。如香港的中心图书馆就是在高度城市化的香港地区布点，而浙江嘉兴市的总分馆体系，则在城乡统筹的一体化形态中布点。在城市的公共图书馆服务体系中，世界各国都建立了总分馆制，成为国际大都市图书馆发展的普遍规律。从城市图书馆顶层设计的层面可以分为以下几种类型：一是城市中心图书馆总馆，二是处于市级层面的综合性图书馆，三是处于市级层面的少年儿童图书馆和专业图书馆，四是在国家首都城市中的国家图书馆和市图书馆或在省会城市中的省图书馆和市图书馆等。从城市图书馆中层设计的层面对图书馆进行分析，可以分为区域图书馆、城区分馆、专业和主题分馆等。从城市图书馆的底层对图书馆进行分析，可以分为街镇图书馆分馆并进一步细分为社区图书馆分馆等。

中心图书馆的总馆作为一个图书馆服务体系的核心和枢纽，在服务规范、采访编目、网上咨询、人员培训、技术保障、物流配送、合作交流、宣传推广、文化建设等方面承担着主导、引领、倡导和辅导的作用。中心图书馆的总分馆服务体系体现出图书馆管理和服务“在共建中共享，在共享中共建”的整合、集群、协同、互动和发展的理念，体现出图书馆文献资源、设施资源和人力资源效益的最大化和最优化的管理效益。

进入21世纪以来，中国大陆普遍开展了中心图书馆建设，各城市和地区普遍建立了中心图书馆的总分馆服务管理体系，在政府主导、多级投入、集中分层管理、资源共享的原则下，建立了普遍均等的公共图书馆服务体系，园地制宜地开展了形式多样的总分馆服务。有的城市和地区逐步建立起统一的机构标识、统一的业务规范、方便就近的通借通还“一卡通”以及泛在便捷的文献分拣传递物流系统，如上海市在2010年底实现了对市、区县和街镇236家图书馆一卡通的全覆盖，并从2011年6月1日积极推进全市的少年儿童图书馆一卡通，提升了公共图书馆的整体形象和服务能级。

七、汽车图书馆

汽车图书馆是指公共图书馆通过汽车，将流动服务向社区和村镇延伸，定期为读者提供巡回流动服务，也称流动图书馆。如中国广东省为解决经济欠发达地区基层公众图书馆服务的问题，于2003年11月在新兴县建立了第一个流动图书馆分馆，至2011年初，流动图书馆已覆盖了全省东西部和北部的68个市、县（区），初步形成了由省图书馆主办，各市县成员馆共建共享的流动图书馆群。汽车图书馆是世界各国普遍采用的图书馆服务形式，在挪威奥斯陆市，有设施先进的大型汽车图书馆，读者除了可以在车内借阅图书外，还可以在车内欣赏音乐，进行车内外读者间的虚拟互动。香港的汽车图书馆成为公共图书馆体系中的重要组织部分，在74个图书馆中有流动的汽车图书馆10个。

八、手机图书馆

手机图书馆是指公共图书馆以手机为信息载体向读者提供各类图书馆服务，也是电信网、互联网、广电网三网融合呈现出的公共图书馆服务新技术。2004年，上海图书馆较早以手机图书馆的理念推出了相应的公共图书馆系列服务，如手机读者讲座预订、手机书目检索、手机信息咨询、手机借阅图书归还日期提醒、手机无线数字阅读等。中国国家图书馆的“掌上国图”成为手机图书馆服务的典型例子。中国手机用户至2010年底已达到8亿。伴随着手机上网用户呈几何级的增长，广大读者基于移动互联网的无线阅读的需求将进一步提升，手机图书馆将成为未来公共图书馆的重要服务载体与服务形态。

除了以上各类图书馆外，在非洲大陆还有骆驼图书馆。地处广袤的沙漠地带的肯尼亚东北省，就有为居无定所的沙漠村落中的牧民家庭服务的骆驼图书馆，这种行走在沙漠中的图书馆建立于1996年，有若干头骆驼、牵骆人、图书馆管理员和数千册图书，有借阅制度、固定的停靠点以及每两周的定期巡游。2007年，美国女记者汉密尔顿出版了一本以“骆驼图书馆”为原型创作的小说，还与人合作创办了名为“骆驼图书驱动力”的网站。汉密尔顿认为：“这里的孩子也有远大的梦想，我们不希望这些梦想破灭。但如果不接受教育，他们怎么可能成为医生、教师？我们所能做得最好的事，就是给他们多些、再多些。

第二章 公共图书馆信息资源

第一节 公共图书馆信息资源的发展与变化

在自然界及人类社会中，所有的有用之物都可以称为资源。美国资源经济学家阿·兰德尔在《资源经济学》中将资源定义为“由人发现的有用途和有价值的物质”。

一、信息资源的含义

在自然界及人类社会中，所有的有用之物都可以称为资源。美国资源经济学家阿·兰德尔在《资源经济学》中将资源定义为“由人发现的有用途和有价值的物质”。按照资源经济学的说法，资源可以分为经济资源和非经济资源。其中，非经济资源是大自然无限提供的生产要素和生活要素，如阳光、空气等，其主要特点是可以充分满足所有企业或个人无偿占用的需求。经济资源是指一切可以直接或间接为人类所需要并构成生产要素的、稀缺的、具有一定开发利用选择性的资源。具体可以分为自然资源（包括土地资源、水资源、矿产资源、生物资源等）、人力资源（包括劳动力资源、管理和技术资源等）、资本资源（包括货币资本资源和非货币形式的有形资本资源，如厂房、设备等）、信息资源。肖希明教授在《信息资源建设》一书中对信息资源作为经济资源所表现出的特征进行了详细说明。

（1）信息资源是直接为人类所需要并作为生产要素投入的资源。传统的经济活动所投入的生产要素主要是物质资源和能量资源，扩大生产规模是提高经济效益的主要途径。随着科学技术的迅速发展，人们发现，信息应用于生产系统，不仅可以缩短生产周期，而且可以带来劳力、资本、能源、原材料等物质资源和能量资源的节约，生产出质量更好、成本更低的产品，带来意想不到的经济效益。在当今世界物质资源短缺、能量资源枯竭的严峻形势下，信息作为一种新兴的资源和生产要素，对经济增长和社会发展有着特殊的作用。例如，某种管理方法的应用带来生产效益的提高。

（2）信息资源是人类生产活动中稀缺的资源。稀缺性是经济资源最基本的特征。如果一种资源具有有用性，但不稀缺，而是取之不尽的，则不属于经济资源，例如前文提到的阳光和空气。我们常说信息无处不在，似乎不存在稀缺问题，但是，所有的信息不都是信息资源，只有投入一定的材料、能源和人力，经过开发的信息，才能成为对人类有用的资源。因此，在既定的时间、空间，以及人力、物力、财力等其他条件约束下，某一特定的经济活动行为者所能支配的信息资源量总是有限的。

（3）信息资源是使用方向具有可选择性的资源。使用方向的可选择性意味着同一信息资源不只有唯一的用途，它可以应用在经济活动的方方面面，并产生多种不同的作用效果。因此，经济活动行为者可以根据这些不同作用对象所产生的不同作用效果，对信息资源的使用方向做出选择。

“信息资源”最早是在国外提出来的。20世纪70年代初，国外文献中就出现了"Information Resources"（信息资源这个概念。而美国信息管理专家霍顿从政府文书管理的角度对“信息资源”下的定义则是国外比较有代表性的观点，他认为信息资源具有两层意思：当资源为单数（Resource）时，它是指某种内容的来源，即包含在文件和公文中的信息内容；当资源为复数（Resources）时，信息资源指支持工具，包括供给、设备、环境、人员、资金等。

国内学者对信息资源概念及其有关问题也进行了研究，比较有代表性的定义有以下两种。

（1）2000年，吴慰慈、高波在《从文献资源建设到信息资源建设》一文中，将信息资源的定义表述为：信息资源是经过人类采集、开发并组织的各种媒介信息的有机集合。也就是说信息资源既包括制品型的文献资源，也包括非制品型的电子信息资源。

（2）2004年，马费成在《信息资源开发与管理》一书中提到：所谓信息资源，就是指人类信息活动中积累起来的以信息为核心 的各类信息活动要素（信息技术、设备、设施、信息生产者）的集合。

从以上代表性的定义可知，对信息资源含义的理解无外乎有狭义和广义两种。狭义的信息资源即指信息内容本身；广义的信息资源指的是除信息内容本身外，还包括与其紧密相关的信息设备、信息人员、信息系统、信息网络等要素。

二、图书馆信息资源的含义

信息资源是图书馆的基本组成部分，是图书馆为读者提供服务的基本前提条件。与信息资源的含义相对应，图书馆信息资源也有狭义和广义之分。

狭义的图书馆信息资源是指图书馆依据读者需求与本馆性质、建设目标而有计划地建设和组织的各类型信息资源，既包括图书、期刊、报纸、政府出版物、家谱方志等纸质文献资源，以及各种声频、视频出版物，也包括数字化书刊报纸、数字化声像、数据库等网络资源。

不同性质的图书馆所采选的信息资源在学科、文种、载体等方面会有所不同。国家图书馆和大型综合性公共图书馆承担着为政府决策和国家的政治、经济、科学、教育和文化发展服务的任务，并面向各类型读者提供服务，这决定了它要系统收集、保存各学科有价值的文献信息资源和网络信息资源. 成为全国或地区性的综合性信息中心。对中小型公共图书馆而言，它们的主要任务是为地方经济、文化发展服务，为满足人民群众学习科学文化知识的需要服务。这要求它们重点围绕本地区经济和社会发展以及群众学习科学文化知识的需求收集文献信息资源，适当建设数字信息资源。与公共图书馆不同，高等学校图书馆要根据本校教学和科学研究的需要，系统收集有关专业的教材和教学参考书，重点入藏与学校科研任务有关的文献资料，广泛而有选择地入藏各种课外读物，同时，也需要以存取的方式为读者提供丰富的网络信息资源。而科学专业图书馆要紧密结合本系统、本单位的研究方向和研究课题，完整系统地收集本专业的国内外文献，有重点地收集相关学科的文献，有选择地收集其他学科的文献，并且要特别重视数字信息资源的建设和利用。

广义的图书馆信息资源不仅包括各类型信息资源本身即狭义的图书馆信息资源，还包括开发和利用信息资源所不可缺少的经费资源、设备资源、人力资源、时空资源等因素。经费资源主要是指中央及地方政府依据相关法律规定而对图书馆建设所提供的财政保障经费，也包括图书馆征集到的个人或社会团体的捐赠经费。设备资源包括图书馆在开发和利用信息资源过程中所使用到的一切设备，包括文献资源采访和组织专用设备、阅览设备、计算机及其存储设备、通讯设备等。人力资源主要指图书馆员工以及他们所具有的服务智慧和服务能力，对图书馆信息资源建设和服务质量的高低有决定性的影响作用。时空资源主要指图书馆建筑的内外环境及其对公众或读者的影响力，以及通过现代技术手段充分利用好一年365天和一天24小时为读者开展服务。

从广义的角度来理解信息资源概念，即把信息活动的各种要素都纳入信息资源的范畴，有助于全面、系统地把握“信息资源”的内涵。但针对本书所讨论的公共图书馆信息资源建设与服务这一问题，本书采用狭义的信息资源定义，即将信息资源界定为经过图书馆选择、采集、组织和加工处理的有序化的各种媒介信息的集合。

三、公共图书馆信息资源形态的发展过程

著名的印度图书馆学家阮冈纳赞在其“图书馆学五定律”中指出，“图书馆是一个生长着的有机体”，这一定律体现了图书馆事业的发展动态性。信息资源作为图书馆的重要组成部分，毫无疑问也处在不断的发展变化之中，这一发展变化主要体现在图书馆信息资源的形态随着社会政治、经济、科技、文化的发展而日益多样化、复杂化。

世界文字历经了几千年的发展历程，现在普遍认为公元前3500年左右的苏美尔人的楔形文字（也称“钉头文字”）是世界上最早的文字，而我国最早的文字是殷商时期出现的甲骨文。古代文字主要记录在泥版、甲骨、羊皮、竹简等载体上，这也决定了古代图书馆所收藏的文献类型。随着造纸术、印刷术在我国的发明，再加上中世纪后期及文艺复兴时期的西传，使得纸质印刷型出版物因其便于流通成为人们传播信息的主要工具。作为保存人类文化遗产的图书馆发展至近代，其馆藏开始以纸质印刷型出版物为主，包括图书、期刊、报纸等类型。此后，缩微技术、声像技术等信息技术的迅速发展，也为公共图书馆带来了缩微文献、视听文献等文献类型，使公共图书馆在信息保存、信息服务方面有了较大的进展。而计算机技术、网络技术的出现更使公共图书馆信息资源建设与服务发生了翻天覆地的变化，磁盘、光盘、数据库、海量的

网络信息都成为公共图书馆采集、组织并提供服务的对象，复合图书馆、数字图书馆也成为公共图书馆的存在形态，这使公共图书馆实现“无论何时何地通过任何图书馆为任何人提供任何所需信息资源”的服务目标成为可能。

面对如此多样的信息资源形态，公共图书馆在进行信息资源建设与服务时应如何选择呢？在相当长的时间内，纸质印刷型出版物在人们获取信息资源过程中扮演着极其重要的角色，纸本资源数量的多少也成为评价公共图书馆馆藏丰富程度的重要指标。但随着信息技术的快速发展，数字媒介成为人们生活、工作、学习中获取信息所不可缺少的途径。据国外媒体报道，市场研究公司eMarkrter统计称，2011年美国成年人花费在互联网和移动设备上的阅读时间较2010年分别增长了7.7%和30%，比阅读印刷杂志和报纸的时间总和还多。2012年4月23日，中国新闻出版研究院公布了“第九次全国国民阅读调查”结果。本次调查显示，2011年我国18~70周岁国民包括书报刊和数字出版物在内的各种媒介的综合阅读率为77.6%，比2010年的77.1%增加了0.5个百分点。其中，数字化阅读方式（网络在线阅读、手机阅读、电子阅读器阅读、光盘阅读、PDA/MP4/MP5等）的接触率为38. 6%，比2010年的32. 8%增加了5.8个百分点，增幅为17.7%，相比传统纸媒介增幅最大。由于民众对数字阅读的需求越来越大，根据用户需求建设各类型、各知识领域的网络数据库，对不可计数的互联网信息进行开发利用，建设手机图书馆等成为公共图书馆信息资源建设与服务的重要内容。那么，公共图书馆是否应该放弃对纸本资源的拥有，而单一追求数字信息资源建设呢？答案是否定的！任一形态信息资源的出现都有其历史必然性，任一形态信息资源也都有其存在的优势和劣势。从纸本资源出现以来，在缩微资源、视听资源、数字资源的出现过程中，并不存在后者取代前者的现象，而是相互补，共同满足人类信息传递及获取的需要。在数字阅读需求快速上涨的同时，我国国民依然保持着对传统纸媒介的阅读热情。《中国新闻周刊》与新浪网联合进行的网络问卷调查结论佐证了这一事实。在5 089位参与者中，“既读电子书，也读纸质书”的读者占到6成以上（截至2011年7月8日）；而单选“纸质书”与“电子书”的读者则大致持平，仅为15%左右。“第九次全国国民阅读调查”也显示，2011年我国国民的图书阅读率为53.9%，报纸阅读率为63. 1%，期刊阅读率为41.3%。由此可见，作为面向地方民众的基层公共图书馆，所建设并提供的信息资源既不能局限于传统纸本资源，也不能单单依靠数字资源，必须根据服务对象的需求，合理安排纸本资源与数字资源的比例，使各类型信息资源在良好的结构体系中发挥各自的优势，最大限度地满足民众的信息需求。

第二节　公共图书馆信息资源的类型与特征

一、公共图书馆信息资源的类型

公共图书馆受读者种类和信息需求差异的影响，其信息资源形态各异、种类繁多。只有掌握信息资源的类型，图书馆员才能有效地建设、开发和利用信息资源来提供信息服务。由于信息资源在知识内容、生产方式、载体形态、使用方式等多个方面有不同的特点，依据其不同特点（即划分标准），可以将信息资源划分为不同的类型。一般来说，图书馆界习惯综合以上所提到的信息资源的特点，将信息资源作如下划分。

（一）文献型信息资源

文献型信息资源是以文献为载体的信息资源。《文献著录总则》中将文献定义为：记录有知识的一切载体。依据文献型信息资源的生产方式、载体材料和知识内容，可将其划分为刻写型文献信息资源、印刷型文献信息资源、古籍、缩微资料和声像资料。

1. 刻写型文献信息资源

这种文献以手工刻画和书写为手段，将知识信息记录在各种自然物质材料和纸张等载体上，包括占代的甲骨文、简册、帛书以及现代的笔记、手稿、书信、会议录等。刻写型文献中有很多稀有和珍贵的信息资源，如著名作家的手稿。

2. 印刷型文献信息资源

自印刷术产生以来，印刷型文献逐渐成为占主导地位的知识信息载体。这种文献是指通过石印、油印、铅印、胶印、复印等多种印刷方式，将知识信息记录在纸质载体上的一种文献形式。它的优点是可直接阅读，使用方便，流传广泛；缺点是相对信息技术发展所产生的文献类型来说，信息存储密度低，占用收藏空间大，容易破损，难以实现高速度传播。结合公共图书馆的资源需求，我们按照资源的出版形式和知识内容，将印刷型文献划分为以下几种类型。

（1）图书。图书有广义和狭义之分。广义的图书泛指各种类型的读物，既包括甲骨文、简册，又包括当代出版的书刊报纸，甚至包括声像资料等新技术产品。本书中的“图书”采用狭义的定义。联合国教科文组织对图书的定义是，凡由出版社（商）出版的不包括封面和封底在内49页以上的印刷品，具有特定的书名和著者号，编有国际标准书号，有定价并取得版权保护的出版物。

图书是迄今为止最主要的文献资源，具有主题突出，知识内容完整、系统和成熟等特点。因此，要想系统地学习各学科的基础知识，全面、深入地研究某些知识领域，图书是不可缺少的信息源。

对图书的分类也有多种划分标准。按照使用目的可将图书划分为两类：一类是供阅读的著作，如专著、译著、教材、通俗读物等；另一类是供查考的工具书，如书目、索引、文摘、百科全书、年鉴、字典、词典等。按照出版方式，可将图书划分为单本书、多卷书、丛书等类型。

（2）连续出版物。连续出版物是一种具有统一名称、固定版式、统一开本、连续编号，汇集多位著者的多篇著述，定期或不定期在无限期内编辑发行的出版物。《国际标准书目著录（连续出版物）》将“杂志、报纸、年刊（年鉴、机构名录等）、各种机构的报告丛刊和会志、会议录丛刊以及单行本的丛书”等归入连续出版物。其中以期刊（杂志）和报纸流行最广、影响最大，同时也是基层公共图书馆重要的信息资源类型。

期刊虽然只有几百年的历史，但是内容广泛，知识新颖，出版周期短，信息含量大，流通范围广，作者与读者人数多，已成为当今传播信息、交流思想最重要的平面媒体之一，更是进行科研工作的必备信息资源。期刊的内容涉及社会的经济、政治、思想、科技、文化、教育、文学艺术以及社会生活等各个领域。按照期刊的内容性质和使用对象，我们可将其划分为学术性期刊、文学艺术期刊、通俗性期刊、检索性期刊、资料性期刊、报道性期刊等类型。

报纸是以刊载新闻和时事评论为主的定期向公众发行的印刷出版物，是出版周期最短的连续出版物。报纸具有宣传、报道、评论、教育、参考、咨询等社会职能。按照出版周期，可将报纸划分为日报（包括早报、晚报）、双日报、三日报、周报、旬报等不同类型。按照内容范围，可将其划分为综合性报纸、专业性报纸，或者全国性报纸、地方性报纸等类型。

（3）特种文献。特种文献资料是指出版形式比较特殊的科技文献资料。它介于图书和期刊之间，似书非书，似刊非刊，其内容广泛新颖，类型复杂多样，涉及科学技术、生产生活的各个领域，出版发行无统一规律，但具有重要的科技价值。公共图书馆所收藏的特种文献资料主要有科技报告、专利文献、标准文献、会议文献、政府出版物、产品资料等。

科技报告是指科技工作者围绕某一课题从事研究之后，对所取得成果的总结报告或在试验和研究过程中所作的记录报告。它的内容范围主要是尖端学科的重大课题，代表一个国家有关专业的科研水平，论述专深具体，资料准确可靠，常附有大量珍贵的数据、图表、原始记录等资料，是非常重要的情报来源。科技报告按报告所反映的研究进展程度可分为初步报告、进展报告、中间报告和终结报告；按流通范围可分为绝密报告、机密报告、秘密报告、非密报告、解密报告和非密限制发行报告等。

专利文献是指发明人或专利权人向专利局提供申请保护某项发明时所呈交的技术说明书，经专利局审查、公开出版后所形成的文献。专利文献的特点是内容广泛，叙述详尽具体，实用性强，是学习和引进先进技术，解决某个技术难题时常参考和借鉴的文献信息。专利说明书既是技术文件又是法律文件，公共图书馆应重视收藏专利文献，为我国科技创新提供支持。

标准文献是指经公认的权威机构（一般为各国国家标准局）批准的一整套在特定范围内必须执行的规格、规则、技术要求等规范性文献，简称标准。标准文献信息量大，例如从产品标准中，可以获知该产品的分类、品种、规格、性能、质量等级、原材料的相关信息、制作工艺、试验方法等内容。各种标准一旦形成并经审批公布，便成为法规性的技术文件，具有一定的法律约束力。按审批机构和标准的应用范围，标准文献可分为四种类型：国际标准（或区域标准）、国家标准、部标准和企业标准。

会议文献是指在国际国内各种会议上宣读和交流的论文、报告和其他有关资料。会议文献大部分反映的是本学科或行业领域内的新成果、新理论、新方法，具有专业性强、可靠性高、内容新、出版发行快的特点。会议文献基本上是利用会议作为首次公布研究成果的场合，其后才陆续在期刊上发表，有的甚至不再在其他刊物上发表。随着各行业领域会议的大量召开，会议文献已成为人们了解新动向、新发现的重要信息源。

政府出版物是由政府机构出版或由政府机构编辑并授权指定出版商出版的文献。从文献内容性质来看，政府出版物包括行政性文件和科技文献两大类。前者包括法律、法规、规章、政府报告、议案、决议、司法资料等。后者包括研究报告、科技政策、公开后的科技档案、经济规划、气象资料等。

产品资料是定型产品的结构、原理、操作方法、维修方法的详细介绍资料。它包括产品样本、产品说明书、产品目录等。产品资料记载的数据比较可靠，对产品设计和引进具有重要参考价值。

（4）内部资料。内部资料是指个人或组织生产的非正式出版、非公开发行的出版物，是基层公共图书馆信息资源的重要组成部分。这类文献一般专业性强，情报价值高，能反映某一领域的最新动向。在出版形式方面，除有一部分出版稳定外，多数内部资料出版周期不固定，且印刷简单，数量有限。此外，内部资料还具有流通面窄的特点，一般只在本单位、本系统或本行业内部交流。

（5）其他零散资料。主要指舆图、图片和乐谱等零散资料。舆图包括地图、地形图、地质图、行政区划图、各种教学挂图等。图片包括各种新闻照片、美术作品等。乐谱指单张活页式音乐曲谱艺术作品。

3．古籍

我国国家标准《古籍著录规则》给古籍作了如下定义："古籍是中国古代书籍的简称，主要指书写或印刷于1911年以前、反映中国古代文化、具有古典装订形式的书籍。"所谓古典装订形式主要包括卷子装、经折装、旋风装、蝴蝶装、包背装、线装等。古籍是记载、传承一个国家文明的重要形式，尤其是反映地方历史文化的古籍对于公共图书馆信息资源建设与服务有重要意义。

4．缩微资料

缩微资料是以感光材料为载体，用缩微照相技术制成的文献复制品。缩微资料具有体积小、信息存储量大、复制性能好、成本低廉等优点，但其阅读必须借助阅读放大机才能进行。缩微资料按其外形可分为缩微胶片、缩微胶卷、缩微卡片，按透光性可分为透明体和不透明体。

5．声像资料

声像资料又称视听资料、声像文献。它是以电磁材料为载体，磁波为信息符号，将声音、文字及图像记录下来的一种动态型文献。它的特点是动静交替、声情并茂、形象逼真。

视听资料按人的感官接受方式可分为三种类型：（1）视觉资料，包括照相底片、摄影胶卷、幻灯片、无声录像带、无声影片、传真照片等。（2）听觉资料，包括唱片、录音带等各种发声记录资料。（3）音像资料，能同时显像发声的记录资料，如有声影片、电视片、配音录像带等。

（二）数字化信息资源

数字化信息资源，是指以数字代码方式将图文声像等多种形式的信息存储在光、磁等非纸质载体中，以光信号、电信号的形式传输，并通过计算机或其他外部设备读取使用的信息资源。根据资源的可传播范围，数字化信息资源又可区分为网络信息资源和单机信息资源。

1. 网络信息资源

网络信息资源是指借助于计算机网络可以获取和利用的所有信息资源的总和。按信息的制度化程度划分，可将网络信息资源分为如下类型。

(1) 非正式出版信息。是指流动性、随意性较强，信息量大，信息质量难以保证和控制的动态性信息，如电子邮件、专题讨论小组和论坛、电子会议、电子布告板新闻等。

(2) 半正式出版物。是指各种“灰色”信息，受到一定的产权保护，但不属于正式出版信息，如各种学术团体、教育机构、企业和商业部门、国际组织和政府机构、行业协会等在网上发布，在正式出版物上无法得到的信息。

(3) 正式出版物。是指通过万维网用户可以查询到的各种数据库、联机杂志和电子杂志、电子版工具书、报纸、专利信息等。这类信息是受到产权保护、质量可靠、利用率较高的知识性、分析性信息。文化共享工程提供的基本上属于此类数字资源。

2. 单机信息资源

单机信息资源是指通过计算机存储和阅读但不在网络上传输的数字化信息资源，人们常称之为机读资料。它与网络信息资源的区别就在于其存储的空间范围。主要的单机信息资源类型是磁盘和光盘。

在基层公共图书馆数字资源建设实践中，常按照数字资源的建设方式，将其分为购买的商业数据库、自建数据库和网上免费链接资源三种类型。

除了上述划分信息资源类型的方法外，按照信息资源加工程度，可将信息资源划分为一次信息资源、二次信息资源和三次信息资源，这也是图书情报机构常常使用的重要划分方法。

(1) 一次信息资源是指著作者最初发表的原始文献，包括专著、期刊论文、会议论文、专利文献、标准文献、统计报表等，是文献信息资源的基本类型。判断一次信息资源的标准不是载体形式，而是内容。

(2) 二次信息资源是指在一次信息资源的基础上加工整理而成的可供检索的一种信息资源，如书目、索引、文摘等，它是使用一次信息资源时必不可少的工具。

(3) 三次信息资源是指通过利用二次信息资源对一次信息资源进行系统分析、综合研究、评述而生成的信息资源。三次信息资源具有系统性、综合性、知识性和概括性等特点。三次信息资源包括综述、述评、专题研究报告、百科全书、年鉴、手册、指南等。

就目前基层公共图书馆情况而言，普通图书、期刊报纸、内部资料、光盘等是其馆藏信息资源的主要类型，而随着全国文化信息资源共享工程和数字图书馆建设的普及，网络资源也会逐渐丰富起来。

二、公共图书馆信息资源的特征

(一) 信息资源的一般特征

公共图书馆信息资源首先具有信息资源的一般特征。

（1）信息资源是有限的。信息是无限的，人们对信息资源的需求是无限的，而任何一所图书馆所能搜集并整理的信息资源是有限的，即便是所有图书馆的信息资源实现共享，相对于人们的信息需求来说，其满足能力也是有限的。

（2）信息资源的形成需要加工。信息是客观存在并且处在一种无序的状态中，而信息资源的生产、组织、利用则无不存在人类加工的印迹。

（3）信息资源在其生产与利用过程中均需要依附一定的载体，包括人类思想、各类文献、网络等，不能独立发挥作用。

（4）信息资源是可共享的。信息资源具备可无限次使用、多人同时使用的基本特征，而这一点正是公共图书馆得以建设和发展的基本理论依据。

（5）信息资源的价值受时间的制约。信息本身的价值存在一个逐渐衰减的过程，所以信息资源的使用价值也存在一定的时效性，这要求对信息的利用要找准时机。

（6）信息资源具有增值性。尽管存在使用价值衰减的情况，但一般信息资源也会由于新的开发和重新组织，产生新的使用价值。

（7）信息资源必须经过长期的系统积累才能达到一定的规模。任何图书馆的信息资源都是通过逐渐积累形成的，而信息资源积累程度越高，其作为一种资源的使用价值就越高。

（二）公共图书馆信息资源的基本特征

1．以普及为主的综合性信息资源体系

公共图书馆是为全体社会公众所利用的图书馆，它面向整个社会，为每一个进馆阅读的社会成员提供文献信息服务。公共图书馆的公共性特征，要求其拥有综合性的信息资源体系，即公共图书馆信息资源应能满足所服务区域不同阶层、不同类型用户对象的广泛需要。

从用户信息需求的角度，可以将用户大致分为两大类型：一类是专家型（研究型）用户，这类用户的信息需求主要反映在专业研究与检索参考方面；另一类是大众型（学习型）用户，大众型用户主要需要基础学习阅读的资源。任何图书馆都应兼顾这两类用户在信息需求方面的差异。公共图书馆更是不能忽视其用户群体的多样性。一般来说，基层图书馆主要为大众型用户提供服务。

但也不能忽视专家型用户的存在。专家型用户不仅存在于高校、科研院所，也存在于大量企事业单位，对某个领域有专深研究需要的一般民众也是图书馆的专家型用户。因此，基层图书馆信息资源体系既要包含研究人员需要的研究性、史料性文献，又要包含普通民众需要的通俗性、普及性读物。但由于大众型用户占多数，科研用户为数较少，基层图书馆信息资源体系在保持综合性的同时应以普及性读物为主。

2．较强的地域特色

公共图书馆主要为所在区域的政治、经济、文化发展提供服务，其信息资源具有较强的地域性特征。在信息环境下，任一个体图书馆都难有足够的实力，也没有必要拥有全备的信息资源体系来满足用户的信息需求，公共图书馆结合所服务区域的地域特色建设本馆特色资源，是公共图书馆信息资源共建共享，推动其信息资源建设与服务的必由之路。公共图书馆信息资源的地域性特征主要体现在以下两类资源：（1）与本地区经济、科学、文化发展紧密相关的信息资源。例如陕西省的秦始皇兵马俑文献，湖北省图书馆的辛亥革命史料，青海省图书馆的高原农业、高原生物、高原医学等文献。（2）地方文献。地方文献是指涉及本地区政治、经济、历史、文化、科学等方面内容的文献资料。地方文献记载着从古至今本地区的历史沿革、经济特点、自然环境、风俗人情、文化古迹等情况，它为研究本地区的历史和现状提供第一手材料，对发展本地区的经济、文化、科学事业，特别是发挥本地区的优势，具有独特的使用价值。这里需要特别指出的是，从文献内容角度划分出的地方文献乃是基层公共图书馆信息资源体系的重要组成部分，其出版印刷方式各异，几乎包括了图书馆信息资源的各种表现形式，如广东地方文献数据库。因此，利用地方文献建设特色资源是基层公共图书馆信息资源建设的重要方式。

3．中文文献为主，其他文种文献为辅

从文种角度来划分，信息资源可分为中文文献和外文文献。中文文献、外文文献所占的比例要视图书馆的服务对象类型而定。高等院校图书馆及科研专业图书馆所服务的研究型用户较多，外文文献是了解国外研究进展，提高我国科研创新能力的重要资源，这两类图书馆除了需要拥有相对完备的中文文献，还必须通过各种途径获取相当数量的外文文献，才能满足科学研究的需要。公共图书馆的服务对象和服务任务与高校图书馆及专业图书馆有较大不同，它主要面向普通民众提供服务，能够为民众提供丰富的满足其基本学习阅读需要的中文文献显得更为重要。因此，公共图书馆在文献语种结构方面，应以中文文献为主，其他文种文献为辅。

4．纸质资源与数字资源协调发展

人们对纸质资源及数字资源的阅读倾向如何是近几年社会关注的焦点，这对图书馆信息资源体系与图书馆自身发展都有较大的影响。数字资源因其数量巨大、更新速度快等特点，已成为研究人员的首选资源。而对公共图书馆来说，其信息资源体系是以纸质资源为主，还是以数字资源为主呢？从公共图书馆的服务对象来看，大众型用户主要需要了解、学习各领域科学文化知识的基础信息资源，纸质资源由于其悠久的发展历史，在成熟性、系统性方面胜于数字资源，比较适合用于满足大众型用户的信息需求。同时，数字资源因其跨时空传播的优势，是人们及时了解各领域最新信息的最佳途径。目前，公共图书馆信息资源尚以纸质资源为主。今后，公共图书馆应协调好纸质资源与数字资源的比例，在重视图书、报刊等纸质资源的同时不能忽视用户对数字资源的需求，特别是本地区经济建设需要的数字资源，以及符合普通民众需求的娱乐性、科普性、实用性较强的数字资源，如文化共享工程建设的各领域数字资源。

第三节　公共图书馆信息资源建设的基本原则

一、公共图书馆信息资源建设的概念

（一）信息资源建设概念的演变

从第一节的内容我们知道，信息资源的形成不是自然而然的，必须在相关设备、资源的基础上通过人类自觉的开发和建设才能使之形成并优化。因此，包含对信息资源的鉴别、选择、采集、组织、加工、管理等内容的信息资源建设是图书馆等信息机构的基础性工作。但是概括这部分工作的专业用语并非从一开始就是“信息资源建设”，而是经历了从藏书建设到文献资源建设，再到信息资源建设的演变过程，这种演变也客观真实地反映了随着时代的发展信息资源建设内涵的深刻变化。

1. 藏书建设

藏书建设与图书馆的存在与发展是紧密不可分割的。在古代社会，受到文献资源生产、传播、保管能力的限制，文献的数量相对有限，收集文献也比较困难，藏书建设在当时主要表现为全面搜集图书并尽可能妥善地收藏与保管。在中国古代藏书家的著作中，有不少关于“求书”“购书”“鉴书”以及图书装订、编目、保藏等方面的论述，如宋代郑樵的《求书之道有八论》、明代祁承㸁的《藏书训略》、清代孙庆增的《藏书记要》及叶德辉的《藏书十约》。前人总结的这些藏书方法，虽然受到封闭式藏书楼时代的局限，适应以个人为主体的分散藏书体制，但对现在图书馆信息资源采访仍有一定的参考借鉴价值。

进入近代社会，伴随着西学东渐、西书翻译的发展，近代印刷术与造纸术的广泛应用，图书种类与数量日益增多，图书馆很难像过去那样收集全部的出版物，有计划、有选择地收集文献日益成为图书馆的一项重要工作，“藏书采访”（Collection Acquisition）的概念应运而生。为了加强对藏书采访的管理，图书馆还专门设置了采访部或者采编部。20世纪50年代以后，随着图书馆事业的发展，围绕文献收藏活动的内容日益复杂，“藏书采访”一词不足以概括对文献资料进行选择、收集、组织和积累等工作的全过程，因此我国图书馆界出现了“藏书建设”等专业术语，在西方国家通常称为馆藏建设（Collection Building），或者馆藏发展（Collection Development）。通过对“藏书建设”含义的不断研究，至20世纪70年代，藏书建设已成为一个比较完整的系统概念。1987年，沈继武撰《藏书建设与读者工作》一书，认为“藏书建设”是研究符合图书馆任务与读者需求，系统地建立、发展、规划、组织藏书体系全过程的理论。

2. 文献资源建设

20世纪80年代，图书馆发展面临许多新的问题。首先，藏书类型更加复杂，除了图书、期刊、报纸等印刷型出版物，还出现了缩微资料、音像资料、机读资料等不同载体的出版物，根据《文献著录总则》对文献的定义，将它们统称为文献更加贴切。其次，由于文献出版数量急剧增长，价格大幅上涨，而图书馆的文献购置经费却相对短缺，单个图书情报机构越来越难以满足用户日益多样化的文献需求。协调采购、合作藏书、资源共享活动在图书情报机构之间广泛开展起来，大大拓宽了藏书建设的实践领域。针对这些现象，藏书建设的概念很难再真实、准确地反映这一领域理论和实践的进展，文献资源和文献资源建设的概念被提出。

所谓文献资源建设，就是依据图书情报机构的服务任务与服务对象以及整个社会的文献情报需求，系统地规划、选择、收集、组织管理文献资源，建立特定功能的文献资源体系的全过程。

文献资源建设理论体系既包含个体图书馆的微观藏书体系建没，又包含一定范围内（地区、系统、国家乃至国际）图书情报机构的宏观文献资源整体系统建设，而这正是文献资源建设概念的创新所在，它从建立文献资源保障体系的视角与高度，将馆际协作、文献资源共建、文献资源共知、文献资源共享等一系列宏观文献资源建设理论带人我们的研究视野。因此，范并思教授评价说：“文献资源建设概念的提出及研究领域的形成，是中国图书馆学家首次用自己的概念创立研究领域，并且没有一个术语如此科学地包容了这一领域的问题，在这个领域，中国站到了世界的前列。”

3. 信息资源建设

20世纪90年代以后，由于信息技术的突飞猛进，尤其是数字化技术的广泛应用和互联网的迅速普及，文献资源建设的实践发生了重要变化，文献资源建设的理论也显露了它的一些局限性。主要体现在：图书馆馆藏资源已不局限于物理形态的馆藏文献，各种形式的电子化或数字化信息等迅速地涌入图书馆，图书馆也越来越多地通过网络存取数字资源为用户服务，这使得图书馆的资源结构由单一的实体馆藏转变为实体馆藏与虚拟馆藏并存。文献资源建设的概念难以涵盖数字信息的生产、加工、存取等工作内容。而且，只有在网络环境中，借助于先进的信息生产、存储与传递技术，才能最大限度地实现信息资源共建、共知和共享，真正建立一个丰富的信息资源保障系统。在这种情形下，信息资源建设的概念自然而然地取代了文献资源建设的概念。但需要指出的是. 信息资源建设与文献资源建设和馆藏建设从内容上来说是包容关系，而不是取代关系。换言之，文献资源建设并不因为信息资源建设概念的提出而消失，相反，它作为信息资源建设的组成部分，其作用“只能加强不能削弱”。

所谓信息资源建设，就是人类对处于无序状态的各种媒介信息进行选择、采集、组织、管理和开发等活动，使之形成可资利用的信息资源体系的全过程。可资利用是信息资源的重要特征，没有经过人类组织开发并能为人类所利用的信息不能称为资源。所谓可资利用，至少应包括以下标准：（1）资源丰富，没有一定的积累，资源很难满足人们的需求。（2）选择精良，即通过严格的鉴别、选择，去除可信度低、严重污染的信息，保证提供利用的信息具有较高的质量。（3）结构合理，即信息资源拥有合理的学科结构、文种结构、时间结构、等级结构和载体结构。（4）查询简便，为所选择的信息资源编制易学易用的检索工具和检索系统，提高资源的可获知性。（5）传递迅速，即使用者在需要的时候能够及时迅速地获得有关信息资源。

（二）公共图书馆信息资源建设

公共图书馆信息资源建设，是指公共图书馆根据自身性质、任务和用户需求，有计划并系统地规划、选择、收集、组织、管理各种信息资源，建立具有特定功能的信息资源体系的整个过程和全部活动。这个概念同样包含两个层次的内容：（1）个体公共图书馆的信息资源建设。（2）多个公共图书馆之间或图书馆与其他信息机构之间的信息资源共建共享。

二、公共图书馆信息资源建设的原则

（一）实用原则

实用原则是指公共图书馆要从自身的服务任务和服务对象的信息需要出发，规划、选择、搜集、组织和管理信息资源，以最大限度地满足社会的信息需求。

现代图书馆的发展特点决定了信息资源建设必须以实用性原则为基本原则。传统图书馆的根本特点是以书为本，图书馆业务活动围绕着书而展开，从采访到编目，从典藏到借阅，工作重心在“藏”上。现代图书馆的根本特点是以人为本，用户是图书馆的主人，图书馆的一切工作都要从用户的利益出发，为用户服务，工作重心在“用”上。实用原则要求公共图书馆根据服务任务和服务对象确定信息资源建设的范围、重点、特色、结构等。

国家图书馆和大型综合性公共图书馆，承担着为政府决策和国家政治、经济、文化发展服务的任务，必须全面搜集各学科、各文种、各时间段、各种载体的信息资源，如此才能成为国家或地区的信息中心。对基层公共图书馆而言，它们的主要任务是为地方经济、文化发展服务，为满足人民群众学习科学文化知识的需要服务。这一服务任务，要求它重点入藏地方经济和社会发展需要的科研、生产、管理等文献，广泛收集能满足群众学习科学文化知识需求的书刊资料，同时尽量系统、完整地收藏反映本地区历史和现状的具有地方特色的文献。在数字信息资源建设方面，应该根据实际使用需要，采用经济、合理、灵活、多样的形式进行，切不可盲目攀比，贪大求全。

公共图书馆是通过为用户提供各种信息资源来完成其所担负的服务任务的。公共图书馆的信息资源如果脱离了服务对象的实际使用需要，就无法实现它的价值。在信息环境下，用户对信息资源的需求呈现出主体多元化、内容综合化、载体多样化、利用高效化等发展趋势，公共图书馆必须做好用户需求调研工作，才能使建设的信息资源符合用户的需要。美国图书馆协会主席认为，在新媒体新阅读蓬勃发展的时代，公共图书馆的发展策略乃是重视其社区文化中心的地位。大多数公共图书馆通过地方一级的财政获得经费支持，关注其所在社区的需求是每个图书馆获得认可的关键所在。图书馆不应停留在满足长期以来一直利用图书馆服务的老用户们的需求，更应当以开阔的视角来观察社区的不同构成要素，并思考如何才能更好地服务于他们，例如，怎样为当地的小企业提供服务支持？如何协助社区用户进行终身学习？如何支持儿童和青年人的学习和发展？如何让图书馆的服务能够满足不同类型社区成员的需求？正是由于美国公共图书馆贴近社区需要的资源建设和服务，当许多图书馆在经济不景气时期面对经费短缺的压力时，其所在的社区往往会跳出来呼吁政府继续保持列图书馆的经费投入。

（二）特色原则

特色原则要求公共图书馆信息资源建设在坚持实用原则的基础上，建设具有自己独特风格的信息资源体系。

公共图书馆信息资源建设坚持特色原则的依据在于：首先，信息资源共享作为提高公共图书馆服务能力的必然途径，要求个体图书馆建设特色资源，以便在此基础上展开一定范围的资源共知和共享。特别是在数字化、网络化快速发展的环境下，若是各公共图书馆资源建设追求“大而全”小而全”，必将造成极大的资源浪费，信息资源共享也就失去了意义。其次，公共图书馆面向社会大众提供服务，但各公共图书馆所在地区的政治、经济、科技、文化发展各有自己独特的情况和信息需求，用户群体构成也不尽相同，图书馆必须构建符合本地区的发展需要及各用户群体需要的独特的信息资源体系。

由此可见，特色原则和实用原则是相辅相成的关系。实用原则是特色原则的基础，不以信息资源的实用性为前提的特色化建设必然偏离用户需求，成为摆设。信息资源特色化又是实用性的保证，用千篇一律、同一模式建设的信息资源去满足本地区用户的信息需求，实用原则就成为空谈。

在数字化环境中，信息资源特色化建设有两个途径：

（1）馆藏文献特色化建设。

（2）特色数据库建设。

从特色化建设的角度来说，图书馆可从学科特色、地方特色、文献类型特色等角度人手。学科特色是对某些学科、专业的文献有完整系统的收藏，形成自己的特色。地方特色即根据本地区的地理、历史、经济和文化特点，对反映地方特色的文献或实物资源进行完整系统的收藏，从而形成特色。例如地方文献特藏、非物质文化遗产特藏、古钱币特藏。文献类型特色即根据图书馆的任务、历史特点、藏书协调组织的统筹安排等，对某些文献类型完整系统收藏，形成特色，如专利文献特藏、标准文献特藏。公共图书馆可根据所服务地区发展的需要、自身经济及人才实力，选择一个或多个角度建设本馆特色文献或特色数据库。从公共图书馆与所服务地区的关系来看，地方特色资源应是公共图书馆特色资源建设的重中之重。

但是，并不是随便围绕某个角度建设，公共图书馆就可以拥有特色资源。一个资源体系要想成为特色资源，必须满足一定的要求：

（1）所收集的信息资源要达到一定的数量。

（2）收集的信息资源要有一定的深度，并且时间结构合理。

（3）要实体信息资源与虚拟信息资源并重。

（三）共建共享原则

共建共享原则是指公共图书馆在进行信息资源建设时，在图书馆与图书馆之间、图书馆与其他信息机构之间，建立广泛的合作关系，科学规划，分工协作，共同建设，相互提供资源，建立相互联系、相互依存的信息资源保障体系。

公共图书馆信息资源建设的目标是，通过对庞杂无序的各类型载体信息源进行全面而又精确的控制，最大限度地满足服务对象的信息需求。很显然，在当今信息数量急剧增长、用户需求日益复杂的情况下，任何单个图书馆凭着自身有限的信息收集与控制能力，都不可能实现这一目标，必须进行信息资源共建共享。合作采购、合作加工、合作储存、馆际互借等是图书馆信息资源共享的早期实践活动，随着信息技术的迅猛发展，各种系统内、跨系统、跨地区甚至全球信息资源共享组织不断建立，信息资源共享完全突破了时空限制，实现了质的飞跃。如今，任一公共图书馆都必须在宏观信息资源建设的格局中考虑自身信息资源建设策略，建立本馆有重点、有特色的信息资源体系，与其他图书馆或信息机构优势互补，通过馆际互借和文献传递系统，各馆的信息资源可供相互利用，共同满足用户的信息需求。同时，公共图书馆尤其是基层公共图书馆虽受自身规模、条件的限制，也当尽可能利用网络环境下海量的信息存储系统、高速和成本低廉的信息传输手段、联机联合目录及各种电子化的检索工具等，更好地发挥信息资源共享的作用。

三、公共图书馆信息资源建设的任务

（一）信息资源体系规划

信息资源体系，是指由不同学科、不同文种、不同时间、不同等级、不同载体形态的信息资源以合理的比例所形成的，能够最大限度满足用户需求的有机系统。信息资源体系规划，就是指公共图书馆根据本馆任务和读者对象的需要，确定本馆信息资源体系的目标和原则、资源收集的范围、重点和采集标准，提出本馆信息资源构成的基本模式，制订信息资源建设计划。规划活动的重点是安排各类型信息资源尤其是文献资源和数字资源的数量、比例、层次级别，形成有内在联系、有重点、有特色的信息资源体系。

（二）信息资源的选择与采集

根据已经确定的信息资源体系的基本模式，通过各种途径，选择与采集文献信息资源和数字信息资源，是信息资源建设的基础工作。从公共图书馆的实际工作来看，文献信息资源尤其是印刷型资源是其选择与采集的重点。与此同时，可根据条件和需要尽力搜集免费网络资源，合理配置商业数据库资源。网络信息资源极为丰富，公共图书馆应以文化共享工程为契机，重视对免费网络信息资源的开发组织，由此扩展本馆的虚拟馆藏，提高本馆的服务能力。商业数据库资源是指图书馆通过签约付费，可远程登录、在线利用的数字信息资源。

（三）自建数据库

自建数据库是数字信息资源建设的重要内容，有条件的公共图书馆可以根据需要自建书目数据库和特色数据库。书目数据库是图书馆信息资源的基础数据库，也是图书馆实现网络化、自动化的前提，它直接关系到联机编目及联合目录数据库的建设。特色数据库则是图书馆特色资源的集中反映。公共图书馆在进行数据库自建时，应根据用户需求量力而行。

（四）信息资源组织管理

公共图书馆信息资源的组织管理主要体现在两个方面：

（1）对本馆拥有的文献信息资源进行著录、标引、整序、布局、排列、清点和保护等工作，保证这部分信息资源始终处于有序高效的流动状态。

(2) 对数字信息资源的整合管理，将图书馆商业数据库、自建数据库和网络免费资源集成起来，实现跨库检索，为用户提供一站式服务，提高资源的利用效率。

(五) 信息资源共建共知共享

信息资源共享是人类社会的崇高理想，足图书馆为之奋斗的最高目标。在新的信息环境中，信息资源共建共知共享的主要内容包括：通过整体规划与图书馆之间的分工协调，建设相对完备的文献信息资源保障体系；形成覆盖面宽、利用方便快捷的书目信息网络，实现网络公共查询、联机合作编目、馆际互借、协调采购等功能；建立迅速高效的电子文献传递系统。

(六) 信息资源的评价

对本馆信息资源进行评价是公共图书馆信息资源建设的重要一环，也是一个信息反馈的环节。信息资源的评价工作包括确定评价目的和原则、制定评价指标体系、选择评价方法、管理评价过程等内容。不仅要对文献信息资源进行评价，也要评价数字信息资源以及两者之间的关系。

第四节　公共图书馆信息资源服务的基本理念

信息资源建设与服务是图书馆业务工作的两个重要组成部分，两者相互联系、相互作用。一方面，信息资源建设是图书馆的重要使命和基础性工作，离开了信息资源建没，信息服务或知识服务就失去了物质基础，就成了无源之水、无本之木；另一方面，信息资源建设必须围绕用户需求开展，并以服务用户为根本目的，脱离服务的信息资源建设是没有意义的。所谓图书馆信息资源服务是指图书馆利用各种信息资源与各种技术方法满足用户信息资源需求的全部服务活动，如用户培训、文献借阅、参考咨询等。究其内涵，图书馆服务是实现信息资源共享的方式与途径，而信息资源共享恰恰是图书馆为了更好提供服务所寻求出的有效途径；图书馆服务是图书馆在网络化、数字化环境下得以继续生存与发展的唯一原因，没有服务，图书馆就无法在信息环境中生存发展；归根结底，图书馆服务是所有图书馆活动的根本目的。

服务理念是人们从事服务活动的主导思想，是体现服务价值的基础，是规范服务活动的准则，同时也是人们对服务活动的理性认识。

图书馆服务理念是指导图书馆服务工作的基本方针，是图书馆的服务方式、服务原则、服务态度等的集巾体现。图书馆服务理念指明了图书馆服务活动的前进方向和行动准则，代表着一个图书馆的服务形象。

理念是行动的指引，正确的理念是优质高效的图书馆服务的保障。从杜威的图书馆“三最原则”到阮冈纳赞的“图书馆学五定律”，再到联合国教科文组织的《公共图书馆宣言（1994）》；从我国民国“新图书馆运动”时期“一切为读者”等服务理念到21世纪的公共图书馆服务体系、《中国图书馆员职业道德准则（试行）》，再到中国图书馆学会的《图书馆服务宣言》，国际、国内公共图书馆服务理念一直在不断地发展、完善，它已经成为发展图书馆事业的动力，只有将先进的理念落实到具体工作中，图书馆事业才能得到持续的发展。新信息环境下，我国公共图书馆信息服务活动已经体现出以人为本、资源共享、普遍平等、免费开放、无障碍、重视新技术等服务理念。

一、以人为本的服务理念

在图书馆产生、发展的较长一段时期内，图书馆的各项工作包括图书馆服务均是以书为本，以“藏”为图书馆的首要任务。但现代图书馆则是以人为本、以用为主，这是现代图书馆与传统图书馆工作的根本区别之一。《图书馆服务宣言》指出，图书馆应以用户需求为一切工作的出发点。坚持以人为本的服务理念也就意味着，公共图书馆一切工作的开展都要以用户需求为中心和依据，用户是图书馆生存和发展过程中的决定因素。以人为本的服务理念在我国公共图书馆得到了广泛应用。

（一）图书馆服务活动的设计处处为用户考虑

虽然图书馆员日常工作内容和对象往往都是各类信息资源，但是最终的服务对象是用户。因此，图书馆工作各环节都要依据用户需要来设计，服务活动的开展更需要如此。例如，为方便所有用户还书，很多公共图书馆开通了多种还书渠道。杭州图书馆就设计了三种归还方式，除本馆服务台外，用户还可通过24小时还书箱和自助借还机、杭州市公共图书馆基层服务点来还书。在开放时间方面，大多数公共图书馆存在开放时间机关化的情况，使一些上班族很难走进图书馆。为满足广大市民的阅读需求，广东茂名市新图书馆延长了开放时间，周二至周五开放时间为9个半小时，周六、周日开放时间为13个小时（8：00-21：00），节假日照常开放。较长的、灵活的开放时间无疑方便了用户对图书馆信息资源的获取，提高了图书馆信息资源的利用率。上海图书馆更是推出了“网上委托借书”服务，为不方便到图书馆借书的用户提供送书服务。读者可以先在网上预约图书，随后上海图书馆把图书送到离读者较近的图书馆，再用短信通知取书，这种人性化的服务博得了读者的好评。此外，上海图书馆与上海杨浦区图书馆联合创建的上海近代文献馆引入信息共享空间的概念，在一个空间中整合用户需要的各类资源和服务，这种一站式服务的做法也是以用户为中心的典型案例。

（二）以用户需求为中心主动开展读者服务活动

现代公共图书馆再也不是被动地等待读者上门借阅图书的信息机构，以人为本的服务理念要求公共图书馆时常调研用户的实际需求和潜在需求，在此基础卜主动开展相应的信息服务。随着全国民众对讲座服务的呼声越来越高，很多公共图书馆开展了公益讲座活动，国家图书馆的“文津讲坛”、上海图书馆的“上图讲座”、山西省图书馆的“文源讲坛”、杭州图书馆的“文澜讲坛”等已形成品牌。诞生于1978年的“上图讲座”已形成6大版块、18个系列，被称为“城市教室”“市民课堂”和“没有围墙的大学”。“上图讲座”的最大特点是面对社会大众，其服务辐射至长江三角洲地区18个城市和全国图书馆界。同时，还推出了“讲座专刊”“讲座网站”“参考文摘”“讲座丛书”“视听阅览室”等一系列衍生产品。为了让更多的民众享受到同样高水平的讲座服务，2010年12月16日，全国公共图书馆讲座联盟正式成立，并开通了讲座联盟网站，使社会公众可以通过网络及时了解各图书馆的讲座信息，并可在线共享优秀的视频讲座资源。

（三）为弱势群体用户开展特殊服务

弱势群体是根据人的社会地位、生存状况而非生理特征和体能状态来界定的一个虚拟群体，是社会中一些生活困难、能力不足或被边缘化、容易受到社会排斥的散落的人的概称，例如儿童、老年人、残疾人、精神病患者、失业者、贫困者、下岗职工、灾难中的求助者、进城务工人员、非正规就业者以及在劳动关系中处于弱势地位的人等。在知识经济时代，对知识信息的获取对个人及组织的提升有决定性的影响，公共图书馆作为维系社会系统理性、和谐、有序运行的社会制度，为弱势群体提供保障性服务是其义不容辞的责任。北京、上海、深圳、东莞等地建设进城务工人员图书馆即是这方面的有益尝试。深圳从2003年开始就把进城务工人员图书馆建设作为“图书馆之城”的重要内容，2007年又进一步将进城务工人员图书馆纳入“外来劳务工文化服务工程”，明确提出超过2万人以上的大型工业区、企业兴建一个进城务工人员图书馆的建设标准，并制订了实施计划。至2009年12月，深圳市已拥有进城务工人员图书馆（室）过百家，其中纳入市区图书馆一体化管理的有24家，除借阅服务外，每年开展读者活动350场。

二、资源共享的服务理念

信息资源共享，是指图书馆在自愿、平等、互惠的基础上，通过建立图书馆与图书馆之间和图书馆与其他相关机构之间的各种合作、协作、协调关系，利用各种技术、方法和途径，开展共同揭示、共同建设和共同利用信息资源，以最大限度地满足用户信息资源需求的全部活动。从信息资源共享的概念可知，共同建设、共同揭示信息资源作为共享的手段是为了共同利用信息资源为用户提供服务，实现“任何用户（Any User）在任何时候（Anytime）、任何地点（Anywhere），均可获得任何图书馆（Any Library）拥有的任何信息资源（Any Information Resource）”的目的。《图书馆服务宣言》指出，图书馆的目标之一是图书馆开展信息资源共建共享，各地区、各类型图书馆加强协调与合作，促进全社会信息资源的有效利用。由于单个图书馆资源建设和服务能力的有限。在现代信息技术的支持下，资源共享已成为提高图书馆服务效率、满足全社会信息需求的必由之路。

目前，我国公共图书馆开展了形式多样的资源共享活动，并取得了良好的服务效果。全国性的有全国文化信息资源共享工程、全国公共图书馆讲座联盟等，区域性的有上海市文献信息资源共建共享协作网、上海市中心图书馆、联合参考咨询网及文献传递网、广东流动图书馆、佛山市联合图书馆、珠江三角洲数字图书馆联盟、浙江网络图书馆、厦门市公共图书馆服务联合体、西藏数字视频资源建设等了，些共享组织或项目正在为全国各地区图书馆及信息用户提供服务。

全国文化信息资源共享工程（简称文化共享工程）是新形势下构建公共文化服务体系、惠及千家万户的一项重要文化基础工程。文化共享工程应用现代科学技术，将中华优秀文化信息资源进行数字化加工整合，通过工程网络体系，以互联网、卫星、移动存储、镜像、光盘、有线电视/数字电视网等方式，实现优秀文化信息资源在全国范围内的共建共享，对于打破落后地区信息闭塞的状况，缩小“数字鸿沟”，提高广大人民的科学文化素质，推进社会主义文化大发展大繁荣和建设和谐社会，发挥着重要作用。目前，文化共享工程已形成国家管理中心、省中心、市县支中心、乡镇及村基层服务点的服务体系。“十二五”时期，全国文化信息资源共享工程将在“十一五”基本实现“村村通”的基础上，充分利用已建成果，最大化发挥各级网点设备设施的服务能力。以有效开展服务为重心，以打造精品、优化应用为重点，以全面推动共建共享为途径，以可持续发展的体制机制作保障，到2010年，将工程建成资源优质丰富、技术先进实用、传播高效互动、服务便捷贴近、管理科学规范、体系完整可控的公共数字文化传播服务体系，实现“时时可看，处处可学，人人可享”，使全国文化信息资源共享工程成为政府主导的公共网络服务阵地，成为资源最丰富、服务最便捷、使用最安全的网上爱国主义教育基地、中华数字文化资源门户、数字文化网络培训学校，成为基层群众的信息中心、学习中心和数字文化中心。第二届文化部创新奖获奖项目中，经广东省文化厅推荐的“区城图书馆集群管理与协同发展模式”项目是其中之一。该项目是广东省东莞市图书馆根据网络时代发展和地域社会需求，探索并经实践验证的一条区域内图书馆群整体发展道路，是建设我国图书馆公共服务体系的有效方式。东莞市城市图书馆集群服务网络是以东莞图书馆新馆为龙头所构建的市、镇、村三级公共图书馆网络，它突破单纯的文献资源局限，确立信息资源、设备资源、人力资源等多资源共享思想，通过研发新一代图书馆集群网络管理平台Interlib，实现了区域图书馆群整体上的资源整合和业务整合，实现了“一馆办证，多馆借书；一馆借书，多馆还书”的通借通还目标，使“网上预约、电话预约、送书上门”等便捷的读书生活在东莞成为可能。

三、普遍、平等的服务理念

“各级各类图书馆共同构成图书馆体系，保障全体社会成员普遍均等地享有图书馆服务”是《图书馆服务宣言》的重要内容。普遍、平等的服务理念包含两个层面的内容。

（一）普遍的服务理念

图书馆将服务触角深入基层，任何民众都能就近便捷地获得图书馆服务。联合国教科文组织1998年统计的各国公共图书馆情况表明：每2.2万名法国人，享用一家公共图书馆；每2.6万名意大利人享用一家图书馆；英国有公共图书馆5 183家，每1万名居民有一家图书馆；德国每6 600人有一家图书馆；芬兰每5 000人有一家图书馆；奥地利每4 000人有一家图书馆；挪威每4 000人有一家图书馆；瑞士每3 000人有一家图书馆。而我国有2 600家公共图书馆，约50万人分到一家。自2005年10月，中国共产党十六届五中全会提出“逐步形成覆盖全社会的比较完备的公共文化服务体系”以来，我国实施了乡镇综合文化站建设项目、县级图书馆文化馆修缮专项资金、城市社区文化中心（文化活动室）设备购置专项资金等一系列面向基层、面向农村的重大文化没施建设项目。截至2010年年底，全国共有公共图书馆2 884家，文化馆（含群众艺术馆）3 264个，乡镇（街道）文化站40 118个，村文化室20余万个，基本实现了公共文化服务体系全覆盖。全国各公共图书馆也纷纷通过建设社区图书馆、流动图书馆、外阅点等方式，扩大图书馆服务的覆盖率。

深圳图书馆之城是深圳市文化局在其《深圳市建设“图书馆之城”（2003~2005）三年实施方案》中提出的深圳市公共图书馆事业建没蓝图，是国内第一个以此为文化愿景的城市。其具体含义是：用三年时间，争取让每个社区（村）都有一座规模不等的图书馆（室）或文化共享工程基层网点；到2005年年底，基本实现每15万常住人口拥有一家公共图书馆，每1.5万常住人口拥有一家社区图书馆（室）；以现有的各级公共图书馆和新建的社区图书馆网点为基础，联合其他系统图书情报部门，建立覆盖全城、服务全民的文献信息资源共享网络，使深圳形成人人可用任何图书馆的没有边界的大图书馆网。九年来，深圳投入资金10多亿元建立覆盖全市的图书馆服务网络。截至2012年4月．深圳已经建成638家公共图书馆，最早实现中国“每1.5万人拥有一家社区图书馆”的目标．全市公共图书馆总藏量已达到2 200余万册。2012年4月22日，深圳市文体旅游局在深圳图书馆举行2012年″4•23”世界读书口系列活动启动仪式，同时发布“图书馆之城”统一服务平台标识．启动深圳市“图书馆之城”统一服务平台一实现了市、区、街道、社区共327家图书馆互通互联、资源共享和一证通行、通借通还，标志着深圳已经建成“图书馆之城”。

（二）平等的服务理念

公共图书馆信息资源是社会的共同财富，平等利用信息资源是用户的基本权利和图书馆的基本义务，任何用户在利用图书馆信息资源时不应受到任何歧视。联合圏教科文组织的《公共图书馆宣言（1994）》中规定：公共图书馆应该在人人享有平等利用权利的基础上，不分年龄、种族、性别、宗教信仰、国籍、语言或社会地位，向所有的人提供服务。许多国家的图书馆组织也通过颁布相应的规章制度来规范图书馆的行为，保障用户平等利用信息资源的基本权利。例如，美国《图书馆权利法案》规定：图书馆应该向其服务社区的所有人提供图书和其他图书馆资源以满足其兴趣、信息和启蒙的需求；一个人利用图书馆的权利不应该因为种族、年龄、背景或者观点的原冈而设否定或者剥夺。在我国，许多公共图书馆秉承平等的服务理念向所有用户开放，包括乞丐、拾荒者。自2003年起，杭州图书馆开始对所有读者免费开放。包括乞丐、拾荒者和附近的农民工。这一举措推行以来，一直引起一些读者的不满。曾有读者投诉，称允许乞丐进图书馆是对其他读者不尊重。2011年1月18日，该馆馆长楮树青在微博上表示：“我无权拒绝他们人内读书，但您有权选择离开。”这话赢得了网友一致的赞誉。公共图书馆因其公共属性决定了它们必须面向全体社会成员开放。杭州市图书馆办公室刘主任说：“我们一直觉得，这是公共图书馆本来就应该承担的责任。”

四、免费开放的服务理念

普遍平等地为用户提供信息服务是公共图书馆的基本义务，而免费开放则是实现普遍平等的基本保障。《公共图书馆宣言（1 994）》称，公共图书馆应遵循免费原则。我国的《图书馆服务宣言》也提倡图书馆以公益性服务为基本原则。直到今天，在欧美国家许多19世纪设立的公共图书馆门楣上仍然保留着“免费图书馆”（Free Library）或者“向一切民众免费”（Free to All People）等字样。无论是发达国家还是发展中国家，由于经济发展的不平衡，都存在着不同程度的贫富差距，若要使社会的各个阶层，尤其是弱势群体享有平等利用图书馆信息资源的机会，我们必须实行公共图书馆免费开放，这也是公共图书馆存在的意义。我国诸多省市的公共图书馆较早就开始实施向社会民众的免费开放。2006年7月10日，在深圳图书馆新馆开馆的新闻发布会上，馆长吴晞提出新图书馆要实行公共图书馆的理念：“开放、平等、免费”，提倡“一切都是免费的”“不用带钱包来图书馆”，这是在全国率先实现免费开放的文化场馆。原来传统图书馆的上网计时费、借书证工本费等收费项目在这里也全部取消。这一免费举动最初令读者产生了误会，有人以免费为名复印资料也拒绝支付费用。历经波折、误会、争议，“公共图书馆”概念逐渐为人们所接受。深圳图书馆新馆的先行之举也推动了深圳公益文化场馆的制度改革。2007年3月1日，深圳市政府通过财政补贴的形式，让七家深圳市属公益性文化场馆全部免收门票，向社会开放。这正是深圳市政府提高市民文化净福利水平的利民便民措施。深圳也因此成为国内最早实行文化场馆免费开放的城市。

2011年，我国迎来了公共图书馆免费开放时代。文化部、财政部联合出台《关于推进全国美术馆公共图书馆文化馆（站）免费开放工作的意见》. 明确表明：2011年年底之前，国家级、省级美术馆全部向公众免费开放；全国所有公共图书馆、文化馆（站）实现无障碍、零门槛进入，公共空间设施场地全部免费开放，所提供的基本服务项目全部免费。这使得公共图书馆免费开放在国家政策上得到了保障。2011年2月18日，文化部、财政部召升全国美术馆、公共图书馆、文化馆（站）免费开放工作电视电话会议，提出中央财政在2011年将新增公共图书馆等公共文化部门或机构免费开放经费投入约18亿元，进一步将免费开放工作做实、做细、做好。实施免费开放政策后，公共图书馆信息资源的利用率大幅度提升。例如，江西省自2011年3月统一部署11家公共图书馆先行启动了免费开放试点工作。试点的公共图书馆，其阅览室、报告厅、自修室等公共空间设施场地免费，文献资源借阅、检索，公益性讲座和展览等基本文化服务项目也将逐步健全并免费提供，还取消了办证费、验证费等收费项目。截至2011年9月，贵溪市图书馆新办理借阅证500多个，是2010年同期的10倍；靖安县图书馆平均每天25人办证，最高的一日达到64人；进贤县图书馆新增借阅证400个，相当于过去一年办证数量的4倍。江西省免费开放的11个试点图书馆，每个馆月入读者数量较以前均增长了4倍以上。这一政策的实施是实现和保障人民群众基本文化权益的积极行动，得到了广大人民群众的支持和认可。

五、无障碍服务的理念

无障碍服务，是指增强残疾人能力并促进其融入社会的一种手段，包括信息通讯技术和互联网两个范畴。公共图书馆面向社会所有公众开放，这其中自然包括残疾人。《公共图书馆宣言（1994）》指出，公共图书馆必须向由于各种原因不能利用其正常的服务和资料的人，如残疾人等，提供特殊的服务和资料。《中共中央国务院关于促进残疾人事业发展的意见》（2008年3月28日）也要求“积极推进信息和交流无障碍”“公共机构要提供无障碍服务，影视作品和节目要加配字幕，网络、电子信息和通信产品要方便残疾人使用”。目前，我国公共图书馆利用信息技术、上门服务等多种方式为残疾人提供无障碍的图书馆服务。例如，首都图书馆专门建设无障碍图书馆，引进先进的阳光读屏电脑、盲文点显器和助视器等帮助盲人读者上网、阅读；上海图书馆通过制作有声读物和无障碍电影、开发电子资源拓宽了盲人的阅读领域；深圳图书馆在建立视障阅览室的同时．定期举办盲人免费电脑培训；杭州图书馆秉持“平等、免费、无障碍”的服务理念，在浙江省盲人学校开设盲文分馆。

在国际图书馆界，盲人数字图书馆的相关研究早在20世纪80年代就已得到了相当程度的关注，国际图联于1983年成立了盲人图书馆联合分会。至21世纪．美国、法国、加拿大等国均已建立了盲人数字图书馆，而我国在此方面一直相对落后。2008年，由中国残疾人联合会信息中心、中国盲文出版社、国家图书馆合作建设的中国盲人数字图书馆，依托国图丰富的馆藏资源，借助残联信息中心和中国盲文出版社在信息无障碍建没方面的经验，利用先进的信息无障碍读取技术，使盲人朋友足不出户就能享受到国家级图书馆的周到服务，与正常人一样共享信息社会的便利，为盲人和视觉障碍群体打开一扇通往浩瀚知识海洋的大门。中国盲人数字图书馆的资源建设和栏目设计均面向盲人的需求，坚持非数字可替换格式资料文献资源的数字化和Web上原生数字内容资源的加工、组织并重。网站规划设置了新闻动态、电子图书、音乐欣赏、在线讲座、最新公告、读者指南、新书速递、机构介绍、友情链接、网站导航十个栏目，做到静态信息与动态信息相结合。按照“边建设边服务”的原则，中国盲人数字图书馆网站各栏目的数字资源将在需求调研的基础上不断扩容，以满足不同职业、兴趣爱好的盲人朋友的需求。

六、重视新技术的服务理念

图书馆一向是信息技术发展的灵敏反应区。为了更好地践行“节约读者的时间”“为用户提供普遍均等的图书馆服务”等服务理念，我国公共图书馆普遍重视利用现代信息技术，提高数字资源提供能力和使用效率，以服务创新应对信息时代的挑战。当互联网走进人们的视野，图书馆网站的建设使得人们无须走进图书馆就可以通过联机公共目录查询系统（OPAC）查询图书馆的馆藏，使用图书馆的电子资源。当Web 2.0开始风行，图书馆就开始利用博客（ Blog)、简易信息聚合（RSS)、百科全书(Wiki)、即时通讯（IM）等2.0技术加强与用户的互动．如广东省立中山图书馆的RSS订阅、深圳图书馆的IM实时咨询、上海闵行区图书馆的“闵图书芯”博客等。

如今，重视新技术应用的服务理念已深入图书馆人的思想。手机图书馆、无线射频识别技术（ RFID)、云计算等高端技术都在公共图书馆得到了应用。例如，上海图书馆推出的手机图书馆服务，只要用户的手机安装了Android系统，就可以通过触及上海图书馆官方网站，下载相关的客户端软件，实现书目检索、读者服务、微博分享、上图信息、你问我答和分馆导航等七大功能。在手机图书馆上可以检索上海图书馆书目信息，囊括上海市中心图书馆在内的260多家馆的馆藏信息，能检索全市200多万种、近1 600万册馆藏文献资料。上海图书馆还与豆瓣网合作，对于读者检索到的书籍，可以查看有关网友的评论，这无疑可以帮助读者更好地了解书籍的口碑。对于平时繁忙的读者来说，还可以通过手机图书馆查看已借图书信息，并办理续借。目前该手机图书馆所达到的七大功能，只是手机图书馆的第一步，上海图书馆正在设法使更多平时无暇光顾图书馆的人们，通过手机就能将图书借到家中。此外，国家图书馆等公共图书馆还引进无线射频识别技术（RFID），提供智能架位导航服务，使到馆读者通过计算机机读目录检索，就可以确定书的精确位置，继续点击架位导航上的图标，读者还可知道该书的空间方位和取书的最短距离，方便读者快速、准确地找到所需图书。

第三章 公共图书馆文献及数字资源建设

第一节 公共图书馆文献资源组织与管理

肖希明教授在《信息资源建设》一书中，对文献资源组织定义如下：图书馆为了实现有效保存和积极利用文献资源之目的，对馆藏文献资源进行整序、布局、排列和科学的管理，使之成为有序化的科学的文献资源体系的过程。在图书馆业务工作中，对文献资源的组织具体表现为文献资源的著录、标引（分类和主题）、加工、排架、剔除、保护等管理环节。

一、文献资源的分类

（一）文献资源分类的原理和作用

分类是人类的基本逻辑思维形式之一，是人类认识和区分客观事物的基本思维活动。世界上的任何事物都有着多样的不同属性特征，其中有本质性特征和非本质性特征。通过本质性特征可以将它与其他不同的事物区分开来，将相同的事物聚集在一起。

生活中，我们经常会用到类的概念。商店里的商品或按用途（服装、食品、生活用品）分别陈设，或按材质（塑料制品、纸制品、金属制品）列类摆放，方便人们按类索取；对人类本身，按性别可分为男人和女人，按年龄分为儿童、成人、老人等。记录人类对客观世界认知程度的文献资源的分类，也应是建立在人类对世界事物的分类之上。

1. 类、分类、类目、类名、类号的概念

类，是指具有一种共同属性的个别事物的集合，是表明某些个别事物共有的某个特征的一种概念。事物之间的共同或不同的特征，也就形成了各种相同或不同的类，即所谓“物以类聚”。

分类，是人类认识事物、区分事物、组织事物的一种逻辑方法，它是以事物的本质属性或其他显著特征作为根据，把各种事物集合成类的过程。这里所讲的事物的本质属性是指事物本身具有的、较稳定的、起决定性作用的属性，并且通过这种属性可以与其他事物区别开来。对事物的分类要求以事物的本质属性作为分类依据，这是因为它能揭示事物之间的内在联系，有助于人们深入地认识和区分事物。分类的根本特征，一个是区分，对不同事物之间的划分；一个是类集，将相同的事物归纳在一起。

类在文献资源分类体系中又称为类目，类目是构成文献资源体系的基本单元，一个类目就表示具有某种共同属性的一组文献资源。表示类目概念的名称叫类名，类名不但指示了类目的名称，还规定了类目的性质和内容范围，要求表达精确、概括。

类号，是分类法的标识符号，如《中国图书馆分类法》中的类目“R135.3高温中暑”，其中“R130.3”是类号，“高温中暑”是类名。

2. 文献资源分类的含义

文献资源分类，是以文献分类法为工具，根据文献资源所反映的学科知识内容和其他显著属性特征，分门别类地、系统地组织与揭示文献资源的一种方法。

俞君立、陈树年在《文献分类学》中，对此概念阐述了以下四个方面的含义：（1）文献资源分类的对象是图书馆和各种文献资源保存机构所收集的各种类型的资源，不仅包括印刷型文献，还包括缩微资料、音像资料、电子出版物和网络文献资源。（2）文献资源的分类是根据其学科内容属性和其他显著特征而归类的。文献作为人类各种知识的记录和传播载体存在，其中的学科知识内容是其本质属性，也是知识归类时的主要依据。（3）文献资源分类的工具就是文献分类法。其作用体现在两个方面：一方面，分类法能根据学科知识内容或其他显著特征将学科内容性质相同的文献资源聚集在一起，便于检索利用；另一方面，分类法也给文献信息资源收藏机构一个统一的、可执行的分类标准，保证文献资源分类的准确性和一致性。（4）文献资源分类是按照学科知识的系统性来组织和揭示资源的，满足了人们从学科门类对事物和问题进行族性检索的需要。

3. 文献资源分类的基本原理

文献分类是以科学分类为基础，以概念逻辑为分类元素，结合文献分类的特殊标准而开展的文献资源组织工作。文献资源分类有以下三个基本原理。

（1）概念逻辑原理

事物的每个属性均可以用逻辑概念来表达，因此文献分类时，必须遵守概念逻辑原理，注意文献所表达的知识内容，以及在学科体系中的纵向逻辑关系。归人某个下位类目的文献，必须带有上位类目的属性。例如“S857.5皮肤病”，是指动物的皮肤病，一定带有其上位类“S85动物医学”的属性。依同一标准划分出的同位类之间关系相斥，文献归类时不可既入此类，又人其同位类。例如绘画技法中，“J211.2各种画技法；按题材分”，其下位类″J211. 21 / 28”，是按题材划分的同位类，文献归类时，就只能入其一类。

（2）科学分类原理

因为文献所承载的知识内容有其学科属性，因而在分类时，也要遵循科学分类的客观和发展原则。文献只有归入正确的类目、类级，才能通过分类体系的纵横关系，体现出与其他文献所反映学科知识内容的系统性和发展性，从而为读者的学习和研究提供帮助。

(3) 文献分类标准原理

文献分类是以其内容的学科属性为最重要的分类标准，但因文献的多样性和读者需求的多变，使得体裁、编写目的、阅读对象等也是分类时的辅助标准。在分类时，要根据不同的文献选择分类时的标准次序，以达到最佳归类。

4. 文献资源分类的作用

文献资源分类的作用表现在以下三个方面。

首先，通过对文献资源的分类，建立从学科的族性纵向角度人手的分类检索系统。文献分类既能反映文献在某个学科系统中的位置，也能揭示其与相关学科文献的相互交叉、相互渗透的关系。便于读者从学科知识系统按类检索、获得文献，也便于图书馆员向读者推荐阅读，编制阅读书目，提供参考咨询服务。

其次，可组织分类排架。图书馆的文献资源不同于个人藏书的数量，是以成千上万册、百万册计算的。图书馆文献资源如果不以某种方式进行排列管理，读者查找时会出现“大海捞针”的现象。依照文献所属的学科进行分类排架，相同内容的图书集中在一起，不同内容的区分开来，便于读者从学科系统来利用文献。

分类排架有利于对文献实现开架借阅，便于读者直接、方便地使用文献。依文献登记号、年代等的外部形式特征进行的文献排架，则不能揭示文献内容之间的联系，不宜用于开架借阅。

最后，通过对文献资源进行按类统计其借阅量，可以追踪读者的阅读需求，了解阅读倾向，为文献资源建设工作提供决策依据。

(二)《中国图书馆分类法》的基本结构

《中国图书馆分类法》(以下简称《中图法》). 是我国各类文献信息机构使用最广、影响最大的一部等级列举式分类法。从1975年起，至今已出版至第五版。为了满足不同类型图书馆和不同文献类型的分类需求，《中图法》还出版了简本、少儿版、期刊版等不同系列版本。随着计算机技术的应用，现又出现了《中图法》的电子版和Web版。《中图法》编委会还建立了网站（http: //clc.nlc.gov.cn/），进行《中图法》和《中国分类主题同表》(以下简称《中分表》) 的宣传、推广和研究。

1.《中图法》的宏观结构

《中图法》从体系上讲，有宏观结构和微观结构之分。宏观结构是指分类法的基本构成部分及相互关系，各组成部分均为具有特定功能的独立模块。《中图法》宏观结构包括：编制说明、基本大类表、基本类目表（简表）、主表、附表、索引和使用手册。

(1) 编制说明

编制说明是对《中图法》的编制理论、指导思想、编制原则、结构体系、知识范畴、适用范围、标记制度、编制目的与经过、各个版次修订情况等基本事项的总体说明。

(2) 基本部类与基本大类表

基本部类，也称基本序列，是分类法中为建立知识分类体系，对知识门类所进行的最概括、最本质的区分和排列，是确立基本大类的基础。《中图法》依据毛泽东关于知识问题的论述．将知识门类分为哲学、社会科学、自然科学三大部类，同时增设马克思主义、列宁主义、毛泽东思想、邓小平理论，综合性图书两大部类，构成其基本序列如下：

马克思主义、列宁主义、毛泽东思想、邓小平理论

哲学

社会科学

自然科学

综合性图书

基本部类是整个分类法展开的基础，在类表中并不单独列出。

基本大类又称基本大纲，是分类法列出的第一级类目。《中图法》在考虑学科领域的平衡的基础上，以国际上通用的基本学科划分和专业划分为依据，设置了22个基本大类：

A 马克思主义、列宁主义、毛泽东思想、邓小平理论

B 哲学、宗教

C 社会科学总论

D 政治、法律

E 军事

F 经济

G 文化、科学、教育、体育

H 语言、文字

I 文学

J 艺术

K 历史、地理

N 自然科学总论

O 数理科学和化学

P 天文学、地球科学

Q 生物科学

R 医药、卫生

S 农业科学

T 工业技术

U 交通运输

V 航空、航天

X 环境科学、安全科学

Z 综合性图书

其中，根据文献分类的实际需要，设置了“社会科学总论”和“自然科学总论”两类，用以收纳这两个学科领域的综合性文献。

由于工业技术是一个庞大的体系，文献数量巨大，因此又以双字母标记展开了16

个二级类目：

TB 一般工业技术

TD 矿业工程

TE 石油、天然气工业

TF 冶金工业

TG 金属学、金属工艺

TH 机械、仪表工业

TJ 武器工业

TK 动力工程

TL 原子能技术

TM 电工技术

TN 电子技术、通信技术

TP 自动化技术、计算机技术

TQ 化学工业

TS 轻工业、手工业、生活服务业

TU 建筑科学

TV 水利工程

社会科学各大类的排列主要根据大类间关系密切程度以及与其他部类的关系来确定，大体上按“上层建筑经济基础意识形态”，即政治经济文化的次序排列。

自然科学各大类则按学科的属性，遵循从一般到特殊、从简单到复杂、从低级到高级、从理论到应用的次序排列，并形成“基础理论技术科学应用科学”三个层次。

（3）基本类目表

基本类目表也称简表，是由《中图法》的一级大类进一步区分出来的二、三级类目所组成（部分学科领域可能达到四级类目），是《中图法》的类目体系框架，展示了分类法基本知识结构与划分规则。通过简表，可以迅速了解《中图法》的概貌，把握其编制的知识结构脉络和各个知识领域的联系。基本类目表可作为小型文献信息单位的分类工具，也可使用简表编制分类排架号，实现文献粗排架。

基本类目表片段：

T　工业技术（一级类目）

TP　自动化技术、计算机技术（二级类目）

TPI　自动化基础理论（三级类目）

TP2　自动化技术及设备（三级类目）

TP3　计算技术、计算机技术（三级类目）

（4）主表

主表也称详表，是由各级类目组成的一览表，《中图法》编制的理论、技术和规则贯穿其中，是文献资源分类标引的主要依据。主表按功能分为术语（类名）系统、标记系统、注释系统和专类复分表。

主表片段：

TP　自动化技术、计算机技术

TP1　自动化基础理论

TP2　自动化技术及设备

TP24　机器人技术

TP 241　机器手

TP241.2　工业机器手

TP241.3　专用机器手

（5）附表

附表也称辅助表，是一组组配有标号的标准子目表，编列在主表之后，用于对主表中列举的类目进行细分。《中图法》的附表是八个通用复分表，即总论复分表，世界地区表，中国地区表，国际时代表，中国时代表，世界种族与民族表，中国民族表，通用时间，地点和环境、人员表。通用复分表不能单独使用，只能对主表类目起复分作用。

世界地区表片段：

1 世界

2 中国

3 亚洲

31 东亚

……

33 东南亚

35 南亚

351 印度

353 巴基斯坦

354 孟加拉国

……

（6）索引

《中图法》的索引单独成册，收录了详表和八个复分表的全部类目以及注释包含的有检索意义的主题概念，按单词予以轮排，利用汉语字面成族的原理，将有相同单词的类目名称汇集在一起，排列在某一单词之下，从而可以从那个单词出发，查出含有该单词的全部类目。必须注意的是，分类法索引是通过字顺查找类目的工具，不能直接用于分类标引，查找的结果要回到分类中进行核对。

（7）使用手册

《中图法》使用手册单独成册，详细阐述《中图法》的编制理论和技术、各类文献分类规则与方法，是指导馆员学习和正确使用《中图法》的权威性工具。

2.《中图法》的微观结构

《中图法》的微观结构，主要是指它的类目结构。类目是表达文献资源内容的概念，每个类目都代表具有某种共同属性的文献的集合。类目是构成分类法的最基本要素，分类法的整体功能就是通过类目及其联系而实现的。《中图法》的类目由类号、类名、类级、注释和参照组成。

TP 自动化技术、计算机技术

TP1 自动化基础理论

TP2 自动化技术与设备

TP24 机器人技术

机器人工程学人此。 ——注释

（1）类号

类号是类目的标记符号，它用号码来表示类目的含义决定类目在分类体系中的位置，表达类目之间的族性关系。《中图法》采用拉丁字母和阿拉伯数字相结合的混合制标记符号来作类号，如C3、TB21等。

（2）类名

类名即类目的名称，是用来描述类目内涵和外延的词语，类名直接或间接表达类目的含义或内容范围。如“U472汽车保养与修理”。

（3）类级

类级是指类目的级别，代表该类目在《中图法》体系中的级别，显示类目间的等级关系。在印刷版《中图法》中，是以字体大小和缩格来表示不同等级的。

（4）注释和参照

《中图法》使用注释和参照的方法，对类目含义及内容范围、分类方法、复分方法、特殊书次号编制方法、该类与其他类目的关系等进行的说明，是归类时的重要依据。

分类法全部类目的排列与联系，就构成《中图法》的术语系统、标记系统、注释系统和类目等级结构。

3. 各学科门类的编制结构

《中图法》根据不同学科门类的特点确立了不同的编制结构，以满足各学科、专业文献整序和检索的需要。

（1）马克思主义、列宁主义、毛泽东思想、邓小平理论类目的编列

《中图法》A类具有特藏性质，首先按著作类型区分为原著、传记、学习和研究三大部分，继而采用“依人列类”的方法按经典作家列类，在各经典作家之下，分别再按著作体例、时代细分。原著、传记、学习和研究三大部分都编列了相关的总论性类目。

《中图法》五版对A类有重大修订：允许用户自行选择该类文献的集中或分散。若不集中于A大类，可按文献性质及学科内容分散处理一如马恩列斯的综合性著作及其研究可人D33/37的“—0”等。

（2）哲学、社会科学类目的编列

在哲学、社会科学类目中，重要的分类标准是地区和时代。在各学科的理论方法之后，按世界各国的社会、经济、文化活动列类。对地区和时代的划分，根据学科性质的不同，使用的阶段和层次也有所不同。时代区分一般在国家区分之后进行。

（3）自然科学基础科学类目的编列

《中图法》在自然科学基础科学部分，主要是根据研究对象的结构或运动形式划

分，类目的排列主要是依据事物内部的规律，按照“机械运动物理运动化学运动无机物质的宏观运动生命运动”由低级向高级排列。

（4）技术科学和应用科学类目的编列

技术科学和应用科学类目的编列，一般先依加工的对象或方法划分，再按产品或技术方法进一步划分，各项具体工程技术都按工程的“方面”（即“理论—设计—结构—材料—设备—工艺—运行—工厂—综合利用”）使用统一的体例进行细分。

（5）综合性文献类目的编列

综合性文献是依文献著述、出版的形式特点编列的。该类文献是多学科知识的集合，一般首先按出版物类型分为参考工具书和检索工具书两类。参考工具书按“出版物类型国家”的次序列类，专科性参考工具书也可按出版物形式集中，按学科细分。检索类专科性工具书，一律不区分国别，直接采用组配编号法按学科内容细分。

（三）文献分类标引的基本规则

为充分揭示文献资源内容，正确归类。便于读者从分类角度检索资源，人们对分类的基本规律进行了总结，概括成共同遵守的分类基本规则，并要求贯穿执行于整个文献资源分类的实践过程。

1. 学科属性原则

文献分类首选以其内容的学科或专业属性为主要标准，只有在不适于以学科属性为区分标准时，才考虑以其他方面的性质（如体裁、地域、时代、语文等）作为分类标准。例如，《集成电路手册》分入TN4-62；《钢铁是怎样炼成的》（苏联现代长篇小说）分入1512.45。

2. 专指性原则

文献分类要求符合专指的要求。也就是说，要将文献分人恰如其分的类，而不能分人范围大于或小于文献实际内容的类目。例如，《电视机维修手册》和《大屏幕电视维修手册》，前者是总论电视机维修的著作，应归入TN949.7，后者是专论大屏幕电视机维修的著作，应归入TN949. 16。

3. 实用性原则

文献分类的目的是使文献发挥最大作用，即要根据读者的需要将文献分入最大用途的类。例如，《莫泊桑短篇小说选》是法汉对照读物，应分入法汉对照读物H329.4：I565.44，而不是I565.44。

4. 一致性原则

文献分类要遵循一致性的原则，即要将内容相同的文献集中归入同一个类目，而不要分散于有关各类。一致性原则还表现在相同主题文献在不同时期、不同编目员之间，归类也要保持统一。

（四）文献资源分类的基本工作程序

文献资源分类与下一节的主题标引，虽然是以不同的检索语言来标引文献，但其工作程序是一致的，在此综合论述。

第一步，查重。目的在于避免同书异号，重复标引，保持同一种文献的标引前后一致。查重解决的问题主要有：利用公务书名目录（纸质卡片目录）或书目数据库，查明待标引文献是否为已人藏文献的复本，是否为已人藏文献的不同版本，是否为多卷书的不同卷次或续编，是否为已人藏文献的不同载体形式等。如为复本，则直接添加并分配馆藏地址；如为不同版本、版次，则引用原来文献的分类号和主题词；如为不同载体形式，则适当改动类号和主题词即可。查重有利于提高标引速度。

第二步，文献主题分析。主题分析的质量决定着标引的质量。准确的标引取决于对文献主题的正确分析和概念的准确提炼和选择。一般应该做到不遗漏应该分析出来的概念，但也不过度析出无价值的主题概念。例如《肉鹅高效益养殖技术》一书，对肉鹅的品种、经济杂交、营养与饲料、种草养鹅、鹅的孵化、饲养管理、常见病防治、鹅场建设等进行了介绍。通过分析，认定它是一本针对农民朋友的论述肉用鹅养殖方法的图书，分析提炼出几个概念：鹅、肉用鹅、养殖、饲养管理。

第三步，归类和主题词选择。根据文献主要主题的学科属性及其他特征，查阅《中图法》，找到与其相符的类目，赋予文献分类号，作为分类检索标识。再根据分类号查阅《中分表》，找出相符合的规范主题词。《肉鹅高效益养殖技术》一书，逐层分析归入S农业科学—S8畜牧、动物医学、狩猎、蚕、蜂—S83家禽—S835鹅。主题标引，查阅《中分表》的“分类主题对应表”，原先分析提炼的“鹅、肉用鹅、养殖、饲养管理”概念，经与《中分表》中的规范主题词比对，规范为“鹅、肉用型、饲养管理”。

第四步，编制分类索书号，主题词组配。对于采用分类排架的文献机构，对同类书还须进一步区分，以实现同类书的个别化，要编制书次号（同类书的排列次序号码）。排架分类号和书次号构成分类索书号。若一本书有几个分类号时，则只能选择一个作为排架用的分类号，其余为目录分类号。

排架分类号如采用“分类号十种次号”方式构成，如果《肉鹅高效益养殖技术》为某馆家禽类图书的第一种，则其分类排架号为S835/1。

对由自然语言转换成的规范主题词，依据主题词组配规则进行分组、组配。“鹅、肉用型、饲养管理”组配为：肉用型鹅一饲养管理。

第五步，分类号、索书号、主题词字段的录入。若为手工目录，要求将索书号和主题词书写于卡片之上，根据书写位置的不同，分别建立分类日录和主题目录。如果是机读目录，则将分类号、索书号和主题词录于各规定字段。例如，CNMARC（中国机读目录）格式中，图书《肉鹅高效益养殖技术》，在690字段录入分类号S835，在606字段录入学科主题词“肉用型$x鹅$x饲养管理”，在905字段录入索书号S835/1等信息。

第六步，审校。在确定文献分类号和主题词之后，必须进行标引审校。审校的内容包括：主题分析是否充分；主题概念的提炼是否正确；归人类目是否准确；主题词是否规范，是否符合选词标准和组配规则；检索标识是否符合要求；是否有标引不一致的问题等。审校是保证文献标引质量、减少标引误差的重要步骤，不可省略。

二、文献资源的主题标引

（一）文献资源主题标引的原理与作用

文献资源主题标引，也称主题法，是指直接以表示文献主题的词语作标识，提供字顺检索途径，并主要采用参照系统揭示词间关系的标引方法，是分类法之外从文献内容角度出发进行标引的另一主要方法。主题法的特点是直接以事物为中心组织文献，不考虑在学科体系中的位置，用直观的语词而不是符号进行标引。例如《茶道》《茶叶生产知识读本》《这样喝茶最健康》三种图书，虽然都是关于茶的相关知识内容，但按学科分类体系，应分别归人“TS971. 21美食学”“S571.1饮料作物茶”和“R247.1食养、食疗”之中。如果采用主题标引，就可以将三个不同学科分类体系里的图书归纳于“茶叶”这个主题词之下，按事物索书。

主题法分为标题法、单元词法、叙词法和关键词法。在我国叙词法的代表工具为《汉语主题词表》。

1. 文献资源主题标引原理

主题标引的基本原理是概念组配。概念组配要求以表达基本概念的语词为标识，既可以是单词，也可以是词组，本质上是在概念分析的基础上进行概念综合，是符合概念逻辑关系的组配。

概念组配所表达的概念与参加组配的各方所表达的概念在逻辑上是有关联的，往往表现为上位概念（属概念、整体概念、事物概念）和下位概念（种概念、部分概念、方面概念）的关系。叙词的概念组配类型主要有两类：交叉组配和方面组配。

（1）交叉组配

交叉组配是指使用两个或多个具有交叉关系的叙词进行组配。交叉组配的概念往往在外延上有重叠。例如，“管理学”与“教育学”组配表达的“教育管理学”，“药用动物”和“哺乳动物”组配表达的“药用哺乳动物”，“青年”和“工人”组配表达的“青年工人”的概念等。由于参加组配的叙词所表达的概念具有交叉关系，参与组配的概念即为属概念，组配成的概念就是种概念。

（2）方面组配

方面组配也称限定组配，是指将表达某一事物的叙词与表示事物方面（部分、属性、状态、过程、条件、关系等）的叙词进行组配，两者不是同性质的词，所表达的概念在外延上并不相交，但所代表的文献在内容上却有交叉部分。例如，“计算机”与“构造”组配表达的“计算机构造”，“图书馆”与“建筑设计”组配表达的“图书馆建筑设计”等。方面组配产生的新概念只是参与组配概念其中之一的种概念，与另一概念的关系则是部分和整体的关系、方面与事物的关系，过程与主体的关系中的一种。方面组配使用范围广，使用自由。绝大多数的叙词组配都是方面组配。

2. 主题标引的作用

主题标引的作用主要表现在提供了一种按事物组织文献资源的方法，通过使用规范化处理后的自然语言标识文献资源，具有直观性特点，更符合读者的检索习惯。文献资源分类标引所形成的严格的学科体系所提供的族性检索方式，要求读者对所检索的文献所处整个学科分类体系中的位置要有一定的掌握，方能进行精确检索，以事物为中心组织文献的主题法．即使读者不了解学科体系，不知道规范主题词，因主题法提供的强大参照系统，也可以从不同的入口词指引到规范主题词，因而提供了极强的特性检索功能。

（二）文献资源主题标引工具的基本结构及功能

文献信息资源的分类组织是依据分类表对文献内容进行系统组织，主题法是依据主题词表的自然语言标识对文献内容进行特性组织。而对文献内容的检索，是需要从族性和特性两方面同时进行的，为此就产生了文献信息资源分类主题一体化的组织工具，以达到取长补短的作用。

早在20世纪60年代初，我国著名图书馆学家刘国钧、杜定友就认识到分类法与主题法结合的必要性。从1986年起，我国开始编制将《中图法》和《汉语主题词表》两者合一的标引工具，直到1994年《中国分类主题词表》（《中分表》）正式出版，2005年修订后出第二版。现在《中分表》有印刷版、单机版和Web版等不同版本可供选择使用。《中分表》已成为我国图书馆界开展文献主题标引的首选工具。

《中分表》的宏观结构由三部分组成：编制说明和修订说明、《分类号—主题词对应表》和《主题词分类号对应表》。下面，以印刷版的体系结构来介绍《中分表》（第二版）的基本结构。

1. 编制说明和修订说明

“编制说明”简述了1994年版的编制目的、编制原理、结构及功能、使用方法等，“修订说明”是2005年版的修订经过、修订指导思想与原则、修订重点问题的记述。编制说明和修订说明是了解和初步掌握《中分表》的入门。

2. 《分类号—主题词对应表》

《分类号主题词对应表》共一卷两册，是从分类体系到主题词对照的完整索引，包含了《中图法》22个大类、8个通用复分表、大类中的专用复分表及其对应的主题词、主题词组配形式、对应注释和说明。该表既是一部增加了主题词以及主题词组配形式、对应注释和说明的新版《中图法》，又是一部以《中图法》体系组织而成的《汉语主题词表》的分类索引。

本表的微观结构包括来源于《中图法》的分类号、类名和注释，还包括来源于《汉语主题词表》的对应的主题词，如表3-1所示。

表3-1 《分类号—主题词对应表》片段

B849 应用心理学 总论人此专论心理学在某一方面的应用的著作人有关各类。例：教育心理学人G44。如愿集中于此者，可用组配编号法。例：社会心理学为B849：C91；管理心理学为B849：C93；军事心理学为B849：E0。	应用心理学 定向障碍；|飞行员训练|；感觉运动效率；|工程心理学|；|工业心理学|；|工作负荷（心理学）|；|管理心理学|；|环境心理学|；|绘画心理学|；|经济心理学|；警觉（心理学）；|军事心理学|；可塑度（心理学）；刻度设计；|空间定向|；空虚视野效应；模式辨认；人的传递函数；|人的因素（心理学）|；|人工智能|；|人事心理学|；色形编码；设备鉴定；|社会隔绝|；生物心理社会；失意识时间；时动研究；|体育心理学|；微动动作；现场研究

3. 《主题词—分类号对应表》

《主题词分类号对应表》共一卷四册，是从主题词到分类号的对照索引。它含有110 837个正式主题词和35 690个非正式主题词（人口词）。该表既是一部以《中图法》类号为范畴号的《汉语主题词表》，又是一部主题词表式的《中图法》类目索引。

本表的基本要素和微观结构如下。

（1）主题词。

（2）主题词的含义注释和语义参照（族首词下采取等级关系全显示，族内词语义参照省略属、分参照）。

（3）对应的分类号（正式分类号与交替分类号）。

《主题词分类号对应表》片段：

个性心理学

B848：B848.9

D个体心理学

Z心理学

S心理学

C奥尔伯特（Allport，Gordon willard 1897—1967）

C教育心理学

4.《中分表》的作用

《中分表》通过对应标引和编辑加工，实现了《中图法》和《汉语主题词表》的先组语言和后组语言的兼容、分类语言和主题语言的兼容，以及结构、语义等方面的兼容。

《中分表》可以实现的功能包括：通过对文献资源主题的分析和转换同时完成分类标引和主题标引，降低标引难度，提高标引质量，节省人力资源；通过分类和主题的混合检索模式，能够提高文献的查全率和查准率；图书馆如果要增加主题目录，则《中分表》为其提供了编制捷径。

（三）文献资源主题标引基本规则

为保证文献资源主题标引的准确进行，有两方面必须遵守的主题标引基本规则：选词规则和组配规则。

1.选词规则

（1）标引时，首选与主题概念相对应的正式的、最专指的叙词。例如，标引“民办高等学校”时，要选用正式的专指主题词“民办高校”，不能用其属概念“高等学校”和“民办学校”组配。

（2）无专指主题词时，可选取词表中最接近、最直接关联的两个或以上的主题词组配标引。例如要标引《环境生物化学》，没有专指词，可以选用“环境化学”和“生物化学”两词组配表达。

（3）上位词标引。是指既无专指词，又不能组配标引时，可选用该概念最直接的上位词标引。例如《獭兔高效养殖教材》，因词表无“獭兔”一词，又无法组配，就使用其最直接的上位词标引为“兔饲养管理教材”，而不能用“家畜”标引。

（4）标引菜主题概念时，如果没有专指词可用，又不能组配标引和用直接上位词标引时，可采用靠词标引，即选用与该主题概念关系最密切的词、近义词、反义词标引。例如《软式排球运动》就属于这种类型，故只能用“排球运动”来标引。

(5) 如无法用以上四种方式标引时，可采用增词标引或自由词标引。增词标引须经词表编制机构认定。自由词标引则不受词表控制。

2. 组配规则

(1) 主题词的组配必须是概念组配，不是字面的组配。例如《肾脏保健专家谈》，正确标引应是“肾疾病防治基本知识”，而不能简单字面组配为“肾疾病保健基本知识”。

(2) 当表达一个复杂主题概念有几种组配形式可选择时，应优先采用交叉组配法，只有不能进行交叉组配时，才可使用限定组配法。例如要表达“企业财务管理”，应使用“企业管理”与“财务管理”进行交叉组配，而不是用“企业财务管理”来限定组配。

(3) 当无专指主题词用以组配时，必须使用与文献主题概念关系最密切、最邻近的主题词进行组配。当有相应的专指主题词可用来组配时，不得使用该词的上位词或下位词组配，以避免越级组配。例如《儿童维生素缺乏防治》一书，因为有“维生素缺乏病”这一主题词，故不能用“营养缺乏病”这个上位词组配。

(4) 组配的结果必须概念清楚、确切，只能具有一个含义，不能具有多义性。

三、文献资源的编目

(一) 文献资源编目的原理与作用

文献资源编目是指依据一定的规则和方法，对馆藏文献资源的内容特征和形式特征进行分析、选择、记录，并将其组织成目录的过程。编目包括文献的主题性编目和描述性编目。前者主要通过分析在编文献所论述的主题内容来揭示其内容特征，它以文献分类标引和主题标引及编制相应款目的工作为重点。后者主要是对在编文献的物质形态进行分析、选择和记录的过程，一般也称为著录，是我们在本节要讲的主要内容。

根据《国际标准书目著录》(ISBD) 的规则，著录是用以揭示文献形式特征和内容特征的记录事项，包括题名与责任说明项、文献特殊细节项、版本项、出版发行项、载体形态项、丛编项、附注项、标准编号与获得方式项，各个项目又包括对其特定内容的说明。文献信息资源的著录，就是对这八大项及其相互间关系的客观描述。著录的结果，就形成关于在编文献的一条完整的书目记录，在传统形式下书目记录表现为一张目录卡片，计算机编目状态下则是一条书目的MARC（机读目录）数据。

从传统的手工编目发展到计算机编目，从目录卡片到MARC记录，虽然编目的过程和最终表现形式发生了变化，但编目的最终目的仍然是——通过编目形成关于个体文献资源的描述款目，并按照一定的次序将多个描述款目组织成文献资源报道和检索的工具，方便人们检索和利用文献信息资源。

IFLA（国际图书馆协会联合会，简称国际图联）的报告《书目记录的职能需求》中，将书目记录的职能总结为发现、识别、选择和获取，这也是文献资源编目的作用。通过编目，对文献资源的个体特征进行客观、细致的描述，将无序的文献资源组织成有序的、可供检索的体系，集中具有相同属性的资源，区别不同属性的资源，便于读者通过检索体系去发现、识别、选择、获取所需的文献信息资源。

（二）《中国文献编目规则（第二版）》与《中国机读目录（CNMARC）格式》

图书馆在进行文献资源编目时，除了需要对文献内容进行揭示的工具书——《中图法》和《中分表》外，还需要对外部特征进行描述的规范性文件。这就是《中国文献编目规则（第二版）》（以下简称《规则》）和《新版中国机读目录格式使用手册》（以下简称《使用手册》）。

那么，编目规则和机读格式的关系是什么呢？编目规则是负责文献信息著录项目的选取原则，机读目录格式是负责著录项目的组织与处理顺序。打个比方，就像我们日常生活经常需要填写的各种表格一样，机读格式提供的是表格的框架结构，规定各项目的先后顺序等，编目规则规定的是表格填写的项目和内容，如何选取等。目前，还没有规则与格式的一体化编目工具，因而在编目过程中，编目员需要将《规则》和《使用手册》结合使用。

1.《中国文献编目规则（第二版）》主要内容

《中国文献编目规则（第二版）》是我国一部依据国家标准并参考国际标准（ISBD，《国际标准目录著录》）和主要编目条例，包括各类型中文文献及其编目方法，符合著录国际标准化及标目规范化要求的大型文献编目规则。整个结构体例分为著录法、标目法和附录。

（1）著录法

著录法部分规定了著录项目的顺序、著录用标识符号等，对各类型文献客观著录的原则与方法做出了统一规定。

第一章“总则”是本部分各章的共同原则，是要求各类型文献资源著录时共同遵守的部分。从第二章至第十四章，依次是普通图书、标准文献、科技报告、学位论文、古籍、拓片、测绘资料、乐谱、录音资料、影像资料、静画资料、连续性资源、缩微资料、电子资料和手稿等各类型文献著录时的具体规定。各章互相联系、互相补充，构成完整的中国文献著录法。在第十五章“综合著录和分析著录”中，结合文献编目的实际需求，按照从编与多卷书、无总题名文献、汇编文献三种文献类型，对每一种类型的文献进行基本著录和分析著录，或综合著录和分析著录。

（2）标目法

标目法部分是在文献标准书日著录的基础上，为书目记录确定检索点. 提供各类名称标目、题名标目的规范形式，以产生完整的书目款目，并通过规范控制，从而实现书目的检索功能和汇集功能，保证书目记录的查全率和查准率。

（3）附录

附录部分包括著录样例、中国历史朝代规范简称、中国各少数民族规范名称表，世界主要国家和地区名称表和主要名词术语。

《规则》是图书馆员进行中文文献著录时的指导性文件，内容强调实用性，编辑体例详简适宜，泾渭分明。

2.《中国机读目录（CNMARC）格式》介绍

机读目录（Machine Readable Catalogue，MARC）是以代码形式和特定结构记录在计算机存储载体上，由计算机自动控制、识别、处理和编辑输出的目录，是在计算机环境下用于描述、存储、交换、控制和检索机读书目数据的标准规范。从UNIMARC、USMARC、 MARC21到CNMARC等各种格式从创立之日起都在不断发展完善。机读编日继承了传统编目的精华内容，扩大了文献描述的范围，加强了目录记忆与显示的功能。书目描述的内容并没有发生根本性变化，只是款目载体变化为磁性材料，书目的组织管理由汁算机来完成。

《中国机读目录格式》于1996年作为文化行业标准（WH / T0503- 96）开始实施，在我国图书馆书目数据制作工作中起了重要作用。2004年，参考国际图联和我国当时已有的机读目录格式，吸收国内外图书馆编日实践编写完成《新版中国机读目录格式实用手册》. 现已成为我国图书馆界进行机读目录编制的必备工具。

在机读目录里，一条书目记录（ Record）相当于手检目录中的一条款目，是一种文献有关信息的完整记录。按一定顺序排列而成的记录的集合称为文件（File），相当于一个功能齐全的手检目录体系。这一目录体系经过计算机的程序控制，可按需要显示或输出题名、责任者、主题、分类等多种目录。

（1）CNMARC的记录结构

根据（GB270992的规定，CNMARC对每一个用于交换的书目记录规定了必须遵循的标准记录结构，由以下四部分组成：记录头标区、地址目次区、数字字段区和记录分隔符。

1）记录头标区，包含处理记录时需要的一般性信息，由24个固定长数据元素组成，并通过字符位置标识。记录头标区中的数据元素主要是为满足记录处理的需要，所标示的是记录的特征，而不是直接揭示编目实体的特征。头标区除字符位置5、6—8、17—18需要人工录入外，其他各项均由计算机自动生成。

记录头标区出现在每条记录的开头，它是必备和不可重复的。

例如，一条记录的记录头标区为：00672oam2#2200277###450#。

2）地址目次区，位于头标区之后，是记录MARC记录中每一个字段的起始位置，作用类似于文献的目次。区内含有一个或多个目次项，每一目次项由三位数字的字段标识符（简称字段号）、四位数字表示的字段长度和五位数字表示的字段起始字符位置（从第一个数据字段算起）三部分构成。

头标区仅供系统分析员排除该记录故障时使用。由于CNMARC书目格式的每条记录所录的字段数不等，所以地址目次区所占的字符数长度也不定，因此需要在其终结处加一字段分隔符。地址目次区在各编目系统中的机内格式均不反映，其数值全部由计算机自动计算生成。

例如，一条记录的地址目次区为：

0010013000000000017000130100028000300350024000058100004100082101000800123102001500131105001800146106000600164200004900170210002700219215001600246225002700262330012900289461003400418606003500452606001100487606001100498690001100009701003200520801002200052*

3）数据字段区，录入编目实体的各种信息。在CN MARC格式中，00字段为数据控制字段，而010 - 999字段为变长字段。00字段的结构形式为：数据十字段分隔符；010 - 999字段的结构形式为：指示符1+指示符2+子字段标识符+子字段数据+字段分隔符。

例如，一条记录的数据字段区为：

012001076068*20010927173012.5*## $a7—03—009300—3 $dCNY50.00*## $a（011001）c2001071369*##$a20010919d2001####em#y0chiy0110####ea*0#$a—chi*##$aCN$b110000*##$ay###z###000yy*##$ar*1#$a动物生物学$9dong wu sheng wu xue $f陈品健主编*##$a北京$e科学出版社$d2001*##$a634页$d23cm*2#$a厦门大学新世纪教材大系*##$a本书以生物学基本理论和基础知识为主线系统介绍了动物生物学发展的前沿动态，内容包括动物的基本结构、功能及其调控，动物的类群等。*#0 $12001#$a厦门大学新世纪教材大系x0#$a动物学$x生物学$x高等学校$j教材*0=$a动物学*0#$a生物学*##$aQ95$v4*#0$a陈品健$9chen pin jian$4主编*#0$aCN$bNLC $c20010927*%

4）记录分隔符，是表示一条书目记录结束的字符，用%表示。

以上四部分的组合，就构成一条完整的书目数据记录。

（2）CNMARC书目记录的功能块

在《新版中国目录格式使用手册》中，依据各字段的功能，以字段号的第一位数字作为标识，从0~8将记录划分为9个功能模块，每个功能块中包含有若干字段。

1）标识块（0——字段）。本功能块用于标识MARC记录中的记录号、记录处理时间、在编文献的标准编号和代码等，《使用手册》共定义了20个字段。其中001字段为每条数据所必备，其他字段只在编目文献具有相应数据时才使用。例如，010字段只著录图书的标准编号ISBN.而期刊的标准编号则在011字段标识。常用的0——字段有：

001记录标识号

005记录处理时间标识

010国际标准书号（ISBN）

011国际标准连续出版物号（ISSN）

013国际标准音乐号（ISMN）

015国际标准技术报告号（ISRN）

016国际标准音像编码（ISRC）

035其他系统控制号

091统一书刊号

092订购号

2）编码信息块（1——字段）。本信息块主要以编码的形式描述各类文献的形态特征、内容特征和版本特征，字段中的数据以字符位置定义。《使用手册》中本块共定义了27个字段。例如，100通用处理数据是各种文献类型都必备的编码数据字段，用来描述在编文献数据的建立时间、适用对象、字符集等通用信息；105字段用于专著性印刷文字资料的编码数据；110字段用于连续出版物的编码数据描述。常用的1——字段有：

100通用处理数据

101文献语种

102出版或制作国别

105编码数据字段：专著性文字资料

106编码数据字段：文字资料——形态特征

110编码数据字段：连续出版物

115编码数据字段：投影制品、录像制品和电影制品

135编码数据字段：电子资源

193编码数据字段：中国古籍——般性数据

194编码数据字段：中国古籍——藏本形态特征

3）著录信息块（2——字段）。著录信息块中包含除“附注项”和“标准号与获得方式项”以外的其他6个ISBD规定的著录项目。例如，200字段是各类型文献资源都必备的题名与责任说明项，207字段是连续性资源的卷、期、年、月或其他标识项。常用的2——字段有：

200题名与责任说明（每条数据的必备字段）

205版本说明

207资料特定细节项：连续出版物卷期编号

210出版发行项

215从编项

230资料特定细节项：电子资源特征

4）附注块（3——字段）。本著录块录入ISBD规则中的附注项，《使用手册》共定义了35个字段。这些字段都是对ISBD中规定的其他7个著录项的说明文字，每字段均只有～个子字段，以自由行文方式录入。常用的3——字段有：

300一般性附注

304题名与责任说明附注

305版本与书目沿革附注

306出版发行附注

307载体形态附注

308从编附注

310装订及获得方式附注

312相关题名附注

314知识责任附注

326出版周期附注（连续出版物）

330提要和文摘附注

5）款目连接块（4——字段）。本块用来实现相关记录的连接，《使用手册》共定义了36个字段，可归纳为用于描述层级关系（整体与部分）的461~464字段，并列关系（合订、补编与正编）的410、411、421、422、423字段，版本关系（同一作品

的不同语种、版次、载体间的关系）的451~456字段，先前与后续款目关系（连续出版物间的替代、继承关系）430~437、440~448等。从文献类型来说，图书较常用410、411、423、461、462字段，其他多用于连续出版物。

6）相关题名块（5——字段）。本块包含除正题名以外的出现在文献资源不同位置，与正题名相关的题名以及规范题名、编目员补充题名等，是正题名的补充检索点，并可自动生成附注。《使用手册》共定义了18个字段。常用的5——字段有：

500统一题名

510并列正题名

512封面题名

516书脊题名

517其他题名

540编目员补充的附加题名

7）主题分析块（6——字段）。本块是通过一些经过规范处理的词语或符号等来揭示文献的内容主题，对文献内容进行分析、提炼、转化的分类号和主题词著录在本块。《使用手册》共定义了21个字段，均为检索字段。通过不同字段记录不同类型和体系的主题标目和分类号，如690字段著录《中图法》号。常用的6——字段有：

600个人名称主题

601团体名称主题

605题名主题

606论题名称主题

607地理名称主题

610非控主题词

以上用于主题词标目。

690中国图书馆分类法（CLC）

690中国科学院图书馆图书分类法（LCCAS）

696国内其他分类法分类号

以上用于标识分类号检索点。

8）知识责任块（7——字段）。本块包含对在编文献内容负有责任的个人或团体的名称，是责任者的检索字段。《使用手册》共定义了11个字段。其中常用的有：

701个人名称——等同知识责任

702个人名称——次要知识责任

711团体名称——等同知识责任

712团体名称——次要知识责任

9）国际使用块（8——字段）。本块含有国际上一致约定的不适合在0——到7——功能块处理的字段，共定义了6个字段，如801（记录来源）、806（电子资源地址与检索）。

（三）计算机联机联合编目

在图书馆计算机管理化的进程中，文献资源编目工作是计算机进入图书馆业务管理的首选。随着网络通信技术的进一步发展和在图书馆界的普遍应用，图书馆之间的合作编目和资源共享变得越来越迫切。图书馆之间希望通过合作来分担编目业务，共享编目成果，以达到节约成本、提高效率的目的。

联机联合编目，是指多家图书馆利用现代网络通讯技术，开展基于计算机技术支持的编目工作，共同建立具有统一标准的文献资源联合书目数据库，并在此基础上共享编目成果，减少重复劳动。联机联合编目系统中获得上传书目数据资格的图书馆，上传自己的书目记录后，其他成员馆可通过网络下载到本地系统使用，从而大大减少了编目工作的重复劳动，提高了加工效率和质量。

我国图书馆联机联合编目开始于1997年，由国家图书馆牵头成立了“全国图书馆联合编目中心”（OLCC)。其宗旨是在全国范围内组织和管理图书馆联机联合编目工作，运用现代图｝｝馆的理念和技术手段将各级各类图书馆丰富的书目数据资源和人力资源整合起来，以国家图书馆为中心，实现书目数据资源共建共享，降低成员馆及用户的编目成本，提高编目工作质量，避免书目数据资源的重复建设，实现书目数据资源的共建共享。

1999年，北京大学图书馆牵头成立了“中国高等教育文献保障系统”（ CALIS)，目的是实现我国高校系统的书目资源共建共享。目前，这两大编目中心已经服务上千家图书馆用户，为我国文献资源建设共建共享做出巨大贡献。

1.联机联合编目的优势

（1）有利于降低编目成本

不同图书馆编目员对同一种文献资源分别进行编目加工是一种极大的资源浪费。通过联机编目，一种文献资源编目只需要一个图书馆完成，其他图书馆只需下载就可利用，极大地节约了人力成本，避免重复劳动。

（2）有利于提高编目效率。

一个资源广泛、成员馆众多的联机编目系统，一般可达到90%的下载率，这样各成员馆就只需要就剩下的10%的文献进行分编，极大地提高了各馆的编目速度，能使文献资源更早地为读者所利用。

（3）有利于提高书目数据质量

由于联机编目系统一般都有严格的质量控制制度和规范要求，各上传图书馆都必须按联编系统的要求上传合乎规范的书目数据。而下载图书馆由于不需要对数据进行完全著录，只需对下载数据进行审校，发现其问题，这在一定程度上也提高了书目数据的质量。

（4）共享其他图书馆的专业人力资源

编目工作要求编目员不仅要熟悉各种编目规则、分类、主题标引方法，了解编目系统操作技巧，还需具备其他学科的知识，才能做好工作。但一个人的精力是有限的，不可能穷尽所有的学科知识门类，工作中遇到对文献内容认识不清、了解有限的时候很多，而联机编目则为分享其他图书馆的专业人员知识提供了条件和可能。

现行的联机联合编目系统，一般为客户端／服务器（B/S）结构，网络通信协议普遍采用TCP/IP，数据访问协议通常采用z39. 50。

2. 联机编目中成员馆数据上传程序

联机编目工作中，各成员馆数据上传工作流程如下。

（1）各成员馆下载联编中心编目客户端软件到本地电脑。

（2）按联编中心分配的上传账号和密码，远程登录至联编中心服务器。

（3）在联编中心数据库中检索数据，对书目中心没有的文献资源进行编目操作。

（4）审校数据，保存数据，系统自动更新远程书目数据库。至此，数据上传完成。

3. 联机编目中成员馆数据下载程序

联机编目工作中，各成员馆数据下载工作流程如下。

（1）在本地系统后台，按照联机中心分配的下载账号和密码，设置下载权限。

（2）在本地系统中，通过239. 50连接到联机编目中心数据库。

（3）在联机数据中检索到在编文献的书目数据，通过题名、责任者、出版社、出版年、价格等一一核对后，下载到本地系统。

（4）本地系统中，对照在编文献对下载数据进行审校，检查是否有著录硬伤，分类主题标引是否准确；根据本馆编目细则，对不符合本馆规定的内容进行修改。

（5）数据完善后，添加本馆索书号和复本，保存。至此，完成一条下载数据的套录工作。

四、文献资源的加工与管理

（一）馆藏文献资源的验收与加工

馆藏文献资源验收，作为图书馆采编工作中一项承上启下的工作，是采访工作的监督环节，这一环节起着确保文献资源建设的方向和质量，监督采访失误及微调馆藏体系的作用，同时对购书经费的使用起着控制作用。文献验收既是图书馆的一项基础性工作，同时也是馆藏质量控制的一项不可或缺的工作。

馆藏文献资源验收是指图书馆对每批到馆文献资源，对照供货商提供的配货分包清单和总发票，逐一核对书名、ISBN号、著者、出版社、册数、单价及总价等，判断是否为订购资源，并对接收的文献资源进行财产登记的过程。

馆藏文献资源加工，则是为了实现图书馆资源管理和服务的需要，对图书馆收藏的文献资源进行盖馆藏章，粘贴条形码、磁条、电子标签、书标等，以标识、整理馆藏。

为保证资源验收和加工工作有章可循，有据可依，图书馆应该制定相关的规章制度和工作流程，以保证图书验收、加工质量。

1. 图书馆馆藏资源验收流程

（1）新书接收

新书到馆后，验收人员核对图书包数，检查外包装有无破损，确认没有问题后方可与供货商签字接收。

（2）拆包验收

验收人员根据供货商提供的分包清单逐包清点文献，核对题名、价格、复本量是否与清单相符，发现问题应在清单上注明并及时告知采选人员处理。检查图书质量，有下列问题的图书均可要求供货商无条件退换：图书装订、印刷质量有问题，光盘破损的；资源内容反动、封建迷信、黄色淫秽的；资源不符合本馆文献资源建设原则的；盗版图书等。

（3）订购查重

在图书馆管理系统中对每种文献进行查重，核对到货文献是否与订购信息相符，按本馆文献采选有关文献复本量的标准核定复本数量，如无订购记录或复本超标应退回供货商。验收后确认没有问题的资源登记为馆藏，并在图书馆管理系统中登记。

（4）单据存档

为健全业务档案，随包清单、退书单等单据应保留备查。

至此，馆藏文献资源验收工作完成，采选人员根据验收单据完成财务报账等工作。

2. 馆藏文献资源加工流程

（1）盖馆藏章

馆藏印章是图书馆财产的象征，加盖馆藏印章是馆藏资源加工的必备工作。根据印章形式的不同各有不同的盖法，常用的有以下三处：题名页、书口、书内某固定页码。图书馆选一处，或选其中两处盖章。因书口位置明显，建议在此盖馆藏印章。

（2）粘贴防盗磁条

图书防盗磁条是将非晶体基丝用双面不干胶粘贴，与磁性防盗门配套使用的图书防盗产品。其监测原理是在一个特定的闭环电磁场的作用下，利用粘入图书文献书脊中的磁条的高导磁特性探测出信号以驱动报警，达到保护图书文献的目的。

图书防盗磁条可分为铁基磁条和钴基磁条，铁基磁条和钴基磁条又分别分为永久磁条和复合磁条（可充、消磁）。磁条的优点是体积较小，不易被发现、破坏；缺点是不易更换。图书馆可根据本馆需求，选择磁条进行粘贴。

（3）粘贴条形码

文献条形码是每册（件）馆藏文献资源的“身份证”号码，即是文献资源在管理系统中的个别登录号，也是进行节约服务时的验证码。图书馆可自行决定在每册（件）馆藏文献资源上粘贴1~2张条形码，注意粘贴两张条形码时，一定要保证是同一号码的一式两份。一般在题名页应粘贴一张。条码应贴端正，不能跳号、漏贴，不要遮盖书名、责任者、出版社等重要信息。

（4）粘贴书标和保护膜

图书馆书标，也称图书标签，是一种不干胶印刷品，长宽各约3~4厘米，用于记录图书的排架索书号，并以此作为图书排架、读者查找图书的依据。

图书馆一般在图书书脊下部，或者封面、封底的左上角粘贴书标。为了使书标更加持久耐用，还可使用比书标更宽一些的透明胶带覆盖在书标之上，以延长书标的使用寿命。

（5）粘贴电子标签（RFID）

RFID，英文全称为Radio Frequency Identification，译为无线射频识别，俗称

电子标签。它是通过非接触和非线性可见的方式传送标识资料，以达到物体身份识别的目的。与传统的条形码识别技术相比，RFID具有储存数据可更新、容量大、可重复使用、可同时读取多个数据等优越性。通过RFID系统，图书馆可以建立全新的文献定位导航服务，实现读者自助借还服务，实现高效率文献整架、清点功能等。

无线射频识别技术根据频段的不同分为低频、高频和超高频。

图书馆界多选用高频技术管理文献资源。电子标签体积较大，一般粘贴于封三，书中线以下靠近书脊处。因电子标签的相互干扰，故标签不能固定粘贴在文献的同一高度，而是应该有所差别。

图书馆常用的加工步骤中，粘贴磁条、条形码和盖馆藏印章，可以在编目前完成加工，而粘贴书标、保护膜和电子标签，则需要在文献著录并生成相关内容之后，方可加工。

（二）馆藏文献资源的布局

1. 文献资源布局的概念和要求

馆藏文献资源布局，是指将图书馆人藏的文献资源，按照一定的标准，划分为相对独立的若干部分，建立各种功能的书库，为每一部分资源确定合理的存放位置，以便保存和利用。馆藏文献布局的实质就是对馆藏文献资源进行空间位置上的划分，力求馆藏文献与读者需求的最佳结合点。

馆藏文献资源布局时，需从以下几个客观因素进行综合考虑。

（1）图书馆类型及任务

基层图书馆是我国公共文化服务体系的末端，承担着为本地社会政治、经济、文化发展服务的任务。资源布局方面应注重资源的有效利用，而不是储存功能。

（2）服务对象

服务对象的不同决定了图书馆资源布局的差异性。公共图书馆应着力于普通大众的阅读需求，在调查本地读者需求的基础上按需设置，针对不同服务对象设置不同的服务区域。

（3）馆藏规模

图书馆规划布局时一定不能脱离图书馆现有馆藏规模和分布现状，不要卣日追求大而全的模式。图书馆原有资源的分布状况是进行规划布局的现实基础，要研究原有布局的形成、发展和特点，尽量避免过多的变动。

（4）人力资源与建筑格局

图书馆规划布局时要充分考虑图书馆人力资源及建筑格局。馆藏文献资源的布局势必受到图书馆人员、馆舍、设备、经费等条件的制约。如果馆舍狭小，则无法实现大空间的藏、借、阅一体化的布局模式，人员、经费较少，也无法设置多个借阅空间。

因此，馆藏信息布局时需要综合考虑以上各因素，通过科学的组织和规划，从而使馆藏文献资源在有限的客观条件下发挥最大效用。

建设基层公共图书馆理想的馆藏文献资源布局体系，应该满足以下几方面的要求。

1）基层公共图书馆受经费制约，资源有限。如何提高有限的文献资源利用率，充分发挥馆藏文献的效益，这是图书馆考虑的重点。例如，对读者利用率高的文献，可布置在阅览座位附近，方便取用。

2）有利于满足不同读者的需要，提高图书馆服务工作的效率。图书馆是以读者为中心开展各项服务工作的，布局时要从读者的心理需求和行为习惯出发，构建围绕读者需要的文献资源利用环境和服务环境。例如，东莞图书馆设置的特色专题“大众生活馆”，集中收藏贴近市民日常生活的文献资料，满足市民日益提高的生活质量的需要，为市民提供专题文献的查阅、咨询服务。所藏文献主要是“衣”（服装）、“食”（饮食）、“住”（装饰装修）、“行”（旅游汽车）四个主题方面的图书与报刊，在向人们传授生活知识的同时也使读者得到了放松，很适合人们业余时间阅读。

3）充分利用图书馆的有效面积，节约书库和阅览室的空间。如果布局合理，可方便资源在馆内的灵活运转。馆藏资源进馆后，经过分编、加工送至一线服务部门，中间要灵活迅速地运转，互不干扰，尽量缩短书刊运送的距离。

4）有利于图书馆工作人员熟悉和研究藏书，开展灵活、迅速、周到的服务。

5）有利于文献的保管，避免丢失和损坏，延长书刊的使用寿命。

2. 馆藏文献资源布局的方式

馆藏文献资源布局在客观上是一种三维空间结构，一般有以下几种形式：展开式水平布局、塔式垂直布局、立体交叉式混合布局、藏借阅一体化布局和三线典藏制布局。塔式垂直布局和立体交叉式混合布局一般适用于大中型图书馆。根据我国基层公共图书馆建设现状，我们重点介绍展开式水平布局、藏借阅一体化布局和三线典藏制布局。

（1）展开式水平布局

展开式水平布局适用于馆藏规模在10万册以内的小型图书馆。一般图书馆建筑面积也不大，三个主要功能部分，即书库、阅览室、工作人员办公区共处于一个水平面上，使资源的验收、编目、典藏、流通形成一个直接的平面的工作流程。展开式水平布局适用于直接面向读者的开架流通书库，便于读者接近馆藏文献资源，迅速查找和利用资源，提高文献资源的利用率。

（2）藏借阅一体化布局

藏借阅一体化布局是一种全开架布局模式，采用大开间、少间隔的阅览室建筑格局。馆内各处设置桌椅，方便读者就近阅览，除特藏文献外，尽量不设单独的阅览室，文献资源尽量按学科、专题进行组织并集中管理，读者可在全馆随意浏览，自由取阅。

藏借阅一体化布局的优点主要体现在以下方面：

1）由于读者可以直接接触到文献资源，自由选用，提高了馆藏文献资源的利用率，降低了拒借率。

2）大开间、少间隔的建筑格局避免了同一种文献的多处收藏，图书馆减少了复本量，节约购书经费。

3）大开间、少间隔的资源布局，减少了因分散布局而需要的人力资源，节约出人力资源，可开展咨询服务，提高服务质量。

图书馆实现藏借阅一体化布局，有以下要求：

1）藏借阅一体化布局要求图书馆在建筑设计阶段，就要符合大书库、大开间、大阅览的“三大”要求，采用同层高、同柱网、同载荷的“三同”设计方案. 增加功能设置的灵活性。

2）图书馆要改变管理模式，在排架方面突出借阅量大的书刊。架标设计清晰简明，便于查找。引导读者使用计算机检索文献资源，提高查准率，减少找书的盲目性。

3）藏借阅一体化布局对读者的参与意识和自我服务能力的要求都有所提高，因而图书馆要培训读者信息检索意识和查找文献的能力。

4）藏借阅一体化布局，检索和查找更多依靠读者自身，图书馆员则要提供阅读辅导、参考咨询等工作，因此对馆员的能力有更高的要求。

5）大开间的格局，更要统筹安排好藏借阅各项功能，形成动静结合的不同功能区，营造服务的人性化环境。

（3）三线典藏制布局

三线典藏制就是按照文献资源的新旧程度及利用率的高低，结合服务方式方法，将全部馆藏文献资源划分为利用率最高的、比较高的和利用率低的三部分，并依次组成一、二、三线书库的布局方法。

一线书库包括开架外借、阅览区。此处提供利用率最高、最新出版的文献资源，供读者开架借阅。一线书库要求能满足读者50%~60%的借阅需求。

二线书库，提供利用率较高，参考性较强，近期出版的文献资源，可开架或半开架借阅。二线书库应能满足读者总借阅量的20%~30%。

三线书库，集中收藏利用率低的书刊、过期失效书刊、资料性书刊以及内部备查参考的馆藏资源。三线书库的借阅量不能高于总借阅量的10%。

三线典藏制布局将能满足读者大部分需求的相对少量的高利用率的文献集中在一、二线书库，把只能满足读者少量需求的相对大量的低利用率文献集中保存于三线书库，从而使读者能在最短的时间内以最少的精力获取最大的信息量，同时又能使文献资源得到充分的利用，因而是一种科学合理的馆藏文献资源布局方式。

（三）馆藏文献资源的排架

馆藏文献排架，就是为了方便图书馆员和读者能准确找到所需文献，将馆藏文献按一定的序列摆放在书架上，从而使每种文献都有一个固定的位置。

1. 馆藏文献排架的目的与要求

馆藏文献排架的目的，一是为了资源的有序管理，二是为了资源的检索利用。为了达到两者统一的最佳效果，对文献排架有以下要求。

（1）便于提高检索效率，取书归架迅速简便，节省时间和劳动消耗。

（2）建立实用的排列系统，便于馆员直接在书架上熟悉和研究馆藏，也便于读者系统选择使用藏书。

（3）建立准确清晰的排架标示，减少误差。

(4) 充分利用书库空间，节约书库面积，减少倒架的麻烦。

(5) 有利于对藏书进行管理，便于清点和剔除藏书。

实践中，同时兼顾按内容系统排列和节省空间减少倒架还是相对矛盾的，因此，选择排架方法时，要结合不同的方式，灵活运用。

2. 馆藏排架方法

馆藏文献资源大体可从文献内容和文献形式两方面进行组织整理。内容组织法是根据馆藏文献的内容特征，使用表示学科内容级别和关系的一套符号系统来组织馆藏文献。形式组织法则是根据文献的外部形式特征和物质形态特征来组织文献。用于排架方法上即是内容排架法和形式排架法。

(1) 内容排架法

内容排架法是以文献内容特征为标志而进行藏书排架的方法，又分为分类排架法和专题排架法。

1) 分类排架法。是按照文献本身内容所属的学科体系来排列藏书的方法。

它的排列方法是由分类号和书次号两组号码组成了分类排架号。通过分类号将同一类图书排列在一起，其下，再使用著者号、种次号、个别登录号等加以区分。

分类排架法的优点是：

①按文献所属学科的逻辑体系排列，使内容相同的书集中在一起，内容相近的书联系紧密，内容不同的书区别开来。

②便于馆员按类研究和熟悉馆藏，开展阅读推广工作。

③便于读者按类检索图书，扩大检索范围，提高查全率。

分类排架法的缺点也很明显：

①书架上要为以后出版的同类图书预留空位，书架浪费较多，不能充分利用书库空间。

②原有空架留位不足时，需要进行倒架工作，增加了劳动强度。

③分类排架号码较长，归架时容易出错，一旦排架错误，容易造成“死书”。

尽管如此，分类排架法因其从人类学科体系的角度出发组织文献，符合大多数人的检索习惯，因而仍然是主要的馆藏文献排列方法。

2) 专题排架法。是将出版物按一定专题范围划分并组织集中展示，向读者宣传推荐，带有专架陈列、专架展览性质。专题排架法是横向范围的集中，它打破了学科隶属的纵向界线，将分散在各个类别下的同一专题的出版物集中在一起，提供给对某一专题内容有兴趣的读者。专题排架法机动灵活，适应性强，适用于宣传某一主题、某一体裁的文献。它是一种辅助性的内容排架法，不能用来排列所有文献。

(2) 形式排架法

形式排架法是按文献的外部特征进行藏书排列的方法。

1) 登记号排架法。按图书馆为每一种书刊编制的个别登记号顺序排列藏书。这些登记号只反映出版顺序或人藏顺序，不管内容归属。优点是一书一号，简单清晰，方便归架，节约空间；缺点是不按内容归类，不能用于书架的直接检索。

2) 固定排架法。按照出版物的固定编号排架。文献在入藏时，图书馆给一个固定的排架号，不再更改，固定编号一般包括四组号码：库室号、书架号、层格号和书位号。优点是号码单一，位置固定，易记易排，节省空间，不产生倒架现象；缺点是同类同复本书不能集中在一起。此法不适宜流通书库的藏书排列，但储备图书馆多采用此法排架。

3）字顺排架法。依据一定的检字方法，按照出版物的书名或著者名称的字顺排列藏书的方式。中文图书常用笔画笔形法、汉语拼音字母法来确定排架顺序。字顺排架法可与年代排架法结合，用于排列闭架的中文期刊。图书馆界常用著者字顺排架法结合分类排架法，组合成分类著者排架法，使同类同著者同复本的书集中在一起，便于读者检索利用。

4）年代排架法。按出版物本身的出版年代顺序排列藏书的方法。这是一种辅助性组配排架法，适用于排列过期的报刊合订本。

5）语文排架法。按出版物的语言文别，排列各种外文书刊，也是与分类法组配在一起使用的。

6）书型排架法。按出版物的外形特征，分别排列特殊规格或特殊装帧的书刊资料，是一种辅助性组配排架法。用不同字母标示特殊类型、特殊规格的出版物。

（3）各类型文献的排架

在排架实践中，图书馆对不同类型的文献采用不同的排架方法，并用两种以上的排架法组配使用，以达到最佳排列效果。

中外文普通图书的排列，一般采用分类与字顺（著者字顺、书名字顺）或分类与序号（种次号）组配，以分类著者号、分类书名号、分类种次号为排架号。其中分类种次号排列法简单，易掌握，效率高，但不能集中同一类中同一作者的著作。分类著者号不仅能集中同一门类的图书，也能在同一门类下集中同一作者的著作，但需查阅著者号码表才能完成．效率较低。

期刊排列的方法繁多，一般说来，现刊宜采用分类排架，方法有两种：分类刊名字顺排架法和分类种次号排架法。过刊的排列，广泛使用的是刊名字顺排架法，同一种期刊再按年代顺序排列。

资料一般装入资料盒或资料袋，用登记号顺序排架法。一些版型特殊的图书，如大开本书、图表、卷筒等，采用书型排架法并与其他排架法配合。一般是先分成各种类型，以不同字母标示书型号．然后在同一类型中再按登记号排架，由书型号和登记号共同构成该文献的索书号。图书馆无论采用哪种排架法，都要编制相应的排架规则和目录，在书库和书架上设立醒目的标识，以便于文献检索。

（四）馆藏文献资源的管理

1.馆藏文献资源登记

凡是图书馆人藏或剔除的文献，都应该进行登记，文献资源登记是馆藏管理的第一步。登记能全面而具体地反映各馆馆藏文献的情况和动态，提供准确的统计资料，为图书馆制订工作计划、文献资源建设发展提供依据。

馆藏文献资源登记，要求完整、准确、及时和一致。

馆藏文献资源登记有两种方式：总括登记和个别登记。

(1) 总括登记

总括登记是将图书馆每批采购或注销的文献按批次进行整体登记。一般分为三部分：收入部分、注销部分和总结部分。

1) 收入部分。必须登记每批文献的采购验收凭证，每批文献的种数、总册数、码洋、折扣、实洋，供应商来源等。不同载体类型的文献应分别登记。

2) 注销部分。必须登记每批剔除文献的批准文件和原因，每批注销文献的种数、总册数、总码洋，同样要求按各种类型文献分别登记。

3) 总结部分。是按年度统计的各类型、各文种文献的实存累积数量，以及全部的总量年度统计。

通过总括登记，可以掌握全馆馆藏文献发展的总动态，为文献资源建设决策提供依据。

(2) 个别登记

个别登记是以文献的册（件）为单元进行的登记工作。个别登记在总括登记后进行，依据是文献的题名页和版权页。主要项目有：所属总批次号、登记日期、个别登录号（也是文献的财产号）、书名、著者、出版社、版次、装订形式、页数、价格、来源等。个别登录号一般是按文献进馆入藏次序所给的流水号，也是每册（件）文献资源在馆藏系统中的“身份证号”，具有唯一性。

每册（件）文献的登记方式在小型图书馆还可实现，但在大型馆，如果是手工管理状态，也可以按文献的‘‘种”来登记，记录每种的复本量。利用图书馆计算机进行管理的图书馆，则可以改变这种人工登记的方式，改用程序运行，以表格方式进行个别登记。

2. 馆藏文献资源复选与剔除

馆藏文献复选与剔除是指依据图书馆制定的原则和标准，将失效、利用率极低的文献，从馆藏文献体系中分离并进行处理的工作。

(1) 馆藏文献复选与剔除的原因

1) 经费增长，馆藏文献数量急剧扩增造成的书库饱和。

2) 因人类知识更新速度加快而造成的文献的使用寿命越来越短，致使很大一部分文献的利用率很低乃至完全失去使用价值。

3) 图书馆服务对象发生变化，造成原有部分馆藏文献不再符合本馆任务和读者需求。

(2) 馆藏文献复选与剔除的意义

1) 图书馆把利用率极低和失去使用价值的文献剔除，使留下的文献更符合本馆任务和读者需求，而剔除藏书经过交换、调拨，使其在其他收藏机构发挥更大的效用。

2) 通过剔除，缩小了馆藏规模，缩短读者找书的时间，从而提高效率。

3) 有效缓和书库紧张状况，使有限的书库得到有效利用。

4) 通过图书剔除时的鉴别、审查工作，可以发现文献资源采 选、加工、典藏中的失误，及时调整采访政策，使本馆文献资源建设工作更加科学化。

(3) 馆藏文献复选与剔除的标准

文献复选与剔除的标准，是决定文献去留的准绳，一般图书馆采用以下标准来衡量文献资源。

1) 内容标准。文献内容陈旧过时或经实践证明为错误的。

2) 外形标准。内容污损、缺页的图书；外观陈旧、妨碍使用的图书；纸张质地低劣，印刷、装订差的图书；

3) 使用标准。如果图书一直在架未被使用过，那么就可推测未来也不会被利用，可以考虑剔除。

4) 主观标准。图书馆员根据对所在地区或单位、读者群及社会需要、文献内容及馆藏情况等的了解，从而做出剔除判断。这是最常用的标准，但因依赖于馆员的个人判断-容易出现失误。

以上标准各有长短．图书馆应该在研究馆藏的基础之上加以综合利用，制定符合本馆实际需要的文献剔除标准。

3. 馆藏文献资源保护

图书馆文献资源的利用是建立在有效保管的基础之上的。图书馆文献资源的损失原因主要分为社会原因和自然原因。其中社会原因是指个别读者不爱护文献，乱涂乱画，甚至偷窃图书造成的破坏。自然原因则是指火、水、尘、鼠、虫害等对文献资源造成的损失。

针对文献资源损失的原因，图书馆应制定一系列的相关规章制度，最大限度改善文献保存条件，消除各方面的隐患。

损坏、盗窃图书的问题，是需要整个社会的共同努力，而不能仅仅依靠图书馆。应该加强公民道德教育，使广大读者认识保护文献资源是每个公民的应尽义务。图书馆可以开展各种形式的读者教育活动，以举办破损图书展示、设置温馨提示板等方式宣传爱护文献。在管理方面，可安装监控摄像和防盗报警系统，以加强文献管理。

水与火，都是图书馆文献资源的大敌，一旦发生，将会对图书馆造成惨重损失。图书馆要加强防火防水教育，馆区内严禁明火，严禁易燃易爆物品进入。注意地势低洼处的排水是否畅通。现代社会，电器、电路原因造成的火灾是主要形式。图书馆要定期检查电路及电器设备是否完好，定期检查消防器材是否有效，培训馆员学会使用消防用品。如果条件允许，最好安装自动火灾探测报警系统。一旦发生火灾，要及时扑救和报警。

防尘防菌也是图书馆日常文献保护工作内容之一。书库内要保持通风，使室内外空气得到交流，要经常进行卫生清扫。灰尘为各种微生物和害虫提供滋生条件，最重要的是要控制书库温湿度，如果发现文献被污染时，可用甲醛溶液熏蒸除菌。

对文献资源破坏较大的，还有蛀虫和老鼠等。蛀虫和老鼠隐藏在书库里，蛀咬书页，破坏藏书的物质结构。防止其破坏的根本方法是注意书库通风、除尘、防潮，及时堵塞书库的各种漏洞、墙缝等，禁止食物被带人馆区，投放杀虫剂、灭鼠药等。

第二节 公共图书馆文献资源建设

一、公共图书馆文献资源规划与设计

进入21世纪以来，得益于国家文化共享工程和发展公共文化事业的良好环境等重大文化项目的实施，全国公共图书馆馆藏文献资源日益丰富，新增藏量和总藏量逐年增长，社会效益和服务能力不断增强。但是，地方社会经济的快速发展和读者文献信息需求的日趋多元化，给公共图书馆在深化馆藏内容、完善馆藏结构等方面提出了更具针对性的要求。因此,，公共图书馆必须依照科学的理论对本馆的文献资源建设进行合理、科学的设计与规划。这是图书馆搞好自身馆藏资源建设的一个重要前提。

（一）公共图书馆文献资源规划的原则

1. 计划性原则

合理使用有限的文献资源建设经费是公共图书馆文献资源建设的关键。公共图书馆应根据图书馆任务和发展需要，制订一定 时期内文献资源发展的规划，对馆藏数量、质量和特色目标做出 具体的规定，确定各类文献的选择标准、复本量和经费预算等，以便合理安排文献资源建设经费，提高文献资源质量，使文献资 源建设有汁划、有目的、有步骤地进行。

2. 实用性原则

公共图书馆应根据本馆的任务和规模，结合地方发展特色、图书馆经费投入、读者需求特点等情况-有针对性地组织和收集符合当地读者实际需求的各类文献资源。特别是在资源建设经费有限的情况下，坚持““以用为主”藏以致用”的文献资源建设理念，避免馆藏文献“小而全”“大而全”，实现图书馆资源建设的最大效益。

3. 思想性原则

党的“十七大”提出了推动文化大发展大繁荣的战略决策，公共图书馆肩负着公共文化服务和社会教育职能，对提升整个社会的综合文化素质和精神文明水平发挥着重要作用。因此，要求图书馆收藏符合正确世界观、人生观、价值观、科学观，有利于培育良好社会公德的文献资源。

4. 系统性原则

系统性原则又称整体性原则，表现为文献内容的系统性和文献出版过程的连续性。在图书馆资源建设中，一方面各类型文献，特别是连续出版物，要保持其历史延续性和学科发展的完整性，反映出每一专业领域发展变化的过程，并体现最新的研究成果；另一方面要体现文献 内容的完整性和学科之间的内在联系，保证重点文献，照顾一般文献。在网络环境下，还应使电子文献、印刷型文献和各种网络文献资源协调发展、优势互补，从而形成完整统一、连续系统的馆藏体系。

5. 动态发展原则

公共图书馆作为一个向社会和读者开放的系统，其文献资源建设是一个新陈代谢的过程，其馆藏文献资源本身就是一个动态系统。动态发展原则要求公共图书馆重视藏书更新工作，提高馆藏管理水平，通过整合藏书空间、优化馆藏结构、调整藏书布局等有效手段增强藏书活力，保证馆藏文献正常的动态平衡和新陈代谢，建设一个既有相当数量又有较高质量的藏书体系，提高图书馆服务效益。

6. 特色化与协调原则

特色化与协调原则，一是要求基层公共图书馆依据读者需求和自身任务、本地区文献资源分布状况等，建立有特色、有重点的藏书体系，使文献资源在结构和内容上最大限度满足当地读者需求；二是要积极推动和参与文献信息资源共建共享和区域合作，在各馆协商和统筹规划的基础上，实现区域范围内资源共享、类别齐全、类型多样、整体性强的整体性藏书体系，以满足整个社会的文献信息需求。

7. 实事求是原则。

从实际出发，实事求是，是制定各项政策的基本原则，也是制定信息资源建设政策必须遵循的原则。它的具体要求是：首先，信息资源建设政策必须符合本图书馆的任务与读者的实际需要，图书馆必须针对本馆的实际需要来制定信息资源建设政策。其次，信息资源建设不能脱离图书馆可能的条件。一是经费条件，二是设备和技术条件，三是资源条件。

（二）制定馆藏发展政策

文献资源建设规划可以分为短期规划和长期规划，其中短期规划的常见形式为年度采访计划，长期规划的常见形式为馆藏发展政策。

根据美国图书馆协会的定义，馆藏发展政策是指具有“限定一个图书馆现有馆藏的范围，为资源的持续发展制订计划，明确藏书的优势，概述选书原则和机构目标之间的关系、总的选书标准和知识自由”功能的文件。它立足于图书馆使命，制订长远的馆藏发展规划，界定馆藏的范围、性质、发展任务和目标，明确文献优先级顺序与选择标准，并为文献经费分配和预算提供依据，以此作为文献招标采购的指南，保障馆藏发展的平衡性与一致性，同时为文献资源发展的馆际协作提供共享和交流的框架，促进资源共建共享与馆际合作。馆藏发展政策的制定与实行是有一定的时间范围的，一般以五年左右为一个周期，到期应进行调整以保持其合理性。

1. 馆藏发展政策的依据

图书馆文献资源发展相关业务规章制度的系统性集合是馆藏发展政策。馆藏发展政策将采访工作作为图书馆整体战略的一个部分加以考察，并通过制定战略性政策，阐明采访与图书馆其他工作之间系统性和关联性的逻辑关系。

公共图书馆制定完善的馆藏发展政策，需要依据图书馆具体情况和自身条件，遵循文献资源建设相关原则，构建具有特色的、多层次的、优化的、可持续发展的文献资源保障体系，以满足公众和地方社会发展对文献资源的需求；需要把馆藏发展政策放到社会经济、教育、政治、文化发展、科学的大气候、大环境中，注重藏书体系的整体功能和文献资源体系的社会需求适应性，长远满足社会信息与知识获取的需求；同时，还需要考虑地区文献资源的分布状况，着眼于未来发展的需要，着眼于地区文献资源建设协调发展与整体布局。公共图书馆制定馆藏发展政策需要重点考虑以下因素。

（1）图书馆的定位与服务对象

公共图书馆通常以本地区公民为主要服务对象，公众不分年龄、性别、户籍、教育程度、职业及宗教信仰都应该享有平等使用图书馆的权利。图书馆所有服务和资源都应该以满足读者需求为前提，在分析读者信息需求和图书馆读者特点的基础上确定图书馆的发展与定位方向。基层公共图书馆作为地区公共文化服务空间，可以通过建立丰富多元的馆藏资源，充分发挥公共图书馆传播知识、充实文化、教育公众、倡导休闲的功能。

（2）图书馆的未来发展计划

根据图书馆所服务地区的各类型文献（包括电子出版物和网络资源）、中长期规划的发展趋势，以及地区文献资源共建共享的客观可能性，基层公共图书馆可以制订符合公众期望和地区发展需求的发展计划。例如，积极提升文献资源质量和数量，举办图书馆利用指导活动及各类阅读推广活动，使图书馆真正成为公众的精神家园与知识宝库，充分发挥图书馆多元化的社会教育功能；建立馆藏特色，加强区域合作和资源共享，扩大服务层面，满足公众多元化的信息需求；加强信息化服务，为读者提供快速便捷的服务，运用现代化信息技术满足社会经济发展快速增长的信息需求。

2. 馆藏发展政策的内容

馆藏发展政策是对文献资源建设的宏观控制，主要用于确定规划期内文献资源建设的发展任务和目标，以及实现的结果和途径，其基本内容如下。

（1）文献资源的规划设计

主要是根据图书馆发展定位及文献资源现状，确定文献资源在规划期内应达到的水平和目标，所收藏文献的学科类型、主题、范围、深度，以及馆藏特色，具体内容如下。

1）依据本地区服务人口等因素，确定规划期内需要实现的图书、报刊、多媒体及电子资源的数量及其学科分布。

2）根据图书馆任务、读者需求和定位，确定文献资源在规划期内的收藏类型、范围、深度和主题。作为基层公共图书馆，收藏范围应与地区特性和读者需求相应，建立公众所需的馆藏；主题范围应根据本地区社会经济发展的特点和读者的实际需求来确定，兼顾知识性与娱乐性，同时配合地方特色，收藏与本地区历史和社会发展相关的文献资源；内容深度应以满足读者一般工作、生活、学习与休闲所需信息为主，同时根据地方经济社会发展趋势提供公众学习或工作所需的文献资源，以满足不同层次的信息需求；收藏类型应以纸本书刊为主，同时积极征集多媒体资源和数字资源。

3）文献资源特色规划。馆藏特色应在现有馆藏学科服务对象、类别、类型的基础上，对地区特色、发展趋势和读者需求加以整体考虑，选取馆藏量较丰富或较具特殊性的特色主题。

（2）文献资源搜集与维护制度

主要是综合考虑图书馆的任务与目的、地方发展的特性、读者需求、馆藏特色的建立及馆藏的均衡发展等因素，确立文献资源复选、组织、采访和剔除的标准和原则，以充分有效利用有限的购书经费，并维持馆藏资料的完整性和时效性。

1）文献资源采访制度。包括文献采访的总原则、方针和指导资源配置的采访政策。其中，文献采访的方针是指根据地方经济和社会发展、读者需求以及文明建设，鼓励资源共建共享，建设有重点和特色的馆藏体系，在本馆原有文献资源建设基础上使馆藏有重点、有计划地得到补充。

文献采访的总原则是对馆藏重点和馆藏特色的描述，应以具有版权或具有公开播放权为基本采访原则，确定全面购藏或征集人藏，以及有选择有重点人藏的学科范围或文献类型。

指导资源配置的采访政策是指依据文献专项购置经费指标，制订科学可行的计划，合理使用文献购置经费，科学地分配各类文献的采购比例，保证藏书质量。在重视印刷型文献的同时，以读者需求及发展趋势为原则，加强音像资料、电子出版物的采访，并注重各类型文献的合理协调与配置。

2）文献资源维护制度。文献资源维护是图书馆至为重要与繁复的工作，需要对包括馆藏组织、盘点、更新、评价与剔除在内的各项工作制定规范制度。

馆藏组织制度要明确馆藏文献资源的加工工序和上架规范，并维持整齐以便读者查找，同时明确整架顺位要求，避免出现乱架，影响读者使用。

馆藏盘点制度应明确执行部门和执行周期，以确保实际馆藏与馆藏目录相符，维护馆藏文献资源的完整性，并据此掌握实际馆藏的数量，作为馆藏整理与典藏方式改进的参考。

馆藏更新制度应结合内容与外观两个因素，对内容已陈旧过时的馆藏或属连续性出版的参考资料进行更新，以便向读者提供新颖实时的文献信息；对外观损坏且不堪修复或修复费用高于书价的馆藏，可考虑重新购置。馆藏更新应持续进行，以提高读者利用率，发挥馆藏文献信息的价值。

3）馆藏评价制度。通过定期的馆藏评价，可以切实了解馆藏学科内容分布与特征，以获得有关馆藏数量、深度及范围的可靠信息。对质的评价，可通过专家评鉴法、书目核对法、读者意见调查法等，了解馆藏范围的广度与深度是否符合图书馆的功能与设置目的；对量的评价，可通过增长量、增长率等相关数据的统计分析，掌握馆藏消长的情况，了解馆藏现状和馆藏结构；对馆藏使用情况，可通过对馆藏相关的资料加以汇总与统计分析，掌握馆藏被使用的情况和读者使用馆藏的习惯。

面对有限的空间和无限膨胀的文献增长量，图书馆依据自身任务和具体情况形成藏书剔旧的准则和工作机制，对内容不符合图书馆馆藏发展原则、内容错误或参考价值低、已失去其时效性及已有新版可取代、严重残缺破损以致无法阅读、复本过多而使用率低的文献资源，应考虑剔旧淘汰，以确保馆藏维持稳定状态。

（3）馆际合作政策

在参与和推动区域合作以及文献资源共建共享的过程中，基蓥公共图书馆应改变以往各自为政的思维模式，根据图书馆在地区的作用和地位，加强馆藏特色资源的收集，增加特色资源的数量与载体形式，进而提升馆藏服务的质量，展现馆藏特色的实质效益；同时以多种方式参与当地图书馆之间的文献资源共享合作与协作，推动区域公共图书馆服务水平的整体提升。

（三）制订年度采访计划

图书馆年度采访计划是为实现馆藏发展政策而制订的具体实施计划，与图书馆的馆藏发展政策相辅相成。一方面图书馆年度采访计划必须从馆藏发展目标出发，围绕馆藏发展政策进行；另一方面，馆藏发展政策需要年度采访计划来逐步体现。

图书馆年度采访计划应在统计分析上一年度文献资源建设情况的基础上，结合馆藏发展政策、年度文献购置经费和文献出版发行情况制订，一般比较详细、具体，有很强的可操作性，其具体内容如下。

1）年度文献发展任务。根据馆藏发展政策、年度文献购置经费以及考虑涨幅后的文献价格确定不同类型文献的年度入藏计划，明确图书馆年度需要购置的纸质中外文图书数量、中外文报刊数量，以及数字资源数量等。

2）年度人藏文献的重点和范围。根据馆藏发展政策确定的本年度藏书发展任务及各项具体要求，明确本年度人藏文献的重点和范围，以及有关国内外文献的类型、文种、载体等收集的范围，并对各类文献的复本量进行规定。

3）各类型、学科、语种文献资源的采访经费分配比例。应根据图书馆实际情况和读者的阅读倾向，具体确定纸质图刊、数字化书刊、音像资料等的购买比例；根据图书馆读者兴趣和层次，确定不同学科文献、不同深度文献和外文文献的购置比例。

4）完成计划的具体方法、步骤及措施，以及本年度计划开展的调查研究工作的目的、要求、对象和时间等。

年度采访计划通常在上一年第四季度编制，其编制的程序包括：

1）总结前期采访工作情况，并整理分析有关调查研究材料，如文献的利用率和拒借率调查、读者需求调查、书目信息调查等。

2）根据馆藏发展政策的要求，结合图书馆年度主要工作任务，提、出年度文献发展的整体要求。

3）根据读者需求和图书馆发展目标，依据分类法确定各类文献采购数量比例，并确定不同类型文献的复本量，计算分配各季度的采购经费。

4）明确采选模式和采选程序，确定采访人员的责任和权限，明确工作进度要求。

5）编写计划草案，组织讨沦、修改．并送上级审批。年度采访计划应进行定期检查和年终总结，分析经验吸取教洲以便改进工作。

二、公共图书馆文献资源选择与采访

（一）公共图书馆文献资源采访工作现状

文献资源采访工作，是指根据图书馆的性质、任务、读者需求、经费状况，通过寻找、选择、采集等方式建立馆藏，并连续不断地补充新出版物的过程。工作内容包括：制定采访方针、计划和文献搜集标准，研究图书市场和书源信息，收集有关书目，调查读者需求，研究书目，进行初选和查重，领导和专家小组审核初选书目，文献订购及发订单，建立文献采访档案并归档，新书到货验收和登录，对未到文献进行跟踪，财务及账款处理，新书移送编目，收集反馈信息，复选与剔除，采访协调，质量评估等，是图书馆一项重要的基础工作，是开展各项服务工作的基础和保障，不仅决定着馆藏结构和质量，也影响着公众对图书馆服务的满意度。

1. 新时期采访工作的变化

进入21世纪以来，公共图书馆采访工作发生了一系列变化，主要表现如下。

（1）采访对象的变化

首先是文献资源出版数量和种类激增，而公共图书馆受购书经费和馆舍面积所限，实际人藏文献种数及相对完备程度偏低，所入藏的文献品种占年出版品种比例呈下降趋势。其次是文献资源载体多样化，大量的磁盘、磁带、光盘、网络数字化信息等新型文献载体对传统纸质文献形成巨大冲击。

（2）采访渠道的多样化

过去图书馆采访文献主要依靠新华书店，而随着文化出版事业和市场经济的蓬勃发展，目前图书馆采访文献的来源除了新华书店，还有大量民营书店、图书发行企业和网络书店可供选择。

（3）采访方式的多样化

图书馆传统文献采访方式主要以书目订购为主，以现场采购、图书交换、赠送等其他方式为辅，而随着市场经济及电子商务环境的不断优化，各种文献采访模式应运而生，如采购招标、网上采购、采购外包等。科学合理地确定文献采访方案是采访人员所面临的首要问题。

（4）采访策略的改变

过去公共图书馆大多习惯于按照自己的设想、规划、资金和人员情况独立作业，文献资源建设处于一种较分散、各自为政的状态，容易造成区域内文献信息建设规模小、内容重复、缺乏协作共享等弊端，而现在为实现区域内图书馆资源建设的共享，各种合作性采访、集团式采访已成为发展趋势。

2. 当前采访工作面临的问题

（1）新学科、新知识的不断涌现给采访工作带来难度

随着科学技术相互交叉、相互融合越来越普遍，新兴学科、边缘学科不断涌现，知识更新越来越快，广大读者对文献信息的需求更加迫切，对文献内容的需求也趋于全方位，这些都对文献采访工作提出了更高的要求。

（2）采访工作人员存在主观性和盲目性

采访工作人员长年累月埋首于繁重的选书、查重、验收、登录等技术性工作，容易出现凭感觉和凭经验行事的倾向，令采访工作带有主观性和盲目性，从而忽视对读者阅读行为的研究，忽视对自身科学知识水平的提高和文化视野的扩大。

（3）政府采购方式削弱了图书馆对文献源的选择权

政府采购原则上要求每年重新招标以确定供应商，但很难有一家供应商能保证每次都中标，长期、连续出版的多卷书、工具书、套书等不可能一次出齐，频繁地更换供应商可能对馆藏的系统性和完整性造成影响。

（4）缺乏对采访工作的监督与评估

对采访工作的监督与评估的意义在于提供反馈信息，指出图书馆采访工作的优点

与缺失。缺乏对图书馆文献利用率、利用效果以及读者和社会对图书馆文献认可度的监督与评估，则难以把握读者的实际信息需求。

另外，资源建设经费不足、图书馆空间有限等老问题，依然制约着公共图书馆资源建设的整体发展。在争取地方财政加大投入的同时，图书馆尤其要注重资源采访方面的协作协调，利用各种地域性、行业性文献资源共建共享机制，实现资源建设与服务的社会效益最大化，避免重复采购、资源浪费的现象。

（二）公共图书馆文献资源选择原则与标准

文献资源选择是指依据图书馆的性质和任务、服务对象的需求、地区发展的特性、馆藏特色的建立以及馆藏均衡发展的需要，对众多的文献进行鉴别、判断和挑选的过程，其结果对馆藏文献资源的质量起着决定性作用。为了以有限的购置经费建立适用的馆藏，以满足现代图书馆的功能需要，提高文献选择工作的质量和效率，文献选择工作应吸纳专家学者及一般读者参与，并由专职文献采访人员选择、采集文献。

1. 文献资源的选择原则

文献资源的选择应以合法出版物为前提，并配合图书馆的服务宗旨和读者需求拟定选择原则，一般可以分为文献资源的选择通则和各类文献资源的选择标准。

（1）文献采选的基本原则

文献采选的基本原则即文献采选时应遵循的具体原则，应具有可操作性。例如，实用性原则，公共图书馆读者阅读需求多表现为求知型、实用型和娱乐型，馆藏应以“用”为中心；经济性原则，在能够应对读者需求的前提下，根据有限购书经费选择适用文献；系统性与发展性原则，即尽量要保持藏书内容的延续性和完整性，反映学科知识体系的交叉和联系，同时又能适应时代的发展；特色化与分工协调原则，即建立有重点、有特色的专门化资源体系，同时通过区域共建共享从宏观角度形成类别齐全、类型多样的综合性资源体系。

（2）各类型出版物的采选原则

规定不同载体文献的采选原则，采选方法及所占的比例。其中，中文图书采选应依据图书馆藏书发展政策，注意藏书的学科结构和层次结构的合理组配，获奖图书及畅销图书尽量全面采选，及时人藏各学科最前沿、最重要以及经典著作；丛书、多卷书及重要的工具书等一般不出现缺订、漏订，各类入藏文献应符合馆藏规划和年度采访计划的要求；中文报刊采选应从总体上保持入藏量相对稳定，在保持原有纸质期刊的系统性和连续性的基础上，尽可能提高期刊需求满足率；外语图书报刊应根据图书馆馆藏特色及本地多元文化阅读需求，有选择、有重点地精选采购。

（3）各学科文献采选的原则及标准

应区分重点馆藏和一般馆藏，根据读者需求，调整各种文献资源的比例结构，有重点地进行资源投入，保证重点、兼顾一般，充分体现馆藏文献配置的科学性和合理性。

（4）采访文献的结构

包括学科结构、等级结构、文种结构、时间结构等，用以确定馆藏的完备程度、内容深浅程度以及满足特定文献需求的水平。图书馆首先应根据馆藏特色和用户需求确定馆藏的学科结构，然后根据图书馆性质与规模、馆藏内容来划分馆藏级别，并确定馆藏的文种结构和时间结构，由此形成整体馆藏文献结构。

（5）复本量

规定各类文献每种的单册采访数量。根据图书馆的性质、任务、特点和读者需求，以及典藏空间和管理能力，确定不同学科、文种、等级、类型文献的复本量。

（6）文献采访方式及渠道

即各类文献的获得方式及管理办法。详见本节“三、公共图书馆文献资源的采访方式”。

2. 文献资源的选择标准

公共图书馆应该根据图书馆的性质和任务，以及广大人民群众娱乐和终身教育的需要，同时兼顾各个年龄层次和各种文化水平读者的需要，制订详细的操作性强的文献选择标准，其中需要重点考虑如下因素。

（1）文献的读者对象

图书馆要选择适合读者水平、能力和需求的文献。每种文献都有特定的读者对象，许多书目则直接或间接地提供了相关信息。基层公共图书馆通常以满足读者一般生活、休闲、学习与工作的文献需求为主，同时兼顾服务于地方产业经济发展的高端应用或科学研究需求，

（2）文献内容的主题

图书馆应根据自身性质和任务制订详细的类目表，分别确定重点选择和一般人藏的文献主题，以指导文献选择工作。在看不到文献原件的情况下，可通过书目提供的题名、内容简介及有关评论初步确定文献主题。

（3）文献的责任者

文献的责任者主要指文献的著者和编者。一般而言，公共图书馆不可能人藏某学科的全部文献，因此在选择文献时应优先考虑著名责任者的著作，因为文献的责任者在学科领域中的地位和知名度基本可以反映该文献的学术价值。

（4）文献的出版者

通常情况下，应优先选择由专业或著名出版机构出版的文献。

（5）文献的价格

图书馆在制定文献选择标准时，应根据自身经费情况确定文献的单种最高限价，对价格较高而又必须或应该人藏的文献，应提交具有审批权限的主管领导研究决定。

（三）公共图书馆文献资源的采访方式

按照采访主体划分，可分为单馆自行采购、合作采购、集团采购和采访外包；按照经费使用权限划分，可分为政府采购和自主采购；按照采访工作方式划分，可分为预采、现采、邮购、网购、交换、调拨、征集等。图书馆应主动寻找文献来源，综合利用多种方法和渠道，以保证及时获得读者所需的文献资源。

1. 按照采访主体划分

（1）单馆自行采访

单馆自行采访是指个体图书馆根据自身的目标、任务、读者需求和经费状况，进

行采访信息搜集、文献选择、文献查重、文献订购、文献验收等操作。

（2）合作采访

合作采访又称为协调采购、联合采购，是指某区域内的图书馆通过统筹规划，就各馆收藏范围及收藏重点进行协商，建立地区文献联合采购体系及文献资源保障体系。

（3）集团采访

集团采访是指一定数量的图书馆在协调机制下统一与书商谈判，以获得购人文献的较优惠价格，适用于批量较大或金额较高的文献。

（4）采访业务外包

采访业务外包是指将采访业务中订购前的查重、订单核对以及提交采访数据等业务外包给供应商，而馆藏发展、选书、验收等工作作为核心业务仍然由图书馆控制。

2. 按照经费使用权限划分

（1）政府采购方式

图书馆使用财政性资金采购政府采购目录以内的或者采购限额标准以上的文献，应采取政府采购方式，并针对不同的采购环境和采购对象，合理选择公开招标、邀请招标、竞争性谈判、单一来源采购、询价等政府采购监督管理部门认定的政府采购方式。对包括采购方案、采购方式和标准化作业在内的整个采购过程，应该从制度上加强规范和评估，发现问题及时调整。

（2）图书馆自主采访方式

由于文献资源出版数量庞大，政府采购中标的供应商未必能满足图书馆所有的文献需求，图书馆可以向主管政府采购的上级部门申请保留部分年度下拨经费用于自主采访，以此缓解招标采购灵活性不足的问题，同时推进馆藏建设，尤其是特色馆藏建设。需要注意的是，采用这种采访方式一定要严格执行备案制度，按规范程序开展，以备审查。

3. 按照采访工作方式划分

（1）购买方式

1）期货文献订购。指从文献征订目录中选择文献，获取并填制订单后向经销商发送，再由经销商按订单供应文献的方式，适用于经费充裕、采购文献品种多、数量大、长期订购的情况。

2）现货文献选购。指采访人员到出版发行部门或书店等地挑选购买的方式，适用于采购急需文献或有专家或读者参与现场选购的情况。其中，竞拍属于现货文献选购的一种特殊形式，即通过参加拍卖会获得所需文献，适用于对古籍、手稿、善本、字画真迹等的购买与收藏。

3）报刊预订。指通过经销商按年度提供的报刊征订目录或征订单进行订购，可分为续订、停订和新订。其中，续订即对前一年度期刊订购目录的订刊号、刊名、出版频率和价格等信息逐一核对后确认继续订购期刊的工作行为；停订即标注不再续订某种期刊：新订即将经过询价及选择的新刊清单发给经销商的工作行为。

4）邮购。适用于向外地新华书店邮购部、出版社发行部门，以及其他学术机构、团体等组织采购零散出版物或非正式出版物，以及补配没有预订或不易现购的文献。

5）网上采购。即通过互联网来完成文献采购的过程：登录网上书店网站，查找相关书目，选定文献后提交订单购买。

（2）非购买方式

1）交换。指图书馆之间或图书馆与其他文献收藏单位之间相互交换文献，以便互通有无、调剂余缺、丰富馆藏。

2）调拨。指在上级主管部门的组织下或按照一定的协调机制，有计划地将部分馆藏文献调拨给需要的图书馆。常见的情况有：撤销单位移交、馆际支援、调剂复本量过大的文献或呆滞文献。

3）征集。指通过发函、专人登门访求、向社会发布广告或启事等方式，有针对性地从机构或个人那里获得珍贵文献。

4）接受捐赠。指图书馆接受个人、单位或社会团体等所赠文献。

5）租借。指支付短期使用费而获得文献短期使用权的文献采集方式，适用于不出卖的或无力购买而又急需的文献。

6）复制。主要有复印、照相、录音、录像、扫描等形式，但必须注意知识产权问题。

7）自行制作。主要是利用录音、录像和计算机等技术和设备，同样也需要注意知识产权问题。

（四）合理有效的文献采访对策

为了高效率、高质量地开展文献资源建设工作，必须在文献资源来源信息和需求信息、采访工作参与度、采访审批程序、采访工作规范、文献购置经费使用效益评估等方面采取合理有效的文献采访对策。

1. 充分掌握文献资源来源信息和需求信息

（1）多渠道了解文献出版发行和书商信息

文献出版发行和书商信息的收集是文献采选工作中的重要环节，工作内容包括出版发行和书商信息的收集，以及对收集到的各种不同的出版发行和书商信息进行汇集整理。

国内中文出版物主要发行信息的类型包括邮发书目、书店书目和出版社书目，还有专题性书目、回溯性书目、参考性书目、报刊书评、网络书目信息和其他信息等。国外出版物的书目信息主要有发行商书目、出版社书目、书评报道、在版书目、网上信息、国际交换目录等。

文献采访人员可以采用订购、免费获赠、展会收集等各种方法，应用网络搜索引擎、专业网站、数据库等现代化手段积极收集国内外的文献发行信息，以保证书目收集的完备性和准确性。还要加强对书商的信息收集和沟通，对于书商的综合能力和服务能力，书商的经营理念、规模、服务水平、技术能力等要有清醒的认识和全面的了解。对收集到的文献出版发行和书商信息要加强综合评价，主要评价内容包括：书目信息是否完备准确、是否及时、评价内容是否恰当、到货率和到货速度等。

（2）加强信息沟通与反馈，了解读者需求

对读者需求信息的收集可以为馆藏文献资源建设提供准确的参考数据，进而提高文献采选的质量。其工作内容主要包括：

1）制订调查方案，确定调查的目的、规模、范围和方法，提出时间进度和报告分析要求。

2）安排部门及人员，并分配调查方案和实施细则确定的各项工作。

3）定期检查工作进度，对工作中出现的问题加强沟通和反馈。

4）汇集调查数据，分析统计结果，完成读者调查报告，并提出改进的方法和措施。

2. 提高文献资源采访工作参与度

（1）发动馆内相关部门人员协助采访工作

文献资源采访要以满足读者的需求为前提，因此，要发动图书馆所有开放窗口和部门，如书刊借阅部、信息服务部等工作人员，给文献采访人员反馈来自各方读者的文献需求和意见，并可对采访人员提供的采购价格昂贵的文献资源进行评议审定，以提

高文献采访工作效率和工作质量。

（2）发动社会各界参与图书采选

可通过设立图书订购信息推荐处、召开读者座谈会、个别走访、随机询问等获得大量第一手资料，然后由采访人员统一收集、整理读者建议和反馈意见，以增强选书的针对性，满足广大读者一般生活、休闲、学习与工作的文献需求。也可以建立“专家推荐机制”，通过向本地支柱行业的学科带头人提供文献信息服务，邀请专家为图书馆挑选优秀文献，同时利用专家推荐书目引导读者阅读，以提高图书馆为高层次人才服务的力度和深度。

3. 建立完善的文献资源采访审批程序

为了规范文献资源的采访工作，加强文献资源采购经费的监督管理，提高文献资源采购决策的制度化、科学化水平以及资金的使用效益，促进廉政建设，图书馆应根据国家有关招投标管理办法，在总结多年来文献资源采访工作经验的基础上，制定适合图书馆实际的文献资源采访审批原则与程序。

文献资源采访要以满足图书馆任务、读者对象和未来发展对文献的需求为原则，要兼顾不同的读者群体对文献的需求，注重馆藏文献的连续性、完整性和适用性，突出图书馆藏书特色，并根据读者的阅读习惯和文献的特点选择不同载体的文献，认真收集用户的意见和建议，实行责任审批制度。对单件（套）价格昂贵的文献资料要实行分级审批；对采访部门主任、分管文献资源建设的副馆长、馆长分别赋予不同审批权限；考虑到中文和外文文献的单价实际水平有较大差异，在执行过程中可以适当调高外文文献的审批权限。按照国家对大额资金支出的要求，涉及资金额度较高的文献购置．应实行专家咨询基础上的领导集体决策。

4. 建立完善、规范的文献资源采访工作程序

文献资源采访工作规范主要是加强图书馆文献采访工作管理，规范文献采访工作操作，提高文献采访质量。主要内容包括如下方面。

（1）严格执行文献采购原则和标准，认真履行文献采购审批程序，加强文献购置经费的管理，合理使用文献购置经费，避免漏订或重购，确保图书馆文献资源建设工作做到“有规划、有计划、有预算”。

（2）掌握图书馆重点藏书的现状与趋势，了解国内外文献信息资源出版发行机构性质特点和资源特色，完备收集国内外出版发行信息，并加以整理、分析、建档和建库。充分熟悉图书馆馆藏，了解各学科、各类型文献资源收藏情况，对当前畅销图书、获奖图书、各学科经典著作和重要学术论著的收藏状况做到“家底清，情况明”。

（3）要在图书馆内各开放部门建立起有效的资源需求及资源利用信息反馈渠道，经常到读者部门听取和收集一线工作人员对藏书补充的建议，及时了解读者对文献信息资源购置和补充的意见与建议，并做好读者调研和查访记录，建立信息档案。积极开发完善读者荐购平台．及时发布书目文献信息，公开订购和人藏信息，在图书馆文献信息资源建设工作中，切实赋予读者知情权、建议权、参与权、决策权和决定权，

（4）定期组织进行采选工作检查。其中，采选工序环节检查，应包括审核选书质量和数量，抽查图书发订、验收、登记、移交等环节的工作数量和质量情况，对误采率、加工时限、书商的配书情况、业务统计、购书经费使用等方面进行专项检查；文献采购管理检查，应包括有关政府采购的法律、行政法规和规章制度的执行情况，采购范围、采购方式和采购程序的执行情况，以及图书馆有关文献采购经费管理制度的执行情况。

（5）发现问题要及时改正，并撰写检查报告提交有关领导和部门。

5. 加强文献购置经费使用效益评估

文献经费的多少决定着基层公共图书馆馆藏发展的规模、馆藏结构、资源类型和满足读者需求的程度，因此必须加强文献经费的管理，合理使用文献购置经费，有计划、有针对性地购买文献，满足不同层次读者的文献需求。

图书馆应组织专门人员（一般由主管馆长、文献资源建设部或采编部主任、财务主管、采访人员组成）制订年度文献购置经费使用计划，在制订经费使用计划时，应坚持重点优先、合理分布、互为补充、需求满足的原则。凡是与图书馆重点馆藏一致的文献资源要首先得到保障，地方建设发展和读者需求大的文献资源优先考虑，并保持文献经费在图书馆各学科门类之间的均衡，实现纸本资源与电子资源的互补，及时补充高利用率资源，切实加强文献购置经费使用的力度和广度。

文献购置经费使用是否合理可以通过使用效益评估进行分析确定，进而了解不同类型文献的经费投入与利用现状，及时调整资金的流向。在评价文献购置经费效益时，一方面要考虑重点馆藏的完备程度，因为这是一馆的特色所在，也是馆际协作和资源共享的重要文献源；另一方面要通过合理调整各类文献购置经费的比例优化文献结构，在有限的经费、馆舍和人力等条件下把满足率控制在适当范围内。

（五）文献资源采访理念的创新与实践

为了提高文献利用率，近年来国内图书馆开始改变过去的“小而全、大而全”的做法，积极采访读者喜欢、利用率高的书刊，文献资源建设工作越来越重视读者的参与度。越来越多的图书馆开始进行读者参与图书馆采访模式的创新。例如，召开读者

座谈会，了解读者阅读需求；拓宽沟通渠道，在网上开辟“读者之窗”和“新书荐购”专栏，让读者以荐书表、网上荐书等方式推荐图书；在流通部门放置新书采购意见箱和张贴新书书目等，让读者选择自己想看的书刊；利用E-mail等方式随时与读者进行交流，等等。

总的来说，这些采访模式均体现了基于读者需求的采访理念，即在文献资源采访工作中坚持以人为本，以满足读者需求为主导和驱动。其意义在于增强采访工作的科学性和有效性，有利于全面系统地优化馆藏结构，缓解文献采购数量的有限性与读者日益增长的信息需求之间的矛盾，以及采访工作者知识结构的单一性与文献内容的复杂性之间的矛盾，从而提高文献利用率和读者服务满意度。

基于读者需求的采访理念在实践应用中形式灵活，较为典型的应用方式有读者荐购、读者决策采购和读者自主采购，其读者参与程度依次由浅到深。

1. 读者荐购

读者荐购是指读者可以通过征订目录来浏览推荐书刊，也可以在征订库中检索所需书刊并选择，还可以自己输入书刊信息以推荐自认为有价值的图书，采访人员在书目截止期限内，汇总收回的书目及电子荐购文档中的相应信息，并依此形成最终的选书策略。

2. 读者决策采购

即首先由图书馆与书商确定符合藏书发展政策的预设文档，然后书商提供符合预设文档要求的机读书目记录，图书馆把机读书目记录导人图书馆自动化系统，读者通过联机公共目录查询系统查到书目记录后，或者点击链接直接阅读电子书，或者要求提供印刷本，由图书馆统一付费购买。

3. 读者自主采购

这是一种由图书馆与书商合作提供的借阅服务。图书馆为书商提供场地和销售平台，书商凭借自身规模和资金力量为图书馆提供突破图书馆购书经费限制的可借阅图书，读者可以就室阅览，也可以外借或购买新书，其中读者外借图书视为图书馆采购，读者购买图书按图书馆与书商协议享受折扣优惠。读者自主采购是对基于读者需求采访理念的深度实践，它颠覆了对读者需求先审查后满足的传统服务理念，主动把图书采购的终审权还予读者，使读者参与图书馆采购的方式更简便、更深入、更透彻，既尊重和满足读者需求，又体现了图书馆服务大众的公共定位，能更广泛地吸引公众关注图书馆建设和利用图书馆资源，使图书馆最大限度地发挥文化传播和引导的价值。

（六）加强文献资源采访队伍建设

文献采访人员整体素质的高低直接影响到对图书馆馆藏文献采集的方针、原则、计划和标准的理解能力与文献采集质量的优劣，因此基层公共图书馆必须搭建合理的采访人员知识结构，加强采访人员的教育培训，使采访人员及时更新知识、技能，提高自身素质，真正从单一型人才成长为集多种知识和技能于一身的复合型人才。

1. 搭建合理的知识结构

为保障高质量馆藏文献体系的建设及馆藏特色的形成，图书馆应该根据文献资源体系建设和发展的需要，适时调整采访人员知识结构。

（1）具有比较系统的图书馆学专业知识和书目文献知识，了解图书馆的方针、任务、读者情况，掌握图书馆的文献资源体系结构、收藏的范围和重点，熟悉图书馆工作的各个环节，以便挑选适合图书馆收藏的文献资源。

（2）具有广博的科技文化知识，精通1~2门专业，掌握国内外文献资源的出版动态，善于掌握先进的工作方法，熟悉电子计算机和网络的使用，熟练掌握网上采购技能等。

（3）具有较强的研究能力，以便开展文献来源、馆藏文献资源情况、文献资源利用率等调查研究，从而广辟书源，研究图书馆的重点藏书和特色藏书，了解图书馆读者的需求情况，最大限度地提高图书馆文献资源的利用率．满足各种类型的读者的需要。

2. 加强职业道德和行为规范建设

图书馆具有保存人类文明记录、传播文献信息，以及社会教育和娱乐休闲等功能，承担着实现和保障公众文化权利、满足公众基本文献需求的社会责任。图书馆文献采访工作者要充分认识文献采访工作在整个图书馆工作中的重要地位，遵循文献资源建设的原则、规范和文献采集方针，努力提高专业水平，努力采集能够最大限度满足读者需求的文献。在文献的选择和采购过程中应公正无私，不以个人兴趣、立场、学术观点选择文献；对文献供应商和出版机构的评价和选择应公平公正，不利用职务之便谋取私利；同时应加强法律意识，遵守国家相关法律法规及行业相关准则和规范，尊重知识产权，自觉抵制文献采访过程中的各种违法违规行为，为实现图书馆的社会责任而努力建设并完善馆藏文献资源。

3. 持续开展继续教育

采访人员素质的提高是一项长期的工作，随着图书馆办馆水平和层次的提高、文献种类的增多，以及文献内容深广度的加强，读者和图书馆对采访人员素质的要求也越来越高。采访人员必须具有广博的学识，通今博古，掌握外语和计算机技术，能够熟练运用计算机进行图书管理和信息分析，才能胜任采访工作。为此，基层公共图书馆可通过继续教育、集体培训、请专家来馆举办讲座等方式，有计划地对采访人员进行图书馆专业知识和馆藏相关学科专业知识的培训，提高业务素质，拓宽知识结构，进而提高文献采访的质量。同时，通过培训、讲座、读者调研等方式，让采访人员明确图书馆性质、任务和服务对象，了解馆藏结构和读者的文献需求倾向，减少文献采访的随意性和盲目性。

4. 加强社交组织能力培养

基层公共图书馆采访工作头绪纷繁、涉及面广，经常需要与书商、读者等单位和个人进行沟通和交流，协调处理各项采访事务，没有一定的社会活动能力和组织协调能力是不能胜任采防工作的。因此，在重视采访人员思想素质和业务能力的培养与提高的同时，也要重视采访人员社会活动能力和组织协调能力的培养与提高，使采访人员善于与同行、读者、书店及出版机构等单位和个人打交道，形成一种既和谐又有创造性的气氛。

5. 提高身体素质

身体素质包括体力和脑力。图书馆文献采访工作既有体力劳动，又有脑力劳动，采访人员还需要经常出差到外地现采，因此，文献采访人员要具有健康的身体、充沛的精力、较强的记忆力和敏捷的思维能力，才能适应紧张、繁重的文献采访工作的需要。

三、特色馆藏文献资源建设

特色馆藏是指图书馆收藏的，具有特定学科（或主题）、地域、历史、政治、文化背景的，或者关于某一语种、某一类型或人物的具有一定规模的成系列的文献，是一个图书馆区别于其他图书馆的馆藏特色所在。特色馆藏在图书馆文献资源建设中占有重要地位，它也是图书馆开展特色服务、满足读者更高需求的必要条件。

（一）特色馆藏资源建设的意义与作用

图书馆的特色馆藏文献体现了图书馆不同于其他图书馆的特色和价值，是图书馆在合作与竞争并存的信息时代更好地生存与发展的重要保障。

1. 有利于提高经费使用效益

当今时代，知识更新速度不断加快，文献出版物增长迅猛，图书馆购书经费有限，在面对文献量剧增、文献类型庞杂、书刊价格飞涨这些状况时，图书馆根据自身的实际情况，突出重点，以有限的资金建设具有特色的馆藏，对提高图书馆经费使用效益，形成特色优势，具有积极的意义。

2. 促进资源共享

社会信息化、信息社会化使社会对文献信息资源的需求日益增长，任何图书馆都无法靠一己之力全方位地满足读者对文献信息的需求，文献资源共享已成为图书馆事业发展的必然趋势。现代信息技术为文献资源共享提供了技术条件，但传统观念下的图书馆，追求“大而全”“小而全”的馆藏体系，造成了各图书馆在文献资源建设中的重复和遗漏，降低了整体文献馆藏的完备程度和知识含量，文献资源共享的社会效益和经济效益无法显现。因此，图书馆只有形成各自具有特色的馆藏体系，使文献资源布局逐步趋于合理，从整体上提高文献资源保障的水平，由此而建立起来的文献资源系统才有可能从广度和深度上满足读者的各种需求，文献资源共享才会由理想变成现实。对一个图书馆而言，收藏的文献是否有特色，是决定这个馆在文献资源共享系统中价值和地位的依据。对于文献资源共享系统而言，各子系统的馆藏独具特色，互补合作，是系统功能最优的重要基础。

3. 提高图书馆在本地经济文化建设中的地位与作用

图书馆根据本地社会发展、经济文化建设、科研活动等需要，建设特色馆藏资源，可以更好地利用自身资源优势，为地方经济文化建设提供智力支持，不断提高服务的深度和广度，从而使自身在社会发展中的地位与作用不断提升。

（二）地方特色馆藏文献

1. 地方文献

（1）地方文献的概念

地方文献是反映特定区域内自然环境与社会环境沿革、发展和现状的历史资料和现实资料的总和。它是记载一定区域内自然、社会和人群存在、发展变化及影响的特定文献，具有很强的使用价值和保存价值，并具有“一地之百科”的丰富内涵和“原汁原味”不可替代的独有特色；同时还具有“资政、励志、存史”的重要价值。地方文献是图书馆特色馆藏建设的一个重点和亮点。

对于地方文献的范围，存在两种不同的理解：一种是广义的理解，即将地方文献理解为与本地区相关的一切资料，包括史料、人物、出版三个部分；另一种是狭义的理解，专指内容上具有地方特点的出版物，而地方人士著作和地方出版物，在内容上无地方特色的，则不作为地方文献处理。大多数图书馆在从事地方文献的收集与保存时都采用狭义的理解。

地方文献的类型，过去主要以纸质文献为主，载体包括书、报、刊，除此之外，对于“片纸只字”，只要有文献价值的都应该列入收藏的范围，如照片、地图、邮票、钞票、火花、传单、广告、海报等。尽管其数量不多，但作为正规文献的补充，起到很好的作用。由于历史的积淀，这其中相当部分不只具有文献价值，同时具有文物价值。随着网络的普及和地方性网页内容的不断丰富，数字化地方文献也越来越受到图书馆的重视。

（2）地方文献的收集

地方文献的收集，是地方文献开发利用的基础和前提。随着信息技术的广泛运用，地方文献的内容、数量、形式、载体都发生了很大的变化，各种新型载体文献大量出现。图书馆应通过多种途径收集各类地方文献，丰富地方文献馆藏。

1）建立呈缴样本制度，利用政府行为保证地方文献采集的完整性和系统性。这种呈缴样本制度，不应局限于地方出版社的出版物，也应包括各级政府和企事业单位、科研学术部门编撰的图书、期刊、报纸、资料等（对有密级的资料，应进行技术性处理，确保机密）。

2）构建地方文献采集协作网络。征集地方文献的工作量大、涉及面广、出版单位多，特别是地方文献中很大一部分是非正式出版物，印刷数量少，多数为一次性刊印版，基本上是在本地区或本行业范围内散发，发行途径不畅，获取的难度大。因此，公共图书馆可以通过新闻出版管理部门了解内部图书、期刊、报纸的出版情况，主动与本地区内的地方史志办、党史办、科委、政协文史委、学术团体、研究机构、教育行政部门、大中专学校、大中型企业等单位和部门加强协作，密切联系．建立长期、固定的联系合作网络，构建地方文献采集网络。同时，建立地方文献信息专家联络系统，将地方名流、专业作家以及相关企事业单位组织在一起，疏通信息采集通道，构建和完善信息采集系统，迅速、全面地采集地方文献资源。

3）加强馆际协作，促进地方文献的交流。各图书馆要与本地区其他图书馆建立协作关系，双方互通信息，主动索取或赠送，以共同充实馆藏。另外，还要与档案馆、博物馆、文化馆等单位积极沟通合作，通过协商进行大体分工，同时编制馆际联合目录，谋求较大范围内的地方文献资源共享。

4）扩大宣传渠道，营造地方文献征集社会氛围。图书馆可通过报纸、广播、电视等媒体或利用馆内广告牌、网站等途径，发布征集各类地方文献的消息，号召社会各界及广大读者积极参与向图书馆捐赠地方文献的活动，使社会各界广泛了解地方文献工作的重要性和意义，扩大影响，营造广泛关注地方文献征集的社会氛围，形成人人重视征集工作的规模效应，吸引更多的人捐赠和利用。

5）举办展览征集地方文献，丰富馆藏。图书馆可以举办各类丰富多彩的地方特色展览，如地方文献征集成果展览，地方名人书画创作展，地方非物质文化遗产展，地方风貌、建设成果、历史文物遗产展，城市新貌摄影展，个人著作及手稿展，专题图片资料展，遗迹展，或举办各种比赛活动及纪念历史事件和历史人物展览等，以展览检阅征集工作的成果，同时又动员和鼓励更多的各界人士向图书馆捐赠图书，扩大图书馆收藏工作的影响，促进征集工作的深入开展。

6）广开渠道，保障经费。在文献采购经费使用上，图书馆在保障综合性文献资源收藏的基础上，应凸显对馆藏特色文献资源的收藏；积极利用地方文献开展服务活动，创造社会效益和经济效益，用部分所得支持馆藏建设；拓展国内外交流渠道，多方联系国内外的团体和个人，争取捐赠或援助。

在收集原则上，要确保重点，涉及一般。建立具有特色的地方文献资料库，其重点应放在与地方经济、政治、历史、文献有关的学科上。

（3）地方文献保存、整理和开发

凡是本馆已入藏的地方文献应设立专藏，基层图书馆可设专柜、专架，有条件的图书馆可以设立专室，以收藏和展示。

收集来的地方文献，必须进行分类编目的整理工作，编制地方文献目录，才便于读者查阅和研究参考。可按文献的内容、性质、形式编成不同用途的目录，如按地方文献著述形式可分为地方志书目、家谱书目、地图书目、论著书目、年谱书目、资料汇编目录；按地方文献出版形式可分为图书目录、报刊目录、图片目录等；按地方文献内容可分为地方文献综合目录、地方文献专题目录；按地方文献揭示程度可分为地方文献简目、地方文献考录。

要组织力量积极整理地方文献，确立有价值的主题进行二次文献开发，便于读者利用，通过社会的广泛利用来以用代征，以用促征。同时，要培养一支收集、整理、加工、研究、开发地方文献资源的专业技术队伍。地方文献的研究、收集、加工和开发，需要一支高素质的专业队伍。由专人负责地方文献的收集工作，此外，工作人员要有一定的研究开发能力，有敏锐的信息意识和地方文献捕捉能力，具有较强的综合分析能力和文献鉴别能力，能够维系公共关系，拓展用户群体，并能掌握基本的计算机信息处理技术。

随着信息网络时代的发展，馆藏地方文献数字化工作成为地方文献工作的必然发展趋势。通过数字化将传统媒体的地方文献转换成数字文献，并通过网络提供给读者使用，不仅可以借助其检索快捷，使用方便，不受时间、空间局限的优势，充分满足广大读者的需求，最大限度地发挥地方文献的使用价值，真正实现地方文献资源的共建共享，而且对有效地保护珍贵的地方文献资源．减少文献的破损、遗失等现象也有积极的意义。

2. 非物质文化遗产

信息资源除文献信息外，还有载体信息，它是以人类大脑为载体并借助口耳相传的信息知识。按照其表达方式，可分为口语信息和体语信息。口语信息是人类以口头语言表述出来，但未被记录下来的信息资源，如谈话、讲演等；体语信息是以人的体态表述出来的信息资源，如舞蹈、手势等。载体信息多属于经验性，未被组织和符号化的知识信息。

传统上，图书馆只偏重保存记录人类知识的文字产品，而对于非文字的文化传统、田野中的活态知识等非物质文化遗产没有给予重视。作为传播信息和发展文化的主要社会机构，图书馆应该积极关注和参与本地区非物质文化遗产的保护与传播，并将其明确纳入到自己的职能范围之内。

（1）“非物质文化遗产”的定义

根据联合国教科文组织2003年10月17日通过的《保护非物体，有时为个人视为其文化遗产的各种实践、表演、表现形式、知识体系和技能及其有关的工具、实物、工艺品和文化场所。包括：口头传统和表现形式，即作为非物质文化遗产媒介的语言；表演艺术；社会实践、仪式、节庆活动；有关自然界和宇宙的知识和实践；传统手工艺。

（2）保护非物质文化遗产是现代图书馆的重要职能

2005年，《国务院办公厅关于加强我国非物质文化遗产保护工作的意见》中明确指出，图书馆在非物质文化遗产保存、保护、宣传、弘扬等方面，应参与其中并发挥重要作用。事实上，在联合国教科文组织《公共图书馆宣言（1994）》所赋予的公共图书馆的若干主要使命中，以下内容与非物质文化遗产的保护也具有密切联系：提高对文化遗产的认识，促进对艺术鉴赏、科学成就和创新的了解；提供各种表演艺术的文化表现途径，促进不同文化之间的对话和文化多样性的发展，支持口头传统文化。

非物质文化遗产作为一种社会记忆，是知识的一种类型，是人类知识文化的一个重要组成部分。随着图书馆功能的分化与增加，在现代科学技术的支持下，在创新理念的实践中，图书馆将通过对这些活态文化的采集、保存、整理、交流、传播，扩大自身功能的空间。就现代图书馆而言，参与非物质文化遗产保护、抢救各种非文献化知识信息必须与图书馆传统的文献知识融合在一起，将保存知识记忆、进行文化传播、开展社会教育、开发智力、文化娱乐等有机融合，相互补充。“图书馆对非物质文化遗产文献信息化的汇集保存，将使非物质文化遗产知识与传统的文献知识互为补充，相得益彰。”

（3）开展非物质文化遗产相关文献资料的收集

非物质文化遗产的相关资料具有零散性、多样性等特点，图书馆可采取多种方式加以收集和保存。

1）横向收集。走访相关文化部门、民间团体及个人，征集有关非物质文化遗产项目的图片、文字、音频和视频资料。

2）纵向共享。图书馆系统内开展馆际互借和馆际协作，实现各馆资源共享。

3）自采自建。利用现代技术手段，深人民间进行调查采访，对文化遗产进行图、文、声、像相结合的立体式记录，以笔录、摄影、录音、录像等手段真实记录现场，并将其转化为数字化文档进行永久保存。

（三）学科专业特色馆藏

学科专业特色是指图书馆馆藏中某类学科或某些专业文献比较系统完整，能基本满足该学科或专业研究的需要。

建立学科专业特色馆藏，图书馆应根据当地的产业特点、信息来源的多少、服务对象的需求以及经费状况等条件. 确定专业主题，调整文献结构，使重点学科和优势专业的文献资源形成一定规模，并具有系统性、独特性，形成有特色的文献资源体系。

例如，广东省佛山市禅城区联合图书馆成立了多个专业特色分馆，上海市曲阳图书馆创办了“上海影视文献图书馆”，北京市崇文区图书馆创办成立了“北京包装资料馆”，湖北孝感大悟县图书馆建立了法律分馆，河北正定县图书馆建立了农业分馆，四川成都武侯区图书馆建立了法律分馆等，它们通过系统收藏独具特色的专业文献资源，建设了各具特色的馆藏。

构建特色专业馆藏，应有专人进行采访、收集，通过各种信息渠道，广泛进行特色学科文献资源的汇总和收藏。

1）与专业出版社合作，对重点收藏的某学科或专业出版物进行筛选、征订。

2）到相关学科或专业的研究机构收集或交换内部文献资料和出版物、专业发展的实物等。这部分文献很多都反映学科科研的前端信息，是学科特色资源的一部分，通过正规发行渠道很难获得，应积极主动上门联系征集。

3）与企业、公司建立长期合作关系，联络收集和交换相关文献资料和出版物。

（四）非文献特色馆藏

在新信息环境下，随着图书馆服务和收藏功能的拓展，图书馆的收藏范围在不断地扩展，特色馆藏的内涵和外延也在逐步发生变化，很多图书馆不仅仅收藏一次文献、二次文献、三次文献，而且开始注重对实物的收藏，突破了只收集文献的这一基本准则的局限，突出地方特色，彰显特色服务，在图书馆界产生了一定的影响。例如，有些图书馆为了配合地方历史研究，收集玉石、古钱币甚至当地的碑帖、牌匾、书画作品等，且形成了一定的规模，对研究当地的历史沿革、地方志等起到一定的积极作用，产生了较大的影响，在图书馆界也产生了不同的反响。虽然对此举的说法不一，但代表了近段时期我国一些图书馆在特色馆藏建设过程中捕捉到的闪光点，并有不断扩大、竞相模仿的趋势。

实物资源与文字资源的有机整合是多方位建设特色馆藏资源体系，丰富地方人、事、物的立体形象和生命力的重要内容和方式。许多地方历史悠久，物产丰富，人文荟萃. 留下的实物资源不少，如古建筑、石刻、匾额、历史照片等特种资料。在对实物资源的采集中，应引起我们充分注意的还包括因城镇建设即将被改变的有明显地方特色的具有历史文化价值的建筑群落和生活群落的照片、录影等。

（五）其他特种文献资源建设

1. 古籍

所谓古籍，主要指书写或印刷于1911年以前，具有中国古典装帧形式的书籍。图书馆中收藏的古籍都会被作为珍品特藏的镇馆之宝。

古籍基本上可以分为两大部分：一部分是古籍特藏，即1911年以前抄写或印刷的文献，这一部分是特藏的主体。除了抄本外，古籍的印刷形式主要有三种：雕版印刷、活字印刷和套版印刷。常见版式包括：卷轴装、经折装、包背装、蝴蝶装和线装等。另一部分则是古籍的复制本，包括铅印、影印和石印等多种类型。

古籍特藏文献的主要收集方式为国家调拨、无偿捐赠、购买和交换，其中购买分为私人出售、书店选购和拍卖会竞买三种形式。近年来古籍的收集以捐赠和购买较为常见。

古籍特藏是图书馆各类文献中最为珍贵和重要的文献，收藏有古籍的图书馆必须具备良好的保存条件和严格的保护措施。古籍保护一般分为原本保护和再生保护两个方面：前者主要是对古籍原本进行妥善保存和修复；后者是对古籍进行影印或整理，对古籍的形式和内容进行转移保存和再揭示，通过开展出版、缩微和数字化等工作，使古籍化身千百，永久传承。为实施“中华古籍特藏保护计划”，2006年国家文化部委托国家图书馆主持制定了《古籍定级标准》《图书馆古籍特藏书库基本要求》《古籍特藏破损定级标准》《古籍修复技术规范与质量要求》《古籍普查规范》五项标准，这些标准相互关联，为确保“保护计划”的有效实施奠定了基础，同时也为各级图书馆开展古籍保护工作提供了标准规范。

2007年1月，国务院办公厅下发了《关于进一加强古籍保护工作的意见》，确定了古籍保护的工作方针是“保护为主，抢救第一，合理利用，加强管理”，提出了开展古籍普查；建立古籍联合目录、古籍数字资源库及《国家珍贵古籍名录》；命名“全国古籍重点保护单位”，改善古籍存藏环境；培养一批古籍保护专业人员；加强古籍整理和研究利用，特别是应用现代技术加强古籍数字化和缩微工作等古籍保护总体目标和任务。在我国历史上由中央政府发布古籍保护的方案并统筹实施尚属首次，充分体现了国家对古籍保护工作的高度重视，它为各级图书馆开展古籍整理和保护工作提供了政策保障。

2. 政府信息资源

政府信息资源是指一切产生于政府内部或虽然产生于政府外部但对政府活动有影响的信息。从这个定义可以看出，政府信息资源包含两方面的内容：一是指政府行政机构在行使公共权力、管理国家事务及社会公共事务的过程中产生的信息资源；二是指虽然产生于政府外部，但却处于政府部门最关心的目标范围内，具有某种广泛性意义和参考价值、对全局有一定影响的倾向性信息资源，例如经济活动信息、科技成果信息等信息资源。

2008年5月1日，国务院颁布实施的《政府信息公开条例》第16条规定：“各级人民政府应当在国家档案馆、公共图书馆设置政府信息查阅场所，并配备相应的设施、设备，为公民、法人或者其他组织获取政府信息提供便利。行政机关应当及时向国家档案馆、公共图书馆提供主动公开的政府信息。”这些规定使公共图书馆成为政府信息公开的重要场所，也是政府信息资源的保存基地。图书馆只有具有一定规模的政府信息资源，才能确保相关服务职能的实现。政府出版物寄存制度为公共图书馆政府信息资源的收集与积累提供了有效的途径与制度基础。《政府信息公开条例》已经给出了建立寄存图书馆制度的雏形：一方面要求政府部门在各地区指定相应的图书馆收藏政府出版物，这些出版物包括以往的政府出版物和现有的出版物（含印刷型、缩微型和电子型），从而为公共图书馆提供政府信息服务提供资源保障；另一方面要求图书馆建立政府信息出版物特色资源库与专门阅览室，负责收藏政府公报、统计调查等政府出版物，并提供图书、期刊、报纸、视听资料、多媒体等文献为政府和公众服务。

公共图书馆应发挥自身专业优势对政府信息进行科学组织、加工、整合，根据当地的实际情况，形成当地政府信息公开的分类体系；对政府信息做出深度标引，设计多途径、多角度的索引方式，形成方便检索的政府信息检索平台或数据库。还可以不定期地就某些重要问题、热点问题，整合或编纂专题性的政府信息汇编，或形成累积性的专题资料数据库。此外，图书馆还应积极参与政府信息公开目录、指南、索引、摘要的编制工作，有条件的图书馆还应该利用自身特长通过分类、汇编、知识挖掘等各种技术与方法对政府信息及其他相关信息资源进行有效的整合，开展知识创新服务。

3. 工具书

工具书是按一定排检次序把有关知识、资料或事实加以汇编，专供检索查考的书籍。因一般不以系统阅读为目的，而是作为在需要时查考和检索知识使用的辅助工具，故称工具书。

工具书从内容和功用上大致可分为三类：

1）检索型工具书，包括书目、索引、文摘。

2）辞书型工具书，包括字典和词（辞）典。

3）参考资料型工具书，包括百科全书、类书、政书、年鉴、手册、名录、表谱、图录，以及其他参考性资料。

在工具书的馆藏建设上，除了贯彻求新、求精、求全、求特的采购原则外，在订购及典藏方面，还要注重以下几点工作：

1）字典、词（辞）典等辞书类工具书及时更新，保持连续性与完整性。这类工具书的特点是更新快，因此要及时更新版本。

2）综合性与专科性相互补充。工具书按其内容性质可区分为综合性工具书和专门工具书。综合性工具书需求人数多，读者对象广，是图书馆不可或缺的馆藏；而具有专科性质的专门工具书则可以根据本地具体需求情况有选择地采购。

3）特殊工具书与相应馆藏配套典藏，方便使用。主要是一些与古籍关系密切的工具书，如《中国丛书综录》《中国古籍版刻辞典》《中国古籍善本书目》等，可入藏古籍阅览室，以利读者使用。

4. 标准文献

国际标准化组织将标准定义为“为在一定范围内获得最佳秩序，对活动或其结果规定共同的和重复使用的规则、导则或特性的文件，该文件经协商一致制定并经一个公认的机构批准”。标准种类繁多，按制定和发布机构的级别及适用范围可划分为国际标准、区域标准、国家标准、行业标准、地方标准及企业标准；按标准的内容性质可划分为技术标准、管理标准和工作标准。所有标准都可根据其约束效力分为强制性标准和推荐性标准。

图书馆馆藏标准包括印刷型标准文献资料、标准数据库、网上免费标准查询网站，例如《国家标准全文数据库》《中国标准数据库》《中国行业标准全文数据库》《国外标准数据库》、万方数据服务平台的《中外标准数据库》、中国标准服务网（www. cssn. net. cn）、国家标准化管理委员会网站（www. sac. gov. cn）、中国环境标准网（www.es. org. cn）、中国标准化研究院网站（www.cnis. gov. cn）、国家科技图书文献中心《国外标准库》、国际标准化组织（ISO）世界标准服务网（WSSN）等。

公共图书馆在收集各类标准文献过程中，应结合本地区工农业生产的重点，有选择地收藏行业标准，开展标准文献特色信息服务，在促进标准信息公共传播上发挥积极作用。

5. 专利文献

专利文献是实行专利制度的国家及国际性专利组织在审批专利过程中产生的官方文件及其出版物的总称。早期专利文献称专利证书或发明专利证书，它是授予发明人独占的法律文件。专利说明书，即对发明的描述，包括对要求获得独占权的描述，在当时仅仅作为该法律文件中的一部分。现代专利文献，根据其不同功能，分为三大类型：一次专利文献、二次专利文献和专利分类资料。作为信息资源的重要组成部分，专利文献已成为推动科技、经济、文化和社会发展的重要杠杆，且被越来越多的有识之士认识和运用。

专利文献除纸质型文献外，还有缩微胶卷、平片和光盘等多种载体形式，随着网络技术的不断发展，现在部分专利文献可以通过网络传输下载获得。

图书馆可以结合本地相关部门的重点攻关课题或企业的科研项目，在充分了解读者需求的基础上，有目的地收集相关专利文献信息资源，并将分散的关于某一课题的专利信息文献最大限度地集中起来，加以归纳整理后，编制成专题目录或专题索引、综述或专题报告，及时提供给单位和科研人员利用，真正做到提供高层次的专利文献服务。

6. 馆史资料

馆史资料是记录和反映一个图书馆自身建设和发展历程的史实资料，包括文字资料、图片资料和各类实物资料。

公共图书馆是我国文化事业的重要组成部分，是社会政治、经济和科技进步的重要标志和积极促进者，每个图书馆对自身在建馆、立馆过程中留下的珍贵资料都应好好收集和保存。

图书馆馆史资料的收集工作，一方面必须依据原始档案资料，全面、精炼、系统地汇聚史料，为日后的馆史编纂工作提供可靠、翔实、丰富的史料；另一方面还要加强口述历史的收集与考证。史料收集人员应以本馆档案资料为重点，依据档案目录调出相关主题卷宗，从中查找所需史料，同时还应浏览相关的书刊资料，以扩大图书馆馆史资料的收集途径。收集的史料必须坚持资料真实准确，做到有史可鉴，有据可依，以免以误传误，贻误后人。

对于收集的馆史资料可按相关主题类别加以整理编辑。图书馆利用馆史资料编史修志、举办馆史展览，对记录和反映图书馆发展历史，加强馆员爱馆教育和精神激励，增进社会公众深入了解图书馆具有重要意义。

7. 珍贵馆藏

包括名人字画、受赠名家藏书、珍贵纪念品、受赠礼品及其他馆藏贵重物品。

图书馆应建立珍贵馆藏档案和目录，并设专库或专柜保管，做好防潮、防水、防蛀、防腐、防尘、防震、防污染、防紫外线等技术预防工作，安装防盗报警设备。为加强珍贵馆藏的管理，确保安全，应建立相关管理制度。

四、馆藏文献资源的评价

馆藏文献资源的评价是图书馆有系统、有组织地评价某一特定时间内图书馆的文献资源及其效益，即依据一定的标准对馆藏的数量和质量进行计算、分析与判断。

图书馆通过定期和持续地开展馆藏文献资源评价，可以了解馆藏文献资源的建设情况，包括馆藏的数量、范围、深度、可支持服务需求程度等信息，对馆藏发展是否符合图书馆的方针任务，是否能满足读者对文献信息的需求，是否能支持本地经济文化建设的发展做出判断和评价，为制定或调整馆藏发展政策，改进文献采访工作，开展馆藏补充、复选、更新等工作提供参考依据。馆藏文献资源评价是图书馆文献资源建设工作的重要内容，也是图书馆管理的重要方法之一。

（一）馆藏文献资源评价的原则

1. 科学性原则

这是进行馆藏文献资源评价应遵循的根本原则。科学性原则要求各项评价指标都要有明确的含义和目标导向，要能反映馆藏资源的主要因素和内在联系。

2. 系统性原则

在指标的设置上要综合考虑评价对象、评价目标及各指标本身的特征，全面且有重点地反映各因素之间的关系，尽量避免指标的重复性，使整个评价目标和评价体系成为一个有机的整体。

3. 实际性原则

根据图书馆的实际情况进行馆藏评价。评价对象可以是馆藏的一部分，也可以是全部馆藏。评价所选取的时间也是根据情况变化的，可以按年度进行，或者针对某一时段内的馆藏进行评价。

4. 通用可比性原则

评价指标体系需具备纵向和横向的比较功能，即评价指标要有通用性和可比性。可以对同一类文献资源不同时期的使用人息进行比较，又可以对同类不同载体的信息资源进行比较。

5. 可操作性原则

馆藏评价指标应遵循定性和定量相结合的原则来制定，其各项指标的收集及评定要具有较强的客观性和可操作性，尽量减少主观性指标，增加客观性指标。客观性指标应简便易行，控制评价指标的总数量。

6. 目标导向性原则

进行馆藏文献资源评价不仅仅是为了评出这部分资源的优劣，更重要的是通过评价支持和影响图书馆的决策，使其更清楚地认识自身资源的各项情况，对图书馆的管理和决策有着正确的目标导向作用。

7. 经济性原则

在选择馆藏评价方法时，应选择能够实现评价目标的省时、省力、省经费的方法，在评价规模和评价人员的确定方面也应尽可能遵循该原则。

8. 制度化原则

图书馆必须经常地、有计划地开展馆藏评价，并建立相关的规章制度，保障馆藏评价工作的有序开展。进行全面系统的馆藏评价不仅需要较长的时间，更需要动用大量的人力、物力和财力，5~10年作为一个评价周期较为合适；而对馆藏的一个方面或一个部分的评价则应作为一项经常性的工作开展。

（二）馆藏文献资源的评价指标

文献资源评价是对不同学科、不同文种、不同类型文献的采访、收藏、使用及物理状态等进行评价，包括馆藏数量和质量两个方面。

1. 馆藏数量的评价指标

馆藏数量是图书馆开展服务工作的物质基础，是衡量图书馆事业发展状况的主要标志之一。图书馆通过馆藏书目系统，进行馆藏总量和各类型文献量的统计，测算满足用户需求的程度。进行馆藏文献数量的评价，可以依据国家及地方相关部门颁布的有关文件标准，此外，图书馆所制定的规划与相关规定，以及在进行馆藏评价的过程中所积累的经验也可作为馆藏评价的计量标准。对馆藏文献数量的评价指标主要包括以下几方面。

（1）文献资源保障率

文献资源保障率，即每个读者平均占有的图书馆馆藏量。没有一定数量的文献资源，图书馆的服务无法开展，但馆藏量的增长与满足读者文献需求的能力并不成正比。如何根据自身的发展状况确定合理的馆藏量，是图书馆需要探索研究的。目前，文献保障率仍是评价馆藏数量的一个重要指标。

（2）读者满足率

读者满足率，即读者在实际使用中获得的文献数量与他实际需要的文献数量之比。馆藏文献资源建设的根本目的在于最大限度满足读者的文献需求。一方面，图书馆的文献资源品种齐全，数量上形成相当的规模，对读者的满足程度越高越好；另一方面，对于一个具体的图书馆而言，不可能也没必要完全满足所有读者的文献需求。根据我国图书馆的现状，一般认为满足率在75%～85%之间是比较理想的藏书规模，其余部分应当通过馆际互借、资源共享来解决。

（3）文献资源覆盖率

文献资源覆盖率，即馆藏文献中占本馆各学科领域文献的比例，它是图书馆收藏文献完备程度的重要标志。就全国文献资源整体系统来说，这种覆盖率应该越高越好。就图书馆自身而言，应根据自身需要和可能的条件，在某一学科领域达到一定的馆藏，才能形成一定的特色。

（4）馆藏文献增长量

对馆藏文献增长量的评价，即是评价增长的数量是否科学、合理。一般把年平均增长量作为馆藏文献增长量指标。馆藏文献增长量太低，造成馆藏文献贫乏，知识断层，读者利用文献受到限制；馆藏文献增长量过高，造成大量无用文献进入图书馆，文献利用率下降。

2. 馆藏质量评价指标

图书馆文献资源建设的好坏，主要是看其是否符合社会发展的需要，能否满足读者需要，即通过馆藏质量来判断的。馆藏质量是衡量图书馆办馆水平高低的重要标准，而且直接影响着图书馆的服务工作。因此，馆藏文献质量评价是图书馆文献资源建设过程中的一个重要环节。馆藏质量的评价指标主要有以下几方面。

（1）文献资源的结构

文献资源的结构包括学科结构、类型结构、文种结构和时间结构。

学科结构是指各类学科专业文献的比例结构，它是馆藏结构中一个最基本的部分。根据需求层次，图书馆学科馆藏等级分为完整级、研究级、学习级、基本级和最低级五个级别，相对其他类型图书馆，公共图书馆在满足学科信息需求的能力方面相对偏低，大部分都处于学习级和基本级，甚至是最低级。因此，图书馆应结合本地经济文化发展和本馆读者实际需求结构，划分收藏级别和规定收藏目标，优化馆藏学科结构。

类型结构是指馆藏体系中各种不同出版形式、不同载体的文献结构状况，主要考虑图书期刊比例、纸质文献与数字文献比例。各图书馆可根据本馆经费情况、网络化和数字化的条件来构建类型结构比例。

文种结构是指馆藏中各语种文献的结构状况。图书馆对某一学科领域收藏文献涉及的文种越多，其完备程度也相对越强。但由于受到经费限制，更主要是受到读者在信息需求方面的制约，除民族地区公共图书馆的少数民族语言文献有一定的优势外，多数公共图书馆在非汉语文献方面很难形成优势。

时间结构是指按文献出版时间划分的层次结构。根据文献半衰期理论，文献价值随着时间的流逝而逐渐降低直至消失（特殊文献除外）。3～10年的文献其老化程度进入半衰期，11~20年的文献内容被视为陈旧，20年以上的文献内容基本失去了利用的价值。图书馆应掌握各学科文献的半衰期，合理调整文献时序比例，及时补充更新相关文献资源，定期剔除价值低或者已经丧失价值的文献。例如，计算机学科比数理化学科文献老化速度快，保存时间就相应有所区别。目前，馆藏文献时间结构大致可分为1～3年、4~10年、11~20年、20年以上四个等级。

（2）文献资源的利用率（流通率）

利用率的高低是文献资源质量和结构等方面的综合反映。收藏的文献资源质量越高。读者使用频率就越高。对于书刊评价标准，借阅率是最基本的反映。图书馆也可在一定时期内选定相关种类馆藏资源的读者，对其使用情况进行跟踪调查，获得利用率数据，从而为馆藏的合理配置提供依据。目前，我国大部分图书馆的文献使用率较低，馆藏质量可能是其主要原因。有专家指出，图书馆应争取馆藏利用率达到70%，至少不能少于50%。

（3）文献资源的知识信息含量

读者信息需求的满足在很大程度上取决于图书馆文献资源的知识信息量。衡量文献中知识信息含量的一种比较可行的评价标准是考察核心文献的拥有率。对馆藏文献利用与流通分布状况的研究表明，25%的文献提供了流通的75%，50%的文献提供了流通的90%。这就是说，大多数的读者需求集中在少数核心文献上，而核心文献实际上就是科学信息和知识含量大的文献。因此，通过测定馆藏核心文献的占有率，就可以比较客观、准确地评价文献资源的知识信息含量。

图书馆面对庞大的出版发行信息，不能盲目选择，应合理利用图书馆经费，保证学术价值高、内容新颖的核心文献的收藏。对于图书文献，可以根据学科核心书目等，保证核心图书的入藏；对于中文期刊文献，可利用北京大学四年一版的《中文核心期刊要目总览》、中国科技信息研究所每年出一次的《中国科技期刊引证报告》、中国科学院文献情报中心建立的中国科学引文数据库（限于理工科期刊）、中国社会科学院文献信息中心和社科文献计量评价中心共同建立的《中国人文社会科学核心期刊要览》等圈定各学科的核心期刊范围，保证核心期刊的入藏。

文献资源建设与评价是动态的、发展的，两者具有互动性，文献资源建设的评价往往滞后于文献资源建设。图书馆建立健全科学的文献资源评价体系，对提高文献资源建没质量将起到巨大的推动作用。

（三）馆藏文献资源的评价方法

1. 评价需考虑的因素

（1）确定评价馆藏文献资源的范围，即评价全部或是部分馆藏。

（2）确定馆藏评价的目的。评价目的不同，评价的内容和方法也不尽相同。

（3）选择适当的评价方法。

（4）预估实施评价所需的资源。

2. 评价方法

对图书馆馆藏资源的评价，主要从三个角度出发：

（1）根据其本身的各项特征制定的评价指标体系。

（2）馆藏资源对读者信息需求的满足能力和信息资源被利用程度。

（3）馆藏资源的利用率和使用效益。将三方面相结合，做到多方面、多角度地选取评价指标，尽可能客观、科学地对馆藏资源做出合理评价。

目前，馆藏文献资源的评价方法有以下几种。

（1）自我评价法

图书馆工作人员，通过定期对馆藏文献资源进行统计分析，从不同侧面进行评价。例如，评价文献增长量、文献文种结构及文献类型结构是否合理，文献的知识信息含量是否适合于读者需求，文献出版时间是否较新等。

（2）读者评价法

读者评价法是图书馆最常用的定性方法，主要是通过对读者的调查实现的，一般采用召开读者座谈会、发放调查问卷的形式。

这种方法根据读者反馈的关于馆藏的意见，使图书馆了解并掌握他们对不同类型文献的阅读需求，为制订馆藏补充计划提供可靠依据，为馆藏文献资源建设工作提供有价值的反馈信息。它操作指南，适用于务类图书馆。但是，在进行读者调查时除设计调查表比较烦琐外，被调查读者的代表性、读者答题的真实性和调查得到结论的推广性等方面也都存在不足，读者的意见有时是主观的、零碎的、片面的，读者相对窄小的兴趣范围与图书馆要满足大多数读者需求形成了矛盾。所以，在定性分析基础上，我们有时还需要借助定量方法来科学评价馆藏。

（3）流通分析法

图书馆的文献资料大部分可供读者外借使用，因此流通记录是了解读者使用馆藏状况的一种具体依据。图书馆可依据流通记录中所记载的读者类型、图书类别、语言、出版年、入馆日期等来分析读者使用馆藏的情形。

通过流通分析法可以了解读者的需求和借阅情形，而且评价资料易归类分析，评价结果较为客观，但它对读者在馆内使用文献资料的情况无法全面反映，造成评价结果与实际情况有一定的偏差。

（4）书目核对法

书目核对法是将被评价的馆藏与标准书目、核心书目或权威性的馆藏目录逐一进行核对，以评价馆藏文献收藏的完备程度。例如，国内出版的社科新书目、科技新书目等，这些目录中所列“必备文献”的收藏情况，可以反映一个图书馆馆藏文献的质量。有时也可以通过确定核心出版社的方法来评价图书。

书目核对法的优点是核对的过程较容易进行，使用标准书目，评价的结果具有一定的权威性，同时能明确指出馆藏所缺乏的资料，可凭此弥补馆藏不足。缺点是许多标准书目不常更新修订，容易过时；书目不一定符合各个图书馆的个别所需；书目中所列的图书数量有限，不能以少数馆藏来评价全部馆藏的质量；某些学科难以寻获合适的核对书目。

（5）引文分析法

引文分析法是对文章后面的参考文献进行统计分析，确定馆

藏核心图书和期刊，考察图书馆馆藏满足读者从事学术研究活动的程度，为制定馆藏文献资源建设政策提供针对性强的第一手资料。此种方法对学术图书馆、专门图书馆或是其他有特定读者的图书馆较为适用。

引文分析法的优点是可了解读者使用文献资料的特性，明确指出读者已使用而图书馆未收藏的资料，借以弥补馆藏缺失；可搜集全部或某类读者的文章加以分析，具有弹性。缺点是无法完整反映读者使用馆藏的情形；由于作者引用的理由较多，甚至

存在伪引和虚假引用等现象，因此分析的结论并不十分可靠；文献被引用需要一段时间，故无法评价新人藏的馆藏。

目前国内还没有一套统一评价馆藏资源的评价方法和指标体系，有关馆藏文献资源评价的研究一般都只是从某一角度或某一资源类型开展的评价。馆藏文献资源的评价比较复杂，单纯用某一种方法评价馆藏文献质量的高低难以准确、客观和全面，因此，可以考虑定性与定量相结合进行分析评价。对于难以量化的标准可以采用定性评价的方法，定性评价简单易行、适应性较强，而定量评价具有客观性、准确性，两种评价方法结合进行可以互相取长补短，贴近客观实际。

随着电子网络信息技术的发展，我国大部分公共图书馆目前的馆藏资源都包含两部分，文献资源和数字资源（或称电子资源），因此在进行馆藏资源的评价过程中，应充分考虑两种类型资源的相互补充、相互作用。

第三节 公共图书馆数字资源建设

一、公共图书馆数字资源的建设规划

（一）数字资源对公共图书馆的影响

数字资源，或称电子资源，是将文字、声音、影像、动画等各种媒体形式的数据加以数字化，借由计算机操作，或结合计算机接口设备（如光驱等）而呈现的作品。数字资源通常须借助计算机、调制解调器、电话线、光纤网络、因特网、宽带网络，结合通讯协议等才能获取，其利用方式包括直接取用或远程利用。概括来说，数字资源就是将计算机技术、通信技术以及多媒体技术相互融合而形成的以数字形式发布、存取、利用的信息资源总和。

数字资源有多种分类标准，从数据的组织形式上看，有数据库、电子期刊、电子图书、网页、多媒体资料等类型；按存储介质可分为磁介质（软盘、硬盘、磁盘阵列、移动硬盘、U盘、磁带等）和光介质（包括CD、DVD、LD等类型）两种类型；按数据传播的范围可分为单机、局域网和广域网等形式；从资源提供者来看，可分为商业化的数字资源和非商业化的数字资源。

数字资源从记录载体、表达方式、传播手段等各个方面代表着人类获取信息的先进水平和发展方向，是当今重要的文献信息表现形式之一。同数字资源出现前以纸质印刷型为主的传统文献资源相比，数字资源类型更为多样，信息内容更加丰富，文献采集更加方便，读者获取更为便利。因此，从某种程度上讲，数字资源是传统图书馆向现代图书馆转型的助推器，没有数字资源的图书馆不能称为现代图书馆。数字资源的重要性由此可见一斑。

1. 数字资源丰富了图书馆资源建设与服务的内涵

随着计算机技术和网络通讯技术的迅猛发展，人们已经不再满足于从图书馆的馆藏纸质文献中获取所需信息的服务模式，图书馆必须正确认识数字资源已经或者正在深刻影响着各项工作：数字资源将馆藏文献以数字化、多媒体化的方式呈现给读者；

数字资源促进了检索技术的发展，实现了数据检索由外观扩展深入至内容本身；搜索引擎更加强化了自动搜集与更新信息功能，使得网络信息的搜集与更新更加省时省力；图书馆的文献服务能力和质量也不再局限于馆藏规模，还要取决于其综合利用各种数字资源的能力；数字资源还突破图书馆实体和虚拟的馆舍限制，拉近馆藏资源与读者之间的时空距离，真正实现读者与资源的“零距离接触”。从这个意义上来说，以数字资源为基础的现代图书馆服务更易于满足广大读者的需求。

2. 数字资源和传统文献资源是相辅相成的关系，而非对立的关系

整体而言，数字资源的广泛应用对公共图书馆既是一种挑战，同时也是一种机遇，它对原有图书馆的管理方式、服务理念，尤其是馆藏建设方面，带来了巨大的冲击。但数字资源和传统文献资源之间也是相辅相成的关系。数字资源具有存储量大、传播范围广、实效性强、检索便捷、扩大了馆藏来源、不受时间限制、可供读者多人无限次使用，更大程度地实现资源共享的特性，使得数字资源在图书馆馆藏文献资源中所占比例越来越大。但与传统文献资源相比较，数字资源并非完美无缺：必须投入额外资金购置相关硬件没备，承担通讯费用和网络维护费用等，大大提高了它的使用成本；而传统文献资源更符合人们长期的阅读习惯，使用成本低廉，对使用者无其他技能要求。数字资源虽然总体呈现增长趋势，但有些只是传统文献的延伸和翻版。

数字资源和传统文献资源在图书馆的馆藏中都扮演着重要的角色，都是必不可少的，二者之间互有优缺点，彼此共存互补，没有谁能完全取代谁。处理好二者的关系，发挥各自的优势，协调发展，才是图书馆数字化进程的必由之路。

（二）公共图书馆数字资源建设现状及存在问题

1. 我国数字资源建设已初具规模，但地区、城乡发展极不平衡，呈明显阶梯状分布

自1999年3月国家图书馆成立“国家图书馆文献数字化中心”、2000年国家正式启动中国数字图书馆工程开始，国内公共图书馆纷纷开展了一系列数字资源建设工作。经过十几年的努力，可以说目前我国数字资源建设已初具规模。

但我国公共图书馆的经费来源单一，主要来自地方政府的年度财政拨款、临时性专项拨款，政府投入是制约公共图书馆发展的首要“瓶颈”。而我国经济发展严重不平衡的现状，导致东西部地区、城乡之间财政收入的巨大差距. 也制约了各地图书馆数字资源建设的发展速度与规模，使得公共图书馆数字资源建设呈明显阶梯状分布的局面。

2. 数字资源建设存在的问题

公共图书馆在进行数字资源建设时，主要存在以下困难。

（1）缺乏整体规划

长期以来，我国公共图书馆系统隶属各地方政府，彼此之间缺乏直接有效的统一管理。因此，在数字资源建设中不可避免地出现各自为政、重复上马的现象。各个图书馆独立建成的数据库也存在结构单一、规模小、专业面狭窄的问题，无法实现信息资源的共建共享，造成了一定的社会资源浪费。

（2）缺乏统一标准

数字资源建设的最终目的就是要使读者突破图书馆的时空限制，实现真正意义上的“资源共建共享”，这就要求各个图书馆拥有统一的建设标准，并在统一标准的规范与指引下开展工作。但目前各图书馆在数据库建设的标准化和规范化方面还处于比较混乱的状态，造成数据库的兼容性和互用性差，从而制约了数据库作用的发挥，严重影响数字资源建设的总体工作。

（3）缺乏经费来源

作为公益性事业单位，国家和地方的财政状况决定了图书馆事业的发展规模和速度。虽然这些年来，各级政府加大了对图书馆事业的扶持力度，但从总体来看，公共图书馆事业的历史欠账太多，“十一五”期间财政增长的年均速度为21.3%，同期公共图书馆的年均增幅为7%，仅为财政年均增长速度的1/3。图书馆经费增长的比例与发展需求之间存在很大落差。在经费紧张的大背景下，进行数字资源建设时，要同时兼顾设备运行维护以及人员培训的费用越发显得困难。

（4）缺乏高素质人才

有了整体规划、统一标准以及充足的经费支持，人才因素便成为了数字资源建设的重要因素。数字资源建设工作的复杂性与多样性对图书馆人员的素质提出了更高的要求：除了具备扎实的图书馆学知识外，还应兼备外语能力、计算机网络知识和检索技能，以及一定的法律知识和市场宣传推广能力。但目前基层公共图书馆普遍存在专职专业人员少、整体素质差等问题，几乎没有真正的高素质专业人才，以这种人员结构是难以胜任图书馆数字资源建设重任的。

（5）知识产权保护有关法规亟待完善，知识产权保护意识有待提高

知识产权保护在中国还处于发展阶段，有关知识产权的研究也起步比较晚，因此我国在知识产权保护方面还显得有些薄弱，国民对知识产权保护的意识也有待提高与增强。特别是自2002年陈兴良诉国家数字图书馆有限责任公司一案开始，图书馆在数字化建设的过程中屡次成为侵权案被告，这都引发社会尤其是图书馆界对数字资源建设工作中侵权案件的讨论与思考。如何在保护著作权人的合法权益与兼顾社会公众利益之间寻求一个适当的平衡点，达到多方“共赢”的理想效果，就成为亟待解决的问题。

3.“文化共享工程”对图书馆的数字资源建设与发展的作用

“文化共享工程”是2002年由文化部、财政部联合实施的一项文化创新工程，主要目的是利用现代信息技术，对全国现有各门类的文化信息资源进行数字化处理和加工整合，并通过互联网和卫星传播等手段将资源传输到基层，彻底消除不同地区在获取文化信息资源上的不平等，为广大群众提供公益性服务，实现优秀文化信息资源在全国范围内的共建共享。

截至2011年年底，文化共享工程已初步建成技术先进、服务便捷、覆盖城乡的数字文化服务体系，形成了由国家中心，省级分中心，县（区）级支中心，镇（街）、社区基层服务点组成的服务体系，资源建设总量累计达到136.4TB。其中，2011年全年国家中心7TB、地方21.4TB，为历年最高。

文化共享工程的全面实施给公共图书馆的发展提供了非常好的平台和机遇，使图

书馆发生了跨越式的发展，在很大程度上提升了图书馆的办馆基础条件，尤其对西部经济欠发达地区图书馆的整体发展发挥着特别重要的作用。

公共图书馆应利用文化共享工程的契机，积极推进数字资源共建共享工作。具体来说就是充分利用文化共享工程的资源，直接丰富图书馆的馆藏资源；制作出具有地方特色的数据库后，借助文化共享工程这个大平台，宣传推广独具本地特色的历史文化；并以此为基础，创新读者服务。

（三）公共图书馆数字资源建设的内容

数字资源建设就是运用数字化的技术手段，将多种形式的信息进行数字化的处理与加工，同时对已形成的数字资源进行科学的规划、选择、采集、组织，遵循针对性、特色化、标准化、服务性、共享性、安全性等原则，使之形成可利用的数字资源体系的全过程。数字资源的建设是围绕数字资源体系的形成、发展而产生的全部活动，其主要内容包括以下几个方面。

1. 数字资源建设规划

数字资源建设是一项庞大的系统工程，影响因素众多，关系复杂，因此必须从不同层次对其进行规划。从宏观上看，国家应该从资源整合的角度出发，集合社会上所有信息资源拥有者的优势，进行统一规划，分工协作，制定标准，联合进行数据库建设，推动资源的全面共建共享。从微观上看，每个图书馆都应该根据自身的性质、任务和读者需求，确定本馆的数字资源建设原则、范围、重点和采集标准，提出适合本馆资源建设的发展模式，并在此基础上制订发展计划，协调各类型资源在馆藏资源中的比例，建立一个有重点、有特色的数字资源体系。

2. 数据库建设

数据库建设是信息资源组织建设最重要、最有效的方式，也是数字资源建设的核心内容。其主要内容包括以下几点。

（1）数据库的选题

在数据库建设前，应该针对数据库建设的可行性展开系列调研，包括已有或在建数据库的分布情况，读者的现实需求与潜在需求情况，待建数据库的学术价值、利用价值、经济效益和社会效益等评估，信息源的充足性及信息搜集渠道的畅通性，数据库建设所需的软硬件环境、技术人才、资金等情况。

（2）数据收集

以畅通的信息采集渠道，及时将各种形式的信息资源进行汇总筛选、整理集中，保证信息资源的完整性、权威性和及时性。

（3）数据加工

数据加工是对所收集的数据进行处理与加工，主要包括以下内容。

1）筛选：对收集的数据进行审核筛选，将重复的、不准确的以及价值不大的信息予以剔除，保留可收录进数据库的数据。

2）数字化处理：对传统纸质文献进行图像扫描、图像处理、转换识别、核对等。

3）标引：选择合适的标引方式，制定标引细则，规定标引的深度、分类的集中与分散、主题词和关键词的选用规则等。

4）录入：制定严格的质量管理制度，确保输入数据库的数据准确无误。

5）审核：全面、认真地进行审核，确保每一条录入数据的准确性。

（4）数据管理与维护

使用数据库管理软件，以网页形式发布数据库内容，同时根据读者的反馈信息，及时对数据进行替换、删除、修改和整理。

3. 网络信息资源的开发和组织

为解决庞杂无序的网络信息资源与读者信息需求结构间的矛盾，图书馆可通过搜索引擎和资源导航等方式，将无序的网上信息组织成有序的信息资源系统，从而提高读者的检索效率，更好地满足他们的信息需求。

（1）搜索引擎

搜索引擎，即根据TCP/IP协议，在网上发现新的网址、网页信息，然后对有用信息进行抽取、排序、分类后建立的网络索引数据库。这种方式虽然自动化程度高，更新速度快，并提供多种检索方式，但检索到的信息过于庞杂，查准率较低。

（2）资源导航

资源导航，即利用已有的信息标引、分类、查询、搜索、评估等方面的理论与实践，精选因特网上海量的学术信息资源，并将经过注释或评注的网站组织到特定的界面，从而为读者提供免费信息服务的过程。资源导航具备站点导航和搜索引擎的双重功能，可实现对站点内容的整理、指引和检索。

4. 数字资源的购买

数字资源的购买，即直接购买由数据库商生产发行的、商业化的正式出版物，包括商业数据库、电子期刊、电子图书以及其他数字资源。图书馆根据一定的采选原则和标准，与数字资源提供商签订使用合同，付费购买使用权，通过图书馆网站提供给内部读者或远程读者使用，这是目前图书馆数字资源建设的重要方式。

5. 数字资源的整合

数字资源的整合是数字资源优化组合的一种存在状态，是依据一定的需要，对各个相对独立的数字资源系统中的数据对象、功能结构及其互动关系进行融合、类聚和重组，重新结合为一个新的有机整体，形成效能更好、效率更高的新的数字资源体系。数字资源的整合实现了不同资源间的横向联系，保持了知识体系的完整性，提高了数字资源的利用率。

（四）数字资源建设规划的层次与内容

1. 数字资源建设规划的具体内容

数字资源建设可分为宏观与微观两个层次：宏观层次的数字资源建设规划，是指国家数字资源建设战略规划，主要用于对数字资源建设的宏观指导；微观层次的数字资源建设规划，主要是指公共图书馆对自身运行所需要的数字资源，从选择、采集、组织、整合到开发利用全过程进行全面规划。由于本教材培训对象以图书馆员为主，因此，我们将主要说明微观层次，即个体公共图书馆的数字资源建设规划的内容。

（1）数字资源建设现状调查与需求分析

任何科学、切实可行的建设规划都是建立在全面了解现状及深入分析需求的基础上，冈此，在制订图书馆数字资源建设规划前，必须充分了解以下情况：国内外数字资源的发展状况；国家有关数字资源建设的法律法规和宏观规划；已开发或正在开发数字资源的数量与质量：不同图书馆间资源共建共享的进展与效果；信息资源分布和使用情况，数字资源的开发能力等。

为尽可能及时有效地满足读者信息需求多样化、时效性、开放性的需求，图书馆数字资源建设必须在“以需求为导向，以应用促发展”原则的指导下，进一步推动数字资源建设的发展步伐。

（2）数字资源建设目标的确定

图书馆在进行数字资源建设的过程中，应该对每个阶段设定一些具体的目标．并据此检验数字资源建设的完成情况。具体包括：

1）数量目标，即对一定时间内图书馆数字资源的增长量和覆盖率提出一些量化考核指标。

2）质量目标，即以广泛性、及时性、科学性、标准性等指标为标准，对所采集的数字资源的内容提出明确要求。

3）特色化目标，即数字资源建设必须体现当地的地理、历史与文化特点以及读者的特殊需求。

（3）数字资源结构规划

数字资源多种多样，彼此千差万别，因此，必须根据其内容价值与读者需求的不同，科学合理地区分采集与储存的级别，制定相应的建设目标，才能形成功能优化的数字资源体系。美国伯克利数字图书馆提出了数字图书馆馆藏划分的四个级别，即永久保存级馆藏、服务级馆藏、镜像级馆藏和链接级馆藏。

永久保存级馆藏，指特定图书馆的现实馆藏。服务级馆藏，指存储在其他数字图书馆服务器上的虚拟馆藏。镜像级馆藏，指其他数字图书馆馆藏的拷贝。链接级馆藏，指通过链路连接起来的信息资源。通常除了永久保存级馆藏不可改变外，其他三个馆藏级别均可根据图书馆的馆藏政策变化而发生变化。

（4）数字资源采集标准与模式的确定

图书馆数字资源建设不可能将浩如烟海的信息收罗无遗，而是应该根据各个图书馆的实际情况，对数字资源的选择与采集的具体原则和标准做出明确规定。同时，为应对高昂的数字资源采购费用，图书馆还应对是否以集团采购或其他模式进行数字资源建设做出明确规定。

（5）数据库建设与网络信息资源开发规划

数据库建设是数字资源建没的核心内容，应依据读者需求、信息特色以及配套条件等进行分析，确定图书馆建设特色数据库的可行性与必要性，并对数据库的各项具体指标做出规定。

对数量庞大但质量参差不齐、分散无序的网络信息资源，图书馆也应在明确选择标准、开发与组织方式的前提下，通过鉴别、选择、组织、加工、开发等活动，使其成为可供利用的信息资源。

（6）数字资源整合的计划

数字资源建设应该通过一些中间技术，把不同来源、不同类型、不同格式的信息整合起来，集合成一种跨平台、跨数据库、跨内容的，在统一检索界面中浏览、检索的新型数字资源体系，真正实现无缝链接。

2.图书馆数字资源建设参考方案

公共图书馆面对的服务对象大多数是休闲型的群体，在进行数字资源建设时应充分体现其服务职能与服务主体等因素，提出合理的建设方案。同时，还必须明确认识，数字资源建设不是要在图书馆已有的馆藏体系之外，另外再建一个独立的馆藏体系，而是要通过数字资源的建设，使已有的馆藏体系更加完善。

虽然我国基层公共图书馆在经济水平、文化环境等方面存在巨大差异，但各级图书馆的服务职能与服务主体却是一致的：服务于当地经济、文化等各项工作，体现读者至上的原则。因此，针对商业数据库、自建数据库、网上免费链接三种数字资源类型，我们提出一个框架式方案，供公共图书馆在进行数字资源建设时予以参考。

1）经济发达地区的区县级图书馆，应该同时发展商业数据库、自建数据库、网上免费链接三类数字资源。地区经济发达，数字资源的市场需求也更为迫切：凭借一定的经济购买能力，可购买一些综合性的文献数据库；拥有较高素质的图书馆人才队伍，可开展自建数据库和网上免费链接数据库的工作，充实图书馆的数字资源。

2）经济欠发达地区的区县级图书馆，应该以自建数据库、网上免费链接为主。对这类型图书馆来说，不应超越自身经济条件，将有限的经费花在购买商业数据库上，而应该将数字资源建设的重心放在满足当地居民的生活、学习、娱乐方面，开发独具地方特色的特色文献数据库；同时，对数量丰富的免费网络资源加以科学组织和管理，建成网上免费链接数据库。

3）区县以下级的图书馆，一般不提倡独立购买或自建数据库，也不提倡独立建立网站，应该依托上级图书馆，实现资源共享。

总之，在实际工作中，基层图书馆必须克服缺乏理性、盲目攀比的心理，立足自有的财力、人才、技术和设备能力，合理选择一种能最大限度满足读者的信息需求、发挥数字资源的经济效益和社会效益的建设方案。

二、公共图书馆数字资源建设

网络技术、通讯技术以及数字化技术的飞速发展，使数字资源呈现几何级数增长，每年新增信息中有92%是以数字资源的形式产生的；同时，读者也越来越倾向于通过数字资源来解决自身的信息需求。因此，图书馆必须以全新的视角去审视和发展图书馆的数字资源。图书馆发展数字资源通常有两种方式：一种是将图书馆馆藏的纸本资源数字化，自主建设各类相关数据库；另一种是直接购买商业数据库，或通过收集、加工网上免费信息资源集合而成的数据库。如此建成的数字资源更为开放、有序和便捷，可最大限度地满足读者多层次、多种类的信息需求，提高数字资源的利用率。

基层图书馆的数字资源建设通常包括书目数据库建设、特色数据库建设、商业数据库的采购、网络信息资源的开发和利用等几个方面。

（一）公共图书馆书目数据库的共建共享

1. 书目数据库的作用

书目数据库是图书馆信息服务系统的基础，是图书馆馆藏资源数字化建设的重要内容，它是对图书馆馆藏进行揭示、帮助读者检索和利用图书馆的信息资源，是开发图书馆信息资源的基础数据库，也是图书馆全面实现网络化、自动化和资源共享的基础与关键。它的规模、质量和标准化程度对整个信息系统的效益有着决定性的作用。

2. 书目数据库建设的方式与程序

书目数据库的建设通常有三种方式：

1）自建。

2）标准书目套录。

3）套录和自建相结合。其中自建书目数据库比较灵活，自主性强，容易操作，但数据库质量不易控制，非标准的数据会直接影响到数据的交换和共享效果；采用套录书目数据虽省时、省力、速度快，书目数据的标准化也能得到保障，但套录数据不能涵盖所有新书的书目数据，有时还需要通过自建数据予以补充，所以多数图书馆都是采用套录与自建相结合的方式来建设本馆的书目数据库。

为保证书目数据库的质量，必须做好以下每项工作。

（1）编目系统的选择

管理系统中的编目子系统对编目质量起着决定性作用。目前，公共图书馆中使用较多的管理系统有：深图图书馆自动化集成系统（ILAS）、金盘图书馆集成管理系统（GDLIS）、文津图书馆管理集成系统、汇文文献信息服务系统、博菲特文献管理集成系统等。图书馆可根据本馆的实际状况，从中选择一个稳定性、兼容性兼备的功能齐全的管理系统。

（2）数据录入

在数据录入时要严格按照国家制定的著录标准，进行规范化、标准化著录。

（3）建立严格的工作程序

在书目数据库建设的准备、数据录入、数据核校三个阶段中建立严格的工作规范，确保数据的准确性。

（4）人员的组织培训

编目人员的综合素质是保证数据库质量的关键，因此，应强化他们的技能培训和责任心教育。

3. 书目数据资源共建共享的模式

（1）联机编目方式

所谓联机编目，就是各成员馆与联机编目中心通过计算机自动化系统和网络连接起来，按照标准的机读目录格式著录书目数据，实现联机共享编目。各成员馆可联机实时检索查询其他成员馆或联机编目中心的书目数据，瞬时获得所需数据；对未检索到记录的新书，按联机编目中心统一标准进行编目并上载，供其他成员馆查询使用。

在联机编目网络中，可以对地理位置分散的书目资源实现实时的集中管理，而且是实时检索，可进行交互对话，数据传输及时准确，数据质量和标准化程度高，从长远来看，联机编目方式是一种比较理想的模式，也是我国文献编目的发展方向。

（2）集中编目方式

集中编目又称统一采编，是指在一个地区、行业或系统内，多个图书馆通过协商，由一个能力和条件较强的图书馆承担各成员馆的采购编目业务，其他成员共享其成果的一种工作方式。集中编目避免了各个图书馆在编目工作中的各自为政，使文献达到一次制作多次使用、一方编制多方共享、一种形式输入多种形式输出的目的，书目数据以最快的速度、最短的时差进入联机书目数据库，缓解了过往新书书目数据制作时滞过长的矛盾。同时，集中编目方式还从根本上改变了以往分散编目造成的浪费和书目数据不标准、不规范的缺陷，保证了编目数据的质量。

但是集中编目方式也有两个明显的缺点：

1）这种编目方式的适用范围仅局限于一个地区、行业或系统内，只能实现小范围的书目数据资源共享，在一定程度上影响了书目数据的检中率。

2）文献信息量过度集中，使编目中心承担较大压力，容易造成工作量的积压，影响到编目数据的时效性。

总之，基层图书馆应根据本馆的办馆条件、人员素质、资金状况、规模大小、读者需求等实际情况，选择最符合自身特点的建库模式。但无论采用何种书目数据库建设模式，都应将标准化、规范化摆在首要位置，强化书目数据间的兼容性，以免造成书目检索和数据资源共享的困难。

4. 书目数据库建设应注意的问题

书目数据库是图书馆实现计算机化、网络化的关键，是信息资源共享的物质基础。因此，在进行书目数据库建设时必须注意以下几个问题。

（1）书目数据库的质量

质量是数据库的生命，也是数据库建设中最核心的问题。因此，在书目数据库建设的过程中，必须既要保证书目数据的完整性，又要保证数据源的全、准、新，还要建立严格质量监督体系，强化数据库的标准化、规范化，提高书目数据的质量。可以说，书目数据的标准化、规范化、准确化、完整化、一致化是书目数据库正常运转的保障，也是实现书目数据共建共享的前提条件。

（2）功能优化

数据库的功能是否完善直接影响其检索效率，总体来讲，检索人口越多，越便于读者使用。因此，要不断完善数据库的检索系统功能：提供单机版、局域网版、网络版等运行环境；提供多角度同时检索；支持定性检索和定量检索等方式；提供多个检索入口，并实现各项间的逻辑组配检索和标引词的位置算符检索，以及一次检索结果基础上的多次循环检索。

（3）书目数据库的再开发

在完成书目数据库建设后，图书馆还应对文献的内容进行深层次揭汞．对全文数据库进行开发与应用，形成二次或三次文献 信息数据库，提供增值性服务。

总之，基层图书馆在建设书目数据库时，必须根据自身的实际情况，转变旧有观念，坚定走联合建库、资源共享的道路，协调好书目数量和书目质量的关系，以最适合本馆发展特点的建库模式来推进书目数据库建设的各项工作。

（二）特色数据库的建设

由于服务区域及服务对象的不同，公共图书馆的馆藏资源也各具特色。在数字资源建设的过程中应该结合不同图书馆的具体情况，选准定位，突显特色馆藏，这样才能使数据库具有旺盛的生命力，才能吸引读者。特色数据库的建设是特色馆藏的延续，是数字资源建设中必不可缺的一部分。

1. 建设特色数据库的作用

特色数据库是指图书馆依托馆藏信息资源，针对读者的信息需求，收集、分析、评论某一学科或某一专题有利用价值的各类型信息资源，并按照一定标准和规范将其中特色化的资源进行数字化，最终以数据库的形式存储起来的信息资源集合。可以说，特色数据库是图书馆特色资源的集中反映，充分展示了其个性化特征，是吸引更多读者、扩大社会影响力的核心资源，对提升自身的社会形象、体现生存价值都具有非常积极的意义。因此，图书馆若想在数字化、网络化市场争得一席之地，必须以自建的特色数据库作为亮点。

特色数据库建设的目的是为了满足读者的特殊文献信息需求，在建设过程中应当遵循实用性、独特性、共享性、规范性等原则。

2. 自建特色数据库的流程

（1）数据库选题

图书馆在建设特色数据库之前，应依据读者的信息需求，结合现有的资源特色，对建设的可行性问题进行调研分析。具体来说，内容如下。

1）调研已有的或在建的数据库资源分布状况，选择特色数据库建设的切入点，避免重复建设。

2）分析研究特定的读者群，掌握其对数据库的特色化、个性化信息需求。

3）分析特色数据库资源的学术价值、利用价值、社会效益、信息源的充足性，以及信息搜集渠道的畅通性等问题。

4）分析特色数据库建设中所需的人才队伍和配套设备。

5）资金问题。通过多种渠道积极筹集经费，这是特色数据库建设的关键问题。

（2）数据库开发方案的实施

经过详尽的选题可行性分析论证后，制订并实施数据库开发方案。

1）数据收集。建立并拓展畅通的信息采集渠道，广泛采集信息资源后，对其进行汇总筛选、整理集中，并制订相关工作计划。另外，还应随时对信息资源进行查漏补缺，保证数据的完整性、权威性、及时性。

2）配备硬件和软件设备。建设特色数据库，需要配备相应的硬件和软件设备，具体数量视数据库建设规模而定。

3）数据加工。对数据的筛选、数字化处理、标引、录入、审核、数据发布等处理与加工的过程。

（3）数据库更新维护

数据库的更新维护是其旺盛生命力的重要保障，特别要注重读者在使用数据过程中的反馈信息，及时对数据进行更新维护，保持数据信息的新颖性。

3. 自建特色数据库应注意的问题

特色数据库的建设有利于文献资源的合理配置，在建设过程中除了要注意标准化、规范化、人才、质量、维护等问题外，还应注意以下几个方面。

（1）数据库建设协调规划

规划是数据库建设的重要环节，图书馆不能盲目求大求全，而应根据自身的实际情况，确定数据库建设的规模，充分利用有限的资金，建设出高质量、精品化的特色数据库，避免重复浪费。

（2）知识产权问题

特色数据库建设过程中面临严峻的知识产权保护问题，图书馆应该在适应知识产权国际秩序的基础上，充分利用知识产权保护的信息资源合理使用的权利，开发建设不以盈利为目的的特色数据库，在避免引起知识产权纠纷的同时，为社会公众提供更丰富的信息资源。

（3）数据库的宣传推广

图书馆耗费人力、物力、财力建成了特色数据库，大多数却忽略了对其的宣传推广，使它们处于“养在深闺无人识”的处境。因此，需要借助各种宣传渠道，加大特色数据库推广力度，让更多的读者了解与使用。

（三）商业数据库的选择

1. 商业数据库的含义与类型

商业数据库是指由数据库生产商或数据库服务提供商开发的各种文献数据库。图书馆以购买或获得授权的方式，通过图书馆的界面供内部读者或远程读者使用。购买商业数据库产品或服务已经成为公共图书馆数字资源建设的重要手段。

目前国内的商业数据库，在出售时一般有两种方式：

1）包库方式，购买者只有使用权，没有所有权。

2）镜像方式，购买者既有所有权又有使用权。具体来说就是，如果只以包库方式购买数据库，一旦不再续订，所有数据库的资源就全都没有了。采取镜像方式是指将所购买数据库的数据内容装在本馆的存储设备上，数据库公司还定期不断地充实和添加内容。即便图书馆不再续订，那些已经购回的数据库资源，其所有权仍然是图书馆的，读者照样可以使用。

2. 商业数据库的采购程序

1）制订馆藏数字资源发展规划。图书馆应根据自身的发展目标、服务对象、经费来源等状况，制订发展规划，明确规定数字资源建设的发展方向和建设目标。

2）争取经费。在制定数字资源采集的年度财政预算中，不但要考虑维持现有数据库的经费，还要根据规划，增加其他需采购资源的费用。

3）熟悉、了解数字资源发展动态，及时了解、掌握读者的需求。

4）初始评价、试用和最终评价。根据评价结果最终确定需购买的数据库。

5）签订数字资源使用许可协议。

6）租用、获取、购买数字资源。双方签署许可协议后，将开展数字资源的正式安装或开通调试工作，进行用户使用培训，待数据库运行正常后才支付购买费用。

7）管理、发布数字资源。对已采购的数字资源，图书馆应对其进行管理维护，及时向图书馆的合法读者进行发布。

3. 商业数据库的集团采购

商业数据库的集团采购是指某一地域、行业或系统内的图书馆自愿组成采购联盟，共同推举谈判代表与数据库商进行价格与使用条款的谈判，联合采购某种数字资源，共同承担购买费用，以最少的经费，获取最优价格、最佳服务和最符合需求的资源。集团采购的优越性已为各图书馆普遍认可：首先，通过联合的优势，享受批量购买的优惠，集中各个成员馆的人、财、物资源进行核心资源购买，节省时间和人力资本，降低总体费用；其次，克服重复购买的问题，实现资源的共建共享；最后，由于是多馆的联合采购，资源评价能够更加客观公正。

集团采购的方式主要有三种：（1）图书馆联盟扮演集团采购代理商，以最优价格购买数据库后，各个成员馆根据自身需求选择少量购买。（2）图书馆联盟代购数字资源，统一安装到本地服务器上，提供给成员馆使用。（3）由图书馆联盟为成员馆签约获得产品的使用许可，提供网关或由成员馆直接访问产品网站，图书馆联盟内成员馆不论规模大小都能为各自的读者提供大范围的核心数字资源检索服务。

数据库的集团采购是一种应用广泛的采购模式，但是它也存在一定的缺陷，主要表现在：数字资源所有权问题、集团内各成员馆的利益平衡问题、使用中的读者管理问题等。因此，应采取以下策略，解决集团采购中存在的问题：首先，成立专门的数字资源建设领导小组，制定采购政策和价格模式，平衡各成员馆间的利益，协商处理采购中遇到的重要事务；其次，积极寻求长期的数字资源保存机制，建立切实可行的保存方法；最后，加强数据库的统一宣传与管理，增加读者使用数据库的意愿，提高使用率。

总之，对于图书馆来说，集团采购不仅可以使经费使用更为合理化，还扩充了数字资源馆藏，提高了数字资源的质量及利用率，进而深化图书馆的服务功能。

（四）网络信息资源的开发和利用

网络环境下，图书馆正逐步由传统型服务模式向网络化、电子化、虚拟化、数字化的新型服务模式转变，其中网络信息资源以数量庞大、信息存储量大、检索功能强等优势，越来越成为读者使用率不断提高的资源类型，在图书馆数字资源中所占的比重也逐渐加大。

开发网络信息资源有助于弥补图书馆馆藏的缺失，丰富图书馆的数字资源，更好地满足各类型读者的需求。图书馆应该将网络信息资源的开发和利用作为数字资源建设的工作重点之一，发展馆藏资源和网络资源并重的馆藏发展模式正逐渐为各级图书馆所接受。

1. 网络信息资源的特点

网络环境下，网络信息资源的来源更加广泛多样，传递与反馈更加快速、灵敏，具有动态性和实时性等特点，具体表现如下。

（1）增长迅速且数量巨大，但来源复杂

网络的共享性与开放性使任何人都可以在互联网上发布和索取信息，但由于没有质量控制和管理机制，所有信息未经严格的筛选和整理，良莠不齐，大量不良和无用的信息充斥其中，形成了一个纷繁复杂的网络信息世界，给读者选择和利用网络信息带来了障碍。

（2）获取方式的多样化

图书馆传统文献资源主要是通过购买、交换、捐赠等方式获取，受资金、地域等因素的限制，资源的获取范围也相对有限。网络环境使图书馆获取信息资源的方式更为多样，还可通过网络快速便捷地与外界进行各种信息资源的交流与传递，实现资源共享。

（3）表现形式多样化

网络信息资源是以文本、图像、音频、视频、软件、数据库等多种形式存在的，涉及各个领域，文献类型更为全面。

（4）存储数字化，以网络为传播媒介

所有网络信息资源最初都是以数字化的形式存在的，并通过网络信息技术，达到信息广泛传播的目的。图书馆通过数字技术，将实体馆藏的纸质文献数字化后，在网络上发布，使其传播范围更广、利用率更高。

（5）读者信息需求的多样化、个性化、无限制性　网络环境下，读者的信息需求更为多样化与个性化。他们希望图书馆提供的信息资源是经过精心筛选和加工整合的，符合其个性需求。同时，网络信息资源没有复本数量的限制，获得授权的读者可无限次地访问及复制使用。

（6）传播方式动态化

网络环境下，信息的更新淘汰周期短，变化快，不稳定，传递和反馈快速灵敏，网络中的任何信息仅需要短短的数秒钟就能传递到世界的每一个角落，从发布者到接收者之间信息的传递毫无滞后性。

2. 网络信息资源开发与利用的内容及方法

（1）网络信息资源开发与利用的内容

1）重视馆藏资源数字化，加强网络信息资源采集，完善馆藏资源结构。图书馆有限的购书经费及办馆空间与读者不断提高的信息需求之间存在巨大落差，严重影响了其职能的发挥。因此，图书馆应该充分利用现代网络技术，一方面加大对馆藏文献资源的数字化处理，使之成为读者通过网络可检索使用的二次文献信息资源；另一方面，通过对网络信息资源进行再加工，使其成为读者通过本馆网页即可查找到的信息资源，充实完善图书馆的馆藏资源结构。

2）多渠道开发利用网络信息资源，发挥图书馆的知识导航作用。主要方式有：①数据挖掘，可准确掌握读者的文献使用规律和信息需求，优化馆藏布局，提高网络信息资源服务的质量。②网络信息资源导航，方便读者浏览和查询重组信息。③信息推送，实现从“人找信息”到“信息找人”的转变。④个性化信息服务，满足特定读者的特殊需求。⑤企业信息资源服务，促进地方经济发展。

（2）网络信息资源开发与利用的方法

1）站点导航。即网址导引库，这是利用最多、最简单又最直接的网络信息资源开发模式。具体来说，就是图书馆员对网络信息资源进行科学系统地组织、标引，建立网络导航、学科导航或专题资源库，帮助读者尽快获得有价值的信息。

2）搜索引擎。运用网络自动搜索技术，跟踪网上站点并对站点信息进行收集、整理、分类、索引等处理，同时对每个网站加以注释．给出范畴词或关键词，以产生新的数据库供读者利用。

3）信息下载。利用站点导航和搜索引擎等手段，有选择地下载所需信息，再按统一格式整理、建库并建成检索系统。

4）按专题栏目采集和提供信息。不同栏目可由不同的信息类型构成，并可能有不同的价值选择。

5）创建以网上信息资源为收藏对象的各类专业虚拟数据库。例如，建立指引库、网上联机检索数据库等，使读者在馆外也可便捷查找到所需信息。

3. 网络信息资源开发与利用应注意的问题

虽然网络信息资源具有不可比拟的优势，总体发展呈现出一片繁荣的景象，但毋庸置疑的是，在这个快速发展的过程中，网络信息资源也存在着一些不容忽视的问题。这些问题如果得不到有效的解决，势必会影响网络信息资源的健康、快速发展。具体来讲，主要是以下几个方面。

（1）网络信息的甄别、选择问题

互联网上的信息资源虽然丰富，但大量信息垃圾充斥其中。因此，在开发与利用网络信息资源时，首先必须要对网上的信息进行鉴别、选择。鉴别与选择的标准一般应考虑信息内容的学科范围、深度、广度、准确性、时效性、便捷性，以及信息的类型、语种等因素。

（2）网络信息资源的标准化问题

1）内容格式的标准化。目前国际公认的网络信息资源的内容格式标准是元数据标准，因此建立各种元数据系统间的相互转换关系和转换方法已成为规范数字化信息、保障网络信息资源开发与利用顺利进行的必要条件。具体来说，就是严格按照统一标准，对数据进行加工和管理，采用统一的技术规范与标准要求，对网上信息资源进行整合，使其处于有利于网上传递与检索的良性状态，提高网络信息资源的检索效率。

2）导航服务的标准化。网络信息资源是以超文本格式，通过节点链接起来的非线形结构，这种链接的方便性造成了网络信息错综复杂和交叉分布的状况，加大了读者查找信息的复杂性。因此网络信息资源的导航服务必须以内容全面、航标明确、界面友好、链接功能强为标准，以提高读者信息的查全率和查准率。

（3）开发建设的质量问题

目前，我国网络信息资源开发建设的总体质量不高，直接影响了读者对网络信息资源数据库的信任与使用，因此在开发过程中应注意如下两点。

1）信息的完备性。为满足读者一次检索到尽可能多相关信息的需求，图书馆员要善用多种搜索引擎，尽可能全面、系统地查找信息，同时注重信息的连续性和完整性，及时增补新的信息，保证有足够的相关信息量。

2）信息使用的方便性。网络信息资源库如果检索途径不方便、不顺畅，就会影响读者对其的质量评价和使用选择。因此，在开发网络信息资源时，应充分考虑信息资源的组织是否科学、合理，界面是否友好、易用，检索功能是否完善，检索方式是否灵活多样，是否提供多种方式输出数据等。

（4）有关政策和法律法规不完善

目前我国还没有任何一部法律来确定如何对网络信息资源进行开发和利用，仅仅依靠一些部委政策是不能完全发挥导向和制约作用的，由此造成侵权纠纷频发与信息资源搁置浪费的矛盾局面。因此图书馆在利用网络信息资源时，应坚持合理使用原则，着重强调图书馆的公益性特色和公平免费原则，尽可能规避侵权纠纷的风险。

（5）网络信息的安全机制问题

网络在带来便利的同时，计算机病毒、黑客攻击、网上窃密及有害信息传播等安全问题也日益凸显。但有些图书馆对信息安全缺乏应有的认识和警惕性，有必要强化网络信息的安全措施。

（6）网络信息资源开发与利用的人才问题

网络环境对图书馆员的信息素质提出了更高的要求：他们不仅是资源组织者、信息提供和传播者，也是信息的导航者，是图书馆网络信息资源开发与利用的关键和基础。

总之，在有效解决以上问题的基础上，对庞大的网络信息资源进行有序、规范化整合，并提供有效的检索工具，将有利于网络信息资源的开发与利用，提升图书馆的服务质量和服务能力，更好地为读者服务。

三、公共图书馆数字资源服务绩效评价

（一）概述

随着数字化的不断发展，读者对数字资源的要求也越来越多，图书馆时刻处于资源购买经费有限和读者需求无限的矛盾之中。同时，图书馆还需面对不断出现的种类繁多的数字资源，因此无论是采购新的数字资源，续订已有的数字资源．还是建设特色数据库，都产生了新的问题：哪些数据库值得引进？怎样通过评价使数字资源建设合理化、科学化？

解决以上问题的关键在于对数字资源的服务绩效进行评价，为评价数字资源的质量、服务和适用性提供合理的依据和支撑。

绩效评价的概念援引于管理学。现代管理学之父彼得·德鲁克（Peter Drucker）曾经说过："管理工作的基本要素之一就是衡量与评估，其中建立衡量尺度就是建立绩效指标。"作为数字资源的管理者，图书馆员应该在了解和分析各种数字资源的价值和读者需求的基础上，依据科学的决策，对图书馆数字资源服务绩效做出正确评价，进而建立合理的数字资源体系。

数字资源的服务绩效评价不是对服务质量高低的简单评价，而是对其服务效率和满足读者需求的评价，并以评价结果来监督和提高图书馆数字资源管理的质量。数字

资源服务绩效评价可以概括为：依据某种标准（数字资源服务绩效评价指标体系）对数字资源服务的效率和效能进行科学的测度和分析。

数字资源服务绩效评价的最终目的是优化图书馆数字资源建设的经费投入，尽可能选择正确和更多的资源，使有限经费获得资源价值最大化，并最大限度地满足读者的需求，最终促进数字资源的整体优化建设，使图书馆的馆藏资源更加合理。

（二）评价指标体系的建立

评价指标体系的建立是评价活动开展的核心和基础，根据评价活动所选取的目标、模式的不同，指标的选择也会表现出一定的差异。同时，在数字资源环境下，评价对象也随时处于动态发展的情况，指标体系也要求具备相应的灵活度，所以，确立数字资源服务评价指标体系的任务十分重要，也十分艰巨。结合我国图书馆的实际情况，在确定评价指标时，应遵循科学性、整体性、准确性、累积性、可比性、开放性等原则。

近年来，随着相关领域内理论研究与实践活动的日益活跃，指标体系的设计方面也出现了很多可供借鉴的经验。一般认为，一套全面的数字资源服务评价指标体系至少应该包含以下的内容：数字资源的内容、系统功能、使用情况、成本核算、相关服务。

1. 数字资源的内容

资源的收录内容是购买数字资源最先考虑的因素，所以在购买数字资源之前，要对其收录内容和相关情况进行分析，确定数据库收录是否全面、准确、权威、时效性强，是否符合读者需求，考察的主要指标列举如下。

（1）总体收录情况。指主要收录的资源类型及其数量、包含的时限范围。一般认为，收录内容越多、收录年限越长越好。

（2）核心出版物收录情况。收录的核心期刊所占的比例越高越好。

（3）学科收录范围。根据图书馆的实际需求，确定数据库所收录的学科范围是否符合需求。

（4）数据来源情况。出版物是否多数来源于学术性较强的出版社或学会。

（5）数据库之间的重复情况。相同类型的数据库之间的内容是否有重复，重复程度如何。

（6）出版物更新情况。目前数据库收录的内容仍以印刷型出版物为主，其更新频率也各不相同，频率越高，内容的时效性就越强，数据库的质量就可以得到保证。

2. 系统功能

系统和内容是密不可分的，在对资源的内容进行评估的同时，也要对数字资源的系统功能进行评估，系统的好坏直接影响读者对数字资源内容的使用。

（1）浏览功能。主要是指系统是否为读者提供方便的浏览界面，引导读者使用资源。

（2）检索功能。主要是指系统是否为读者提供各种检索人口、检索途径和检索技术，是否具有方便性和多种技术手段，是否支持读者服务的智能化和个性化需求。

（3）检索结果。主要是指读者是否得到了内容全面的检索结果，下载和使用是否便利。

3. 使用情况

数据库的使用情况一般由数据库商提供使用报告，再据此进行各类分析，通过分析读者的需求和使用规律，可以知道某种数字资源是否受读者欢迎。

（1）系统登录次数。读者通过登录进入系统的次数。

（2）检索次数。读者向系统发出检索要求的次数。

（3）下载次数。读者在系统中下载到本地客户机中的文摘或全文篇数。

（4）系统拒绝服务次数。由于系统、网络故障或数据错误造成读者无法登录、检索、下载的次数。

4. 成本核算

这部分指标的应用主要视图书馆的经费而定。

（1）数据库价格。主要指各数据库的单价。在采购数字资源时，同类型的数据库之间要进行价格的比较。

（2）数据库价格上涨幅度。目前通行的标准是年涨价幅度最多不能超过8%。

（3）检索成本。每检索一次数据库的成本投入。

（4）全文下载成本。每下载一篇全文所需的成本投入。

（5）登录成本。用户每登录一次数据库的成本投入。

（6）其他成本。为数据库使用购买的相关软硬件费用、技术维护、培训等费用。

5. 相关服务

数据库商提供的使用和维护等相关服务，同样影响着数字资源的质量和读者的使用，这也是在购买和更新数据库时必须考虑和谈判的问题。这一部分的指标可以分为如下几个方面。

（1）读者服务。系统中是否有读者培训工作，是否提供其他辅助功能等。

（2）数据传递方式。目前提供的方式主要有国际网、DigitalIsland（DI，数码岛）专线、本地服务。

（3）是否提供足够时间的免费试用。通常数字资源的试用期为3个月，不可过短，以便了解和分析资源，收集反馈意见，了解读者需求，统计使用情况。

（4）数据库访问方式。通常有两种访问方式：①采用IP地址控制，读者自动登录访问。②使用用户名、密码登录。以哪一种方式为首选，要视各馆的具体情况而定。

（5）数据更新服务。在建立本地服务时，特别要注意能否按时更新本地数据，数据是否有缺漏。

（6）数据库是否解决了版权问题。版权是否清晰是影响数字资源可持续利用的重要因素，一旦有版权纠纷发生，图书馆的投入将付诸东流。

（7）数据库使用中的问题如何解决，主要指维护服务。

（三）评价数据的采集

当数字资源服务评价指标体系建立后，评价的成功与否将取决于评价指标的采集，数据的采集需要精心组织，以尽量减少数据的失真、遗漏等现象。

国内图书馆界经过多年研究，评价数据的来源大致可分为：数据库商提供的使用报告、图书馆的本地日志、调查问卷等。

1. 数据库商提供的使用报告

数字资源的获取方式有多种方式，数据系统的动态性和数字资源的分散性给资源的使用和评价数据的收集带来很大困难，所以对数字资源评价的统计数据无论是国内还是国外，目前主要是来自数据库商。常用的相关统计指标有：登录次数、检索次数、下载次数等。

但是每个数据库商都是自定符合自身利益的标准，统计方式不一致，多数过于简单，而且数据的准确性和客观性难以保证，从而导致不同数据库商之间的数据很难进行对比分析，给评价工作带来很大困难。

2. 图书馆的本地日志

Web（环球网）服务器在工作时，时刻将用户访问的结果记录在一些Log（日志）文件中，比如读者的IP（网络之间互连的协议）地址、浏览时间、访问的资源、访问的方式等信息，通过跟踪可以获得数字资源和服务的使用轨迹，间接地掌握读者利用数字资源的情况。这些日志文件的产生不受人为因素的影响，便于采集，数据准确，得出的结论比较客观。

但这些日志文件的信息量很大，数据复杂，针对性不强，精确度也有待提高，再加上很多系统没有设置统计和累计装置，很多图书馆由于资金和技术等方面的原因，对日志文件中统计数据的收集周期不固定，分析不深入，因此，将它作为评价分析的依据还具有一定的局限性。

3. 调查问卷

图书馆可以利用问卷调查的方式来评价读者对数字资源服务的满意程度，这种方法对象直接，程序简单，可以不定期开展。

目前国内多家图书馆采用调查问卷的方式或者通过图书馆网页收集读者意见，对读者的满意度进行评价；也可以在图书馆之间进行问卷调查，了解同行对资源的满意程度。

问卷设计一般包括三部分内容：第一部分为读者基本信息，主要调查读者的身份和专业领域等；第二部分为问卷的主体，包括读者对数字资源的了解情况、对数字资源的使用情况、数字资源宣传推广、数字资源使用频率高低排行以及使用过程中的常见问题等方面；第三部分为综合评价反馈，调查读者对于数字资源的总体满意程度，并设计一个开放式问题来收集读者的意见和建议。

但是调查问卷的方法受主观和人为因素影响的可能性较大，缺乏理论指导，在系统性、科学性方面略显薄弱，因此，对读者的满意度进行评价只是资源服务评价的一部分，它不能代替整体评价。

（四）评价实施流程

1. 确定评价的目标

确定目标是评价工作的首要环节。图书馆面对不断出现的种类繁多的数字资源，首先要根据馆藏资源体系，从中挑选适合需求的数据库作为评价活动的目标。

2. 成立评价领导小组

评价领导小组是开展评价活动的主体，将对整个评价活动起主导性作用。小组成员以图书馆学专家和图书馆工作人员为主。

3. 建立评价指标体系

指标体系的构建要确保评价目标的可比性，每项指标都要有规范的定义和合理的量化，确保评价结果的准确性。

4. 评价活动实施

评价活动实施主要指评价数据的采集、分析等步骤，特别要注意数据收集的准确性和完整性。

5. 形成评价报告

小组在对目标进行认真的评价后，通常要以评价报告的形式反映出来，从而为领导决策提供依据。

数字资源的评价流程不是单一的流程，是一个循环、周而复始的过程，评价报告在为领导提供决策依据后，又要进入下一个评价周期。评价将对图书馆提升服务质量，建立合理的资源体系起到促进作用。

第四章 公共图书馆的管理

第一节 公共图书馆战略管理

一、战略管理的概述

（一）战略管理的概念

在竞争越来越激烈的今天，战略管理的成功与否决定着组织竞争的胜负，从某种意义上说，战略管理处于组织管理的核心和主导地位。战略决策一旦确定，组织的一切活动都要围绕其进行。战略管理影响着组织的各个部门、各个经营领域，它的制定需要大量的信息，花费的时间也长，确定后可变更性小；因此，如果组织战略的制定出现失误，那么，付出的代价将是巨大的。

战略管理不同于战略的制定。严格来说，战略管理是组织从整体利益和根本宗旨出发，为了，获得长期、稳定的发展，在充分研究组织外部环境和内部条件的基础上，确定和选择组织的战略目标，并针对目标的落实和实现进行规划，进而培养组织的相关能力，将这种规划和决策付诸实施过程中进行控制的一个措施，以及在实施过程中进行控制的一个动态过程。

（二）战略层次

组织的战略具有不同的层次，战略管理也要在不同的层次上进行。

（1）竞争战略这是组织战略的基本层次，指的是组织在一个经营单位中如何建立竞争优势。最常见的有成本领先战略——通过低成本获得竞争优势；集中化战略——选取一个或几个细分领域来开展竞争；差异化战略——针对特定顾客的特定需求，提供有针对性的产品或服务，从而获得竞争优势。

（2）整体战略指的是组织如何选择和组合自己的经营领域。主要有纵向一体化战略——将上下相连的产业纳入组织的经营范围之中，以增强竞争优势、提高议价能力；横向一体化战略——扩大规模以强化竞争优势；多样化战略——组织同时经营多个领域以增加竞争优势，充分利用未用尽的资源并回避风险。

(3) 发展战略充分考虑外部环境和内部条件的变化，用发展的眼光预测组织未来的发展方向，并尽可能培育相并尽可能培育相关的资源，确保组织能够获得长远的发展机会。

(4) 组织成长战略分析组织的成长阶段，配备相关的资源，培育相应的活动能力。

(三) 战略管理的特点

1. 全局性

战略管理是以组织的全局为对象，要求组织中各个部门的活动要相互配合，强调战略实施的总体效果。

2. 超前性

组织的战略要具有超前性，因为战略从根本上来说就是对未来的决策。主动分析环境，把握组织长远发展的基本方向，确定组织在竞争中的地位，提高自己的应变能力和适应能力，在环境变化时迅速做出反应。

3. 长远性

战略管理着眼于组织的长期发展，不以眼前的经营得失作为衡量组织业绩及成功与否的标准。

4. 挑战性

组织的战略目标不能过于简单，它应该造成一定的资源紧张，而这种紧张能通过企业自身的努力和战略调整很快弥补，体现企业的能动性。

5. 竞争性

组织的竞争战略有很强的针对性．组织的战略管理对环境要始终保持密切的关注，尤其是有关竞争对手的信息。只有充分掌握竞争对手的情况，做到知己知彼，才能在竞争中占据有利地位并取得竞争优势。

6. 创新性

组织的战略要有创新内容，即以新的不同的方式创造新的不同的价值和满意。如从强调产品质量到强调服务质量，现在又提出顾客感受质量。

7. 模糊性

组织战略是关于未来的决策．为了防止对未来判断的失误，战略的制定需要大量的相关信息，但这些信息不可能是完全的；因此，战略的制定也不可能做到完全精确，它只是给出一个大致的方向，无法面面俱到。

8. 与企业文化相结合

组织战略管理的实施要贯穿于企业的基本价值之中，形成强大的无形资源。

(四) 战略管理的过程

1. 外部环境分析

外部分析的目的在于确认有限的可以使图书馆受益的机会和应当回避的威胁。外部分析并不是要列举无穷多的所有会影响图书馆的因素。相反，图书馆只是要确认那些关键的、值得做出反应的变化的因素。经济因素、社会、文化、人口和环境因素、技术因素、竞争因素等因素影响着图书馆，具体表现在书商、出版社、用户、社区、管理者、工会、政府、行业协会、特殊利益集团、图书、服务、市场、自然环境、其他图书馆等方面，这些又作用于图书馆，使图书馆面临机会和威胁。

外部分析揭示了图书馆所面临的主要机会与威胁，从而可以使管理者用适当的战略，利用机会、回避威胁或减轻这些威胁的影响。外部因素的变化会影响对读者服务需求的变化。外部因素会影响图书馆被开发产品的类型、社会定位、内部职能细分战略的分布、所提供服务的类型。识别和评价外部机会与威胁可以使图书馆能够制定明确的任务，设计实现长期目标所需的战略，以及制定实现年度目标所需的政策。竞争是图书馆生存和发展的必由之路，它有利于充分发挥图书馆的作用，有利于工作积极性的调动，提高工作效率，有利于人才的培养，发现和造就一大批有水平有能力的图书馆工作人员，从而有效地促进图书馆事业的蓬勃发展。

图书馆已从信息服务的主要提供者转而成为众多激烈竞争的信息系统之一。传统的以具体的信息资源管理为主的经营模式在信息市场开发中将受到制约，因而，图书馆不能也没有必要盲目追求“大而全”、“小而全”应该准确依据自身的优势与劣势进行目标市场定位。在此过程中难免会与信息市场中的类似机构产生竞争，在竞争中，图书馆在现代化过程中本身所不断具有的融各家馆藏于一体的数字图书馆技术、汇各种方法于一身的信息整序技术、集各类人才于一馆的专业人才等优势将会凸现出来，在竞争中处于有利地位，对这一点图书馆应有充分的认识。目前的竞争环境，应该说是给了图书馆一个重新塑造自我形象、开拓服务领域的机会，如能抓住全球向信息化发展的机遇，图书馆将实现一次飞跃，在竞争中立于不败之地。

2．内部环境分析

所有的图书馆都只能在某些职能领域方面具有优势与弱点，没有一个图书馆在所有的领域都具有同样的优势和弱点。图书馆自己的优势与弱点和图书馆以外的机会和威胁及其各自图书馆特点的陈述，共同构建了图书馆的目标与发展战略的基础。

一个图书馆不为所仿效的优势就是这个图书馆的专有能力，这也是图书馆建立竞争优势的重要条件。在一个用户偏好极易变化的世界里，用户的特征是在不断的变化的，为了满足用户需求所需要的技术也在不断的发展之中。图书馆管理的成功的关键之一就是在于各职能业务的管理者之间的有效协调和相互理解。

图书馆的内部优势和弱点是图书馆可控制和掌握的因素，这些因素可以被利用得很好，也可以利用的很糟。管理、财务、研究与开发及计算机信息系统等环节都可以是图书馆优势和弱点所在。识别和评价图书馆各功能部门优势与弱点的过程式战略管理中的一项基本活动。图书馆应该努力采用那些能够利用内部优势和弥补内部弱点的战略。

馆内竞争就是图书馆内部的竞争，各工作环节的竞争。图书馆是一个整体系统，它的稳步发展，必须靠各个系统的良好协调。从文献的采购、加工、整理、收藏一直到利用，是环环相扣的，任何一个环节出了问题，都会影响整个系统的正常工作。如，采编部的书堆成山，不及时分类上架，半年在流通部门看不到新的书刊、信息，既影响了采购，对读者工作也十分不利。图书馆工作有竞争就有合作，合作就是协同，竞争与协同是辩证统一的。各部门之间为了共同的目标，利用各自的岗位，开展同时间竞争，效率竞争，服务质量竞争，使图书馆内呈现一派生气勃勃的局面。

3．制定战略

包括确定组织使命，结合外部与内部环境分析建立长期目标，制定供选择的战略，以及选择特定的实施战略。战略制定过程所要解决的问题包括：组织进入何种新产业；放弃何种产业；如何配置资源；是否扩大经营或进行多元经营等。

4．战略实施

战略实施要求组织根据已经制定的战略树立长期目标，制定相关政策，建立有效的组织结构，调整组织经营方向，培育支持战略实施的组织文化，激励和培训员工，合理配置资源，并通过多种手段使形成的战略得以贯彻执行。

5．战略控制

由于外部内部因素处于不断变化之中，所有战略都将不断进行调整与修改，组织必须叫刻关注外部环境与内部因素，度量已取得的业绩，评价现有状况与预期的差异，找出差异产生的原因，对于不利的情况及时采取纠正措施。

二、公共图书馆战略管理的制定与实施

（一）现代图书馆的战略制定

1．现代图书馆在信息社会中的定位

现代图书馆必须认识到，图书馆的社会价值同自身的工作或自身向社会提供的服务以及社会对图书馆的需求程度成正比。现代图书馆要想在信息社会中获得发展，实现自己的社会价值，得到社会的承认，就必须向社会提供高质量的信息服务。与传统的观念不同，现代图书馆必须对政治、经济提供直接支持，走出象牙塔，真正参与社会经济、政治建没。需要强调的是，直接支持不等于以赢利为目的，而是要基于自己的使命，保障广大社会公众的基本信息需求、促进社会信息化进程，以此来向社会提供信息服务。首先，现代图书馆要为最广大的人民群众服务，以方便、快捷、公益的形式保证他们的信息获取；其次，现代图书馆开展经济调研、经济信要为经济建设服务、信息咨询服务、商业数据库的开发以及人员培训；其三，现代图书馆要为科研服务，跟踪调查科研项目的进展情况，据此提供相应的科研信息服务，如撰写综述，提供情报检索；最后，现代图书馆要为政府服务，保障政府决策的信息需求，吸引政府的目光，使之增加对图书馆的投资。

现代图书馆作为一项公益性事业，与其他社会信息服务机构之间不是完全竞争的关系，它应向其他信息服务机构提供基本的信息保障；同时，现代图书馆的用户与社会信息服务机构的用户是互补的关系，它们满足的是不同的信息需求。现代图书馆着重于面向大众进行基础服务项目的开展，而社会信息服务机构则侧重于满足特殊的信息需求。

2．确定现代图书馆的使命

现代图书馆的使命体现在现代图书馆对社会所承担的职能上。长期以来，我们对此形成了一些基本认识，普遍认为图书馆具有促进社会信息交流、开展社会教育、保

存文化遗产、提供文化娱乐、保持社会稳定的职能。在信息社会，图书馆不仅具有以上社会职能，还应发挥更大的作用。作为一种公益事业，现代图书馆应该坚持自己的公益性质，保障广大社会公众的基本信息需求，争取缩小信息鸿沟。促进社会信息交流是图书馆的基本职能之一，在信息社会，现代图书馆更应采取各种方法，提高信息的利用程度，促进社会的信息化进程。

3．现代图书馆的微观发展方向

现代图书馆的微观发展方向是复合图书馆。由于网络技术的发展，信息的传递变得越来越方便，有人提出未来的图书馆是虚拟图书馆，图书馆的实体已经没有存在的必要；但实际上，虚拟图书馆与传统图书馆之间的关系，不是替代的关系，而是互相依存、互相促进的关系。如果没有传统图书馆选择、收集、加工文献信息，虚拟图书馆中的信息资源就会匮乏；反之，如果没有虚拟图书馆提供新的信息环境，传统图书馆也不可能突破原有工作的局限，有限的馆藏和服务难以充分满足用户的需求：可见，虚拟图书馆是建立在传统图书馆基础之上的。同时，网络技术的进一步发展的也为传统图书馆带来了发展机遇。复合图书馆既继承了传统图书馆的文献资源，又进行印刷型、声像型、电子型、网络型等全方位、多功能的信息保障体系的建设；既继承了传统图书馆的较为成熟的信息分类、信息检索技术，又发展了现代的计算机检索、超文本链接及多媒体检索等新兴信息技术：既开展基础的借阅服务，又拓展了网络导航等新的服务领域和服务方式；因此，复合图书馆是图书馆未来的发展方向，它的建设将使现代图书馆更加充分地发挥自己的社会职能，更好地服务于社会。

4．现代图书馆的宏观发展方向

现代图书馆的宏观发展方向是图书馆协作网络。网络化是信息化和信息资源共享的物质基础，也是现代图书馆发展的必由之路。我们要结合我国国情来建设我们自己的图书馆网络，结合本行业的实情来建设和发展网络；建立起层级性的资源管理协调系统，制定各类信息资源的开发重点、布局方式，按照地区和学科特点，规划不同级别信息节点的资源建设工作，以减少重复、提高效率。

（二）现代图书馆的战略实施

复合图书馆是未来图书馆的发展方向，它突破了传统意义上的图书馆概念，它的实现需要各类图书馆在各方面的配合。复合图书馆无论是在宏观管理、组织结构、人力资源管理、文献资源建设、复合图书馆的人力资源管理、复合图书馆的领导、经费管理、设备维护等方面，都与以往的图书馆有所不同。

1．复合图书馆的宏观管理

未来的图书馆将积极发展图书馆馆际合作，实现真正意义上的资源共享。各个图书馆之间需要加强协调，国家的宏观管理必不可少；但与以往的宏观管理不同，国家的宏观管理将重点落实在协调和服务上。为促进现代图书馆的网络化发展，国家可以成立专门的图书馆协作网络建设管理委员会，全面负责现代图书馆协作网络化的规划、组织、协调、监督和管理工作，加强政策导向，实施投资倾斜；重点建设一批分工明确、布局合理、能够充分体现我国特色的超大规模的电子信息资源中心；谨慎选择适用技术，积极开发网络应用软件，并不断促进其更新换代，采用标准化技术，与国际信息网络接轨。只有国家给以充分的重视，现代图书馆协作网络化建设的健康发展才能有保证，才能避免各自为政、重复建设的现象。

2. 复合图书馆的组织结构

传统图书馆的组织结构是按职能划分部门，分层分级，形成一种金字塔式的组织结构。复合图书馆把用户放在第一位，从用户的角度出发，设计组织结构。经过业务流程再造之后，图书馆的结构层次减少，向扁平方向发展。组织层次减少与决策层次下移总是联系在一起的，决策层次下移，管理人员的传统职能削弱，管理人员数量也相应减少，最终管理层次势必减少，真正实现集权与分权有机结合起来，使现代图书馆整体管理更合理、更有效率。

3. 复合图书馆的人力资源管理

复合图书馆对图书馆员提出了更高的要求，他们不仅要有图书馆学、情报学及其他专业的知识，还要有数据库的管理能力，网络环境下的信息搜集、处理能力，信息检索工具的生成能力，网络信息的利用能力，计算机操作能力以及人际交往的能力，还需具有开放观念、服务观念、用户观念、经济观念、效益观念、资源共享等观念。同时，经过业务流程再造的复合图书馆不再是一个人只做一种工作，有可能一个馆员会参与整个的业务流程，每一位员工将被赋予更大的自主权，因此，复合图书馆的人力资源管理与以往相比有很大变化。工作人员原先在上岗前只要经过简单培训便可胜任高度专业化的工作，现在工作性质发生变化，简单培训已不足以解决问题，需要全面地教育。工作人员不仅要会做复杂的工作，而且要有成熟的判断力，要有更多自主权，可以在各自的工作范围内做出与工作相关的各种决定。

在复合图书馆环境下，决定酬劳的依据是贡献大小和实际业绩。以往图书馆员晋升都是对前段时间实际业绩的肯定，作为一种奖励；而现在晋升职务是以能力大小为尺度，能干则上，晋升是变化——工作、环境等各方面的变化，而不是一种回报。图书馆在招聘人员时，如果单看人员的教育及技能一类的内容已不够了，还要看应聘人员的性格，是否自觉工作，能否自我约束。考虑到当今图书馆面临的人员流失的实际情况，现代复合图书馆要采取特殊的办法，增强组织吸引力，留住优秀人才。

4. 复合图书馆的业务流程

传统图书馆的业务流程是从图书馆自身的工作出发的，按照分工理论，将图书馆的业务工作划归不同的部门。一本书从入馆到与读者见面，要经过采购、登记、查重、分类、编目、上架等几十道工序，每道工序又划归不同的部门，部门之间协调困难，工作效率低，浪费了大量的时间。复合图书馆将充分采用现代信息技术，要求现代信息技术发挥最大的效能，提高工作效率，为用户节省时间。而传统图书馆落后的业务流程降低了现代信息技术的工作效率，计算机、网络往往只是一种摆设，或者只发挥了一小部分功能，就好似一辆用马拉的小轿车，根本跑不快。因此，复合图书馆的建设需要对传统图书馆的业务流程进行重组，裁减不需要的部门，将支离破碎的、业务流程重新组合在一起。如从原先按部门为组织形式变为以工作小组为基本单位，每一小组全权负责一个主题之下的文献采购、登记、分类、编目等工作，这样，就可以减少部门之间摩擦。通过利用信息网络传递信息，就可以避免再复信息生产，提高工作效率。

5. 复合图书馆的领导

复合图书馆的领导不再是高高在上，为别人设计什么时候做什么事甚至怎么做，也不再是不顾实际情况只求达到某些数字要求，以监督、记分为主要职责。复合图书馆的领导应起领头作用、促进作用，是图书馆员的工作指导、良师益友。此外，领导的方式和手段也发生了变化，不再仅仅依靠行政命令，而是要根据权变理论，具体问题具体分析。

6. 复合图书馆的文献资源建设

复合图书馆文献资源建设概念应深化、扩展为信息资源建设。在馆际互借与资源共享的前提下，利用有限的经费购买重要和适用的印刷本图书、期刊等传统文献；利用网上信息，建设虚拟馆藏，加强网上电子期刊的订购、管理；注重新型媒体文献的入藏工作，包括目前以微主导存储技术的各类型光盘文献、数据库、音像制品、教学软件、游戏软件以及今后将出现的以DVD等为主导技术的光盘信息产品；加强各类型数据库建设，有选择地将传统馆藏文献转化为电子出版物，大力加强馆际协作，加强全国性的文献资源保障体系建设工作。在此基础上，复合图书馆的信息资源建设还要突出本馆特色。

7. 复合图书馆的组织文化

组织文化主要指组织的指导思想、经营理念和工作作风，包括价值观念、行为准则、道德规范、文化传统、风俗习惯、典礼仪式、管理制度以及组织形象的总合。复合图书馆的建设需要对传统图书馆做出较大的变革，改革的成功需要全体员工的积极配合。组织文化从整体上描述了组织成员共享的价值观、思想意识。图书馆如果自身具有很强的文化特色，将会激发工作人员热情，统一全体员工的意志，为复合图书馆建设提供原始动力。同时，建立良好的组织文化有利于树立图书馆的健康形象，引起领导重视，争取社会的支持与合作，吸引更多的读者和用户。图书馆旧的组织文化有可能阻碍现代图书馆的改革，阻碍复合图书馆的建设，因此，现代图书馆必须吸收新的文化，树立现代图书馆新的形象。

第二节　公共图书馆设备与经费管理

一、设备管理

信息和网络技术的飞速发展，为公共图书馆的变革带来契机，从根本上推动了公共图书馆的发展进程。公共图书馆采用各种自动化集成系统建立了内部网络环境，配置了各种类型的服务器、网络终端、打印机、缩微阅读器、光盘机等先进的设备完成业务流程，服务社会公众。公共图书馆的业务流程离不开先进设备的支撑，先进的设备在一定程度上制约着公共图书馆的服务深度和广度。因此，科学严谨的设备管理体系，是维护公共图书馆正常运行的必要保障，同时也是公共图书馆管理体系的重要组成部分。

（一）公共图书馆设备种类

以前公共图书馆的设备主要是书架和桌椅，随着计算机、网络通讯技术的发展和图书馆自动化程度的大大提高，公共图书馆设备的种类不断增加，尤其是现代化设备。为了便于管理，可以把公共图书馆的设备分为三大类：一是图书馆的自动化管理设备，如文献借阅、信息检索用的计算机、监测仪；二是图书馆网站建设所需设备；三是图书馆的各类管理系统软件及各种数据库。第一类设备是图书馆实现自动化的基础，各个图书馆都普遍使用；第二类设备是图书馆数字化程度的体现，目前各个图书馆的发展很不平衡；第三类设备主要是指图书馆文献管理系统、图书馆办公自动化软件、图书馆电子阅览室管理软件和各种数据库等，它们在图书馆的信息服务中发挥着重要作用。

（二）公共图书馆设备管理内容

（1）单件500元以上的物资（耗材除外）列为固定资产，要建卡登记，办公室负责检查、督促和协调管理。设立三帐一卡，即设备总帐、设备明细帐和固定资产卡。设备明细帐和固定资产卡一式两份，使用部门和管理部门各执一份（主帐册、主卡由管理部门保存，副帐册、副卡由使用部门保存）。

（2）管理部门和使用部门要做好设备管理工作。所有设备要进行编号、分类，实现计算机管理，并做好有关设备资料的保管、凭证单据的存档工作。

（3）设备使用部门负责人兼职设备管理员，负责设备的申报、签领、计帐、保管、调拨、报废、报失等工作。设备管理员调动工作时，要做好所管设备的交接（含帐、物、卡、单据、资料等），交接不清不得离开。各建帐单位所使用的一般设备由管理部门定期进行检查，每年对帐一次，做到帐帐相符，帐、物、卡相符。

（4）各部门不得自行调配设备，如确因工作需要，由部门主任向办公室提出调配申请，经主管领导同意，统一由办公室调配，并做好调配记录。

（5）设备的养护采取分工负责的原则。非专业性设备（如风扇、家具等）统一由办公室负责安排养护；专业性设备（如电脑、数据库等）由使用部门养护，出现技术问题由网络技术部进行维修，办公室负责沟通和监督。在力不能及的情况下，可同意与设备处或者校外单位联系，对重要的、复杂的设备进行保养维修，贵重设备要建立维修档案。

随着网络化、数字化、信息化建设的发展，公共图书馆积极用现代化技术设备武装自己，但是公共图书馆经费有限，为了将有限的资金进行科学、合理地分配，对于设备购置需要加强调研，充分做好设备购置计划，使有限的经费得到最合理的使用。在不断加强硬件设施建设的同时还要重视设备的利用与管理，注重设备的维护维修、功能开发、改造升级以及延长使用寿命等，在确保设备正常运行的同时最大限度地开发设备的功用。

二、经费管理

经费管理主要指公共图书馆对其经费来源、分配和使用进行审议、监督、控制的过程，其主要任务是合理编制预算、努力节约支出、加强经济核算、评价资金使用效益等。经费是公共图书馆运行和发展的必要条件，经费管理是公共图书馆管理的一个重要方面。

（一）公共图书馆经费管理程序

根据实践操作过程，可将公共图书馆经费管理程序划分为以下四个阶段。

1. 经费预算

经费预算是公共图书馆编制财务计划以获得上级拨款的依据，一般按年度编制。年度经费预算的编制，应在前一年经费收支情况的基础上，根据预算年度的主客观条件进行。经费预算编制方法通常是按照支出项目分别列出预算指标，即按往年的年度各项支出，考虑到物价上涨因素及其他变化情况，推算出下一年度的各项预计指出，然后编制出新的年度经费预算表。

2. 预算执行

经费预算即经费执行计划，一年的各项经费开支按照预算去执行。预算执行过程中的每一项支出都要做出正确的记录，以便领导根据图书馆经费预算的执行情况进行检查和控制，同时要遵守国家规定的各种财务制度和费用开支标准。各项支出既要考虑完成图书馆工作任务的资金需要，又要合理节约地使用资金。

3. 决算控制

为全面反映收支情况，年终前公共图书馆应根据上级财务部门的年度决算编审工作要求，对各项收支账目、往来款项、货币资金和财产物资进行全面的年终清理结算，及时编报图书馆经费决算。决算是图书馆经费年度收支情况的书面总结，一般包括年度会计报表和财务收支情况说明两部分内容。通过决算可以概括地反映并据以检查年度预算的执行情况，作为今后年度预算的重要参照资料。因此，决算是一种重要的财务控制手段。

4. 效益评价

有投入，就应该有产出。图书馆经费的投入也可以获得一定的社会效益，用户利用图书馆得到的效益就是图书馆经费所产生的效益。但这种效益具有多元性、间接性，并且难以衡量性，需要用可衡量的变量代替不能衡量的效益。如用户利用图书馆后所获得的收益不易衡量，则可用对用户利用图书馆资源量的衡量代替对效益的衡量。

（二）公共图书馆经费保障

根据我国现行的公共图书馆分级行政管理体制，公共图书馆的经费主要来源于各级政府的财政拨款，这种单一的经费来源就决定了公共图书馆事业的发展，公共图书馆的发展完全取决于各级政府的经济能力和重视程度。虽然目前我国已建立起包括政策保障、评估保障、项目保障以及地方法规和规章保障在内的公共图书馆经费保障体系，但由于没有强有力的公共图书馆法律法规的约束，各地政府对公共图书馆的投入较为随意，公共图书馆的经费保障仍存在以下问题。

（1）政策没有完全落实，财政投入不足

近年来，政府制定了一系列政策来保障公共图书馆的财政投入，财政投入力度也大为增加，“十一五”期间我国公共图书馆的经费总量就有明显增长。但与公共图书馆开展基本服务的需求相比，经费总量的差距依然很大，政策也并未得到完全落实，仍缺乏有效稳定的可持续的公共图书馆经费保障机制。财政投入的不足，严重影响着公共图书馆事业的发展和服务功能的发挥。

（2）经费结构不合理，基本服务经费无法保证

经费得不到合理有效的保障，严重制约着公共图书馆社会效用的发挥。为解决公共图书馆经费短缺问题，需积极拓展经费来源渠道，大力吸引社会资金以多种方式投入到图书馆建设，逐步形成以国家财政拨款为主，多渠道社会融资为辅的多元化经费保障体系。

我国公共图书馆在经费支出项目上优先保障人员经费，这与政府只保障公共图书馆的人员经费机制相适应。虽然文献资料的购置费在逐步增加，但除图书以外的文献资料（音像制品、电子出版物等）的购置费比例过低，与公共图书馆文献资料载体的变化要求不相适应。同时，对于公共图书馆基本服务项目，如流动服务、咨询服务、网络信息服务、读者活动等，也没有设置相应的支出项目。也就是说，政府的投入只能保障公共图书馆的生存，而不能保障公共图书馆的服务，包括基本服务。

（三）公共图书馆经费支出

公共图书馆经费支出是公共图书馆开展业务及其他活动发生的资金耗费和损失，主要包括购书费、人员工资、设备设施运营三大部分，其中购书费和人员工资是图书馆经费支出的主体。具体来说，可以将公共图书馆经费支出划分为事业支出和对附属单位的补助支出两大部分。

（1）事业支出，即图书馆开展专业业务活动及其辅助活动发生的支出，包括基本工资、补助工资、职工福利费、社会保障费、公务费、业务费、设备购置费、修缮费和其他费用，其中图书购置费包括在设备购置费中。

（2）对附属单位的补助支出，即图书馆用财政补助收入之外的收入对附属单位补助发生的支出。

第三节　公共图书馆人力资源管理

随着信息产业的快速发展，公共图书馆内高新技术的广泛应用，步入了新的发展时期。这使得公共图书馆的服务理念、服务方式、资源结构都发生了较大的变化。为了适应这些变化，需要有较强的人力资源保障。公共图书馆生存与发展的主体是人，人员素质决定着图书馆的服务水平。本文就此探讨了公共图书馆人力资源管理的理念要求，分析了其人力资源管理的现状，提出了合理的管理对策。

一、馆员的职业素养

公共图书馆内所储藏知识可以按照其属性分为显性与隐性这两种类型。相对于此，公共图书馆馆员的职业素养也可按照其属性分为显性素养与隐性素养这两种类

型。其中，显性职业素养主要是，公共图书馆馆员在工作场合所表现出的包括专业、业务以及知识结构在内的业务素养，而隐性职业素养主要是指，公共图书馆馆员自身已形成的世界观、人生观、价值观等。显性职业素养属于公共图书馆馆员的表现内容，能够直接呈现出来，而隐性职业素养则需要通过长期的接触而逐步发现。

（一）公共图书馆员应具备显性职业素养

在“复合性”公共图书馆的背景作用之下，公共图书馆馆员同样需要具备复核性特征。特别是在知识经济时代的影响当中，公共图书馆馆员不断需要具备扎实的专业理论以及图书管理业务技能，同时还应当具备熟练的计算机使用水平、语言水平，能够在面向公共图书馆读者提供优质服务的同时，实现对公共图书馆馆藏资源的丰富与完善。具体而言，主要可归纳为以下几点。

1. 专业理论知识应当扎实、牢固

当前的实际情况是，绝大部分公共图书馆馆员并非专科出身，在从事此项工作之前，并没有经过专业的理论培训。在这一情况下，更加要求公共图书馆馆员通过加强自身学习与接受教育的方式，奠定图书馆管理的基本理论基础，充分领悟图书馆管理的精髓，合理应用图书馆管理的手段与方法。

2. 计算机应用水平需要熟练

在数字化背景作用之下，越来越多的公共图书馆在服务手段方面不但加强了对既有纸质服务水平的提高，同时也需要重点关注对电子服务水平的加强。换句话来说，信息领航、信息储存、信息组织、信息加工、信息传播及信息开发均是新时期公共图书馆馆员的基本工作业务范围。为更好的适应这一发展趋势，就要求公共图书馆馆员熟练掌握各种计算机技术的应用，辅助图书馆管理工作开展。

3. 语言应用能够需要多元、流畅

在数字背景下，对于公共图书馆馆员语言应用能力的要求不单单体现在：公共图书馆馆员需要流畅的应用标准普通话，与读者用户进行沟通交流。同时，也需要提高自身对于外语的掌握与应用程度。这是由于：在互联网网络深入影响公共图书馆的背景之下，近80%比例的资源均采取英语作为最主要的承载语言模式。我国公共图书馆在丰富馆藏资源的过程当中，就不可避免的涉及到对这部分文献资源的管理，同时也需要积极吸收占据学术前沿的最新外文原版图书。而上述有关外文书籍及资源的采购、编目、参考、咨询以及管理工作都需要以公共图书馆馆员对外语语言的多元且流畅应用为基础。

（二）公共图书馆员应具备隐形职业素养

态度是一切事物的基础与根源，这对于公共图书馆服务工作的开展而言同样如此。在公共图书馆馆员面向读者提供服务的过程当中，除专业技能能够让读者感到放心以外，友善亲和的服务态度能够让读者感到舒心与贴心。因此，在研究公共图书馆馆员职业素养的过程当中，隐性职业素养同样占据着重要的地位。具体而言，公共图书馆馆员隐性职业素养主要可以归纳为以下几个方面。

1. 思想政治素质与职业道德需要高尚

相关研究学者明确指出：公共图书馆馆员最基本的职业道德规范可以归纳为以下五个方面：（1）忠于职守的完成公共图书馆管理工作；（2）关注对公共图书馆丰富文献资源的积极利用；（3）以读者为中心，不断完善自身的服务工作质量与水平；（4）对公共图书馆馆员同事，需要抱有“严以律己、宽以待人”的态度；（5）对外部图书馆，需要采取合作与竞争相结合的工作态度。上述五个方面的内容不单单是公共图书馆馆员在日常工作过程当中应遵循的基本职业道德规范，同时更是对道德情感的全面性概述。与此同时，只有具备崇高思想政治素质的工作人员，才能够在日常工作中，合理、合规且高效的为读者服务。

2.职业态度应当端正

公共图书馆与一般图书馆之间最大的差异就在于：公共图书馆从本质上来说属于文化事业单位，并不直接通过提供文献资源以及服务的方式获取经济效益。对于长时间处于这一工作环境下的公共图书馆馆员而言，工作的清贫、寂寞以及有限的发展空间可能导致馆员迷失发展的方向，在相对无压力的工作环境下，失去自身的职业发展目标，同时也忽略了对自身的管理与要求。受到这一因素的影响，图书馆馆员面向读者所提供的服务质量也会大打折扣，不利于工作的发展。

3.职业作业应当良好

公共图书馆馆员在职业作风方面最基本，同时也是最直接的要求就在于：严于律己、宽以待人。在这一基本思想观念作用之下，要求公共图书馆馆员在日常工作的开展过程当中，特别重视对自身的管理与要求。正确评估自我发展空间，做好职业生涯规划，始终坚持职业发展方向与目标。不但需要搞好与同事之间的关系，同时也需要以大方、得体的言谈举止为读者提供优质的服务。

（三）图书馆馆员的职业素养要有制度保障

1.职业资格认证

图书馆从业人员目前国内尚未进行职业认证，这种状况对于图书馆行业维持行业高端人才及人才梯队的培养具有不利的一面。用制度保障图书馆人的素养，可以在促进图书馆馆员的显性职业素养。那种认为只要懂得几个字母及排列就可以从事图书馆行业的状况应该成为图书馆的历史。

2.制订图书馆的人才培养制度

图书馆馆员的隐性职业素养不是一成不变的，需要外在培养体制机制，才能够不断丰富馆员自身的隐性职业素养。因为国内图书馆体制的问题，各个图书馆目前尚未大范围出现真正意义上的图书馆联盟，因此，人才培养和培养制度没有统一的规范、规模。各个图书馆实施各自不同的人才培养计划或业务培训，虽各有特色，但是，在效率和规范方面仍然需要加强。

二、馆员的专业能力

图书馆赖以生存和发展所依靠的三种资源中，人力资源或者称智力资源，是图书馆的第一资源，是形成图书馆核心能力的基础，它是最积极、最活跃、最富有创造力和开发潜力，能够对其它资源加以引导、选择、操纵、推动和运用，决定这图书馆工作的质量和效能。在美国，有这样一种说法，图书馆服务所发挥的作用，5%来自图书馆的建筑，20%来自信息资源，75%来自图书馆员的素质。不难看出，在图书馆服务中，图书馆员作为知识和智力的载体，在图书馆生存和发展中成为首要因素。科学技术的日新月异和知识信息的层出不穷，使知识的更新急剧加速，知识的半衰期和人才的使用寿命不断缩短，图书馆员必须拥有过硬的专业知识及综合知识才能应对新的挑战。一专多能的新型复合人才所应具备的专业能力涉及多方面的知识领域，可以概括为：智力性能力、应用性能力、研究性能力。专业能力的内容应具体包括以下六个方面：

（一）信息开发组织能力

图书馆的业务工作是一门学问，由一系列工作程序组成。从文献的采集、分类、编目、整序、流通、归架，到数字信息的主页设计、数据库建设、信息整合、信息查询等，每一项工作，每一道程序，都离不开图书馆员的组织和管理。有效地组织和开发文献信息，信息传递与知识传播是馆员从事信息管理中最根本的能力。主要是针对读者的需求对馆藏文献和网络资源进行加工和整合，使庞杂的信息成为便于用户查检和利用的专题资源。最大限度地满足和保障读者的信息需求，对图书馆员业务的熟练程度和专业能力都提出了很高的要求。

（二）现代化技术应用能力

随着高度信息化时代的到来， 现代化技术在图书馆广泛应用， 现代化技术应用能力成为图书馆员必备的专业能力。图书馆员在提升专业知识水平的同时，还要具备现代化技术应用能力，主要包括计算机应用和维护能力、各学科应用软件系统使用能力、图书馆自动化系统的应用能力、网络知识的储备和数字资源的检索能力、图书馆网站的相关知识和建设能力、有关数据库知识的掌握和数据库建设应用能力等。

（三）读者服务能力

读者是图书馆服务的主体对象，读者服务能力是图书馆员最基础的专业能力。现代图书馆服务工作早已不是简单的图书借还工作，读者对信息的需求出现了多元化、个性化等新要求，因此，图书馆员必须适应这种变化，及时充电，着力在读者服务上下功夫。具体表现在与读者的交互沟通能力、对信息源的掌控能力、对读者服务方式与策略的制定与应用能力、满足读者需求的能力、解答读者咨询、解决疑难问题的能力， 以及培养和提高读者信息素养的能力等等，都是读者服务能力中的重要内容。

（四）科学研究能力

图书馆是专业性很强的学术服务机构，作为图书情报专业的图书馆员扮演着重要的角色，不但要注重和加强对该专业的学习和研究工作，具备对该领域的学术研究能力，更应该有求真务实的科研精神。学科馆员是图书馆中具备科学研究能力和从事科学研究工作的主要实践者，要具备对本专业和相关学科知识的钻研和应用能力。图书馆员的科学研究能力是衡量图书馆整体素质高低的重要标志，因此，它是提升图书馆社会地位的重要能力。

（五）知识更新能力

图书馆是社会的终身学校。图书馆在构建终身教育体系、建设学习型社会中发挥着不可替代的作用。图书馆员作为知识的传播者，更要具备自我学习、主动学习、终身学习的良好素质。从事图书馆工作的人，每天都和书籍打交道，有着得天独厚的资源优势，新知识层出不穷，图书馆人要从海量信息中筛选出更有价值的新知识，将它们传播推广，使知识得到最佳转化利用。除图书馆学专业知识外，还要广泛地涉猎社会学、心理学、语言学、信息学、管理学等方面的社会科学知识，同时图书馆学前沿理论研究及图书馆立法工作给予极大的关注。具备驾驭和运用这些知识和信息的能力，并将其充分运用到读者服务工作中去。

（六）思维创新能力

创新是事业发展的动力，图书馆事业要紧跟时代的脉搏，就需要不断创新，创新贵在“新”，这就要求馆员要有极强的感受力、敏锐的观察力，不断用创新的思维研究工作， 拓宽服务领域，创新服务项目，满足读者日益增长的文化需求。创新思维在高速发展的信息时代愈发被突显出来，成为图书馆员专业能力中的灵魂因素。

三、馆员培训与教育

任何事业的发展都脱离不开人的主观能动性，公共图书馆的工作质量在很大程度上取决于图书馆员的专业水平。开发人力资源是现代管理的一项重要任务，在职人员的培训与教育已成为人力资本投资的主要形式，是开发现有人力资源和提高人员素质的基本途径。公共图书馆需要建立有效的人才培养机制和培训规划，更新和强化馆员知识结构，接受新知识和新技术，开阔视野，持续创新，提升组织服务水平，实现馆员个人价值。

（一）培训与教育的模式

1. 按学习主体及其诉求划分

不同的馆员群体往往有着不尽相同的学习诉求，对素质培养的提升有着各具特色的需求，因此，从不同的角度能够形成若干培训和教育的模式。

（1）工作性质层面。针对专职人员，除鼓励继续学习和终身学习外，更要注重知识更新教育和学习、创新、信息技术应用能力的培养；针对兼职人员，除图书馆基础业务知识和职业道德外，要强化咨询服务规范和服务技能的培训，以此提升职业素养水平。

（2）受训形式层面。团队培训以增强图书馆的凝聚力和塑造图书馆组织文化为目的，重在协调为达成共同目标而努力工作的不同个人之间的合作，通过协调所在团队成员的个人绩效来实现组织愿景；自我教育则因不受群体标准和行为规范的约束，以非正规学习的方式扩展自身知识结构和提高工作能力，显得更为个性化，更具灵活性。

（3）学习内容层面。一方面重视实用技术与基础理论的结合，把图书馆学理论与实践的最新成果及时反映到馆员教育中，夯实理论基础，强化应用技能，推动服务水平的提升。另一方面，在进行普适性基础教育的同时，应该根据馆员自身的知识结构和岗位需求开展个性化定制教育，针对不同的学科、专业、人员层次做出异质化的调整。

2. 按职业生涯发展阶段划分

公共图书馆馆员的职业生涯围绕着一个或多个工作岗位度过，不同的阶段对馆员的素养有着不同的要求，培训与教育也应做出相应的阐整。

（1）岗前培训。主要针对职业生涯早期阶段的馆员，目的是使其早日融入组织并胜任本职工作。这一时期应首先考察新馆员的志向和特长，以便在日后的工作中用其所长，发挥潜力。同时，开展两大内容的培训：其一是本馆的基本情况，如本馆的历史、性质、目标、规章制度、组织文化等，增进新馆员对图书馆的了解，尽快融入集体之中。其二是工作岗位要求而新馆员尚未具备的专业知识、技能，主要是指图书馆学、情报学专业知识以及计算机等现代信息技术，使馆员顺利完成角色转换，进入状态，胜任工作。

（2）在岗培训。主要针对职业生涯中期阶段的馆员，目的是使其在不离开工作岗位的情况下获得追求更高工作绩效所需的知识、技能和意愿。一方面，这一阶段的馆员需要了解本专业的最新动态，掌握有关的新技术和新方法，使自己拥有较宽的知识面和合理的知识结构，并针对职称、职位晋升和工作绩效的提升进行目标明确、实效突出的培训。

（3）转岗培训。主要针对职业生涯晚期阶段的馆员，目的是使因组织结构重组或自身不能胜任现有岗位需求，或个人才能、特长、兴趣与现有岗位不匹配的馆员树立新的职业信心，构建新的从业素养，使其达到新的工作岗位要求。

（4）脱产培训。主要针对职业生涯转型期阶段的馆员，目的通过暂时离开岗位到学校或有关机构进行深造，实现学历的提升或技能的更新。从时间维度上可分为短期脱产培训和长期脱产培训，但培训结束通常均需返回原单位，在相同或不同的岗位上从事更高标准和要求的工作。

（5）终身教育。主要针对涵盖和超越了整个职业生涯阶段的，富有学习意愿的馆员，目的是将正规教育与非正规教育相结合，家庭教育、学校教育与社会教育相结合，利用各种途径和方式进行个人素养的提升。

（二）培训与教育的方法

与全日制的正规教育不同，公共图书馆馆员的培训与教育拥有更大的灵活性和多样性。针对各种工作岗位类型和学习需求，可以采取不同的培训方法。从公共图书馆的角度，可以将各类培训与教育方法按实施地点划分为馆内和馆外两大类。

1. 主要在馆内采用的方法

（1）学术研讨法。通过科研课题的申报与研究，以及学术研讨会的举办，促进同行间的互相切磋、探讨、交流、学习和借鉴。通过及时总结工作中的经验和教训，提炼专业理论，推广研究成果，增强应用绩效，

（2）传帮带培训法。传统的师徒制人才培养方式由馆内业务素质较高、表达能力较强、有一定学识水平的馆员充当培训教师，负责传授业务工作所涉及的知识、技能

和各岗位职责、目标、职业道德等内容。通过言传身教，能够对图书馆的各业务环节进行讲解、示范、练习与总结，从而快速培养大量新手，使新入行的馆员更快地进入工作角色。

（3）专家讲座法。公共图书馆可以聘请国内外著名图书馆学、情报学专家、学者、教授，或国内外知名图书馆的馆长、部门主管来馆系统讲授行业发展趋势、新学科的发展、新技术的应用等，使馆员开阔视野，了解公共图书馆事业的发展前景及学术研究动态。通过专题讲授，能够让馆员广泛了解其他图书馆先进的管理模式与工作经验，精要地以点代面，博采众长，促进本馆服务水平的提升。

（4）相互学习法。在知识结构、从业年限、思维模式等方面具有差异的馆员可根据自己的专长互相搭配，互相影响，达到互通有无、取长补短的目的。能够在促进团队精神的塑造、强化组织文化的构建、激发职业理念的创新等方面取得显著的成效。

（5）以赛代练法。除了日常学习，馆员的素养还能通过专业知识竞赛、业务技能大赛、岗位定标比超等方法予以完善。在竞技争优的比赛中，不仅学习积极性将得到提高，也有利于团队协作精神的养成。鼓励各工作岗位上有一技之长的职工充分展示自己的业务才能，如高效上书排架、与读者的良好沟通等，能在很大程度上提升馆员自信，加强经验交流。

（6）现场实习法。对于公共图书馆而言，较强的实践性技能需要亲临现场进行实际操作，置身于具体的工作岗位中，由授课老师进行现场指导、言传身教，及时发现并分析、解决实际问题，当场掌握和巩固业务技能。这种方法突出了以实践为本质特征图书馆职业素养形成路径，容易让受训馆员乐于接受。

（7）课堂教学法。公共图书馆拥有的阅览室、报告厅可以作为培训教室，面向众多馆员进行课堂教学式的讲授。通过多媒体教学设备、教育资源、师资等本馆有利条件的充分利用，能够取得扩大受训人数，拓展培训效益的效果。

（8）轮岗培训法。岗位的轮换能够让馆员充分了解公共图书馆多个部门乃至整个图书馆的工作流程和所要掌握的业务技能。通过在每个岗位上的实践练习，馆员能获得不同岗位的工作经验，强化团队合作精神，扩展专业知识面。同时，图书馆也能在工作轮换过程中了解馆员的专长和兴趣爱好，从而更好地开发其潜能，发挥其优势。

2. 主要在馆外采用的方法

（1）参观考察法。根据本馆需求和条件，定期或不定期组织馆员前往拥有先进经验的相关机构访问、参观、考察、调研或短期进修，以此开阔眼界，拓展思路，充实本馆馆员的自身素养。通过这种直观性较强的学习方式，能够掌握源于实践的知识和管理经验，促进组织与个人之间的了解，增进友谊，增长见识。

（2）学历教育法。根据本馆的业务需要，鼓励合适的馆员进行相关专业的高级学历深造，以委托培养的方式，通过高层次的学历教育，促进高水平人才队伍的建设。

（3）自学法。馆员个体的自我教育是提高馆员素质的一种基本、实际而有效的方式，能够不受时间、地点的限制，既不影响工作，又可利用图书馆得天独厚的条件，在整个职业生涯中持续进行自我素养的提升。这种方法的最大优势是紧密结合工作需要，在干中学，在学中干，使自己的知识结构不断完善，技能不断提高。

（4）网络授课法。可以利用电子阅览室的网络终端，接受来自馆外专家学者的远程教育培训。这种方式互动性强，内容生动，受益者众，经济高效。具体做法包括通过界面友好、内容丰富的培训课件进行具有讲义文本对照的视频讲解，建立BBS讨论区进行集体研讨等。

（三）培训与教育的实施

公共图书馆馆员的培训与教育是提升人力资源素养的管理活动，兼具教育和管理的特点，需要有计划、有步骤地开展和推进。在实施过程中，需要关注培训职能机构的设立，师资力量的配备，配套的考核、奖励机制的建立等问题，尤其对培训与教育的绩效评估要予以足够的重视。

1. 实施策略

公共图书馆开展的馆员培训与教育活动受到诸多要素的影响，需要从组织建制、资源技术、基础保障等层面制定实施策略，以确保培训绩效的彰显。

(1) 公共图书馆需要在组织建制层面明确根本目标，设立职能机构，设计运作机制。

①确保培训、教育目标与公共图书馆发展目标一致。完整的培训体系是从图书馆组织目标出发，基于岗位分析、人力现状分析，辅之以绩效管理、绩效考评及薪酬奖励等手段设计的一个能够综合提升图书馆竞争力和实现人才战略的体系。应使馆员个人的培养提升目标与图书馆的发展目标相互协调并达到一致，使馆员个人的培训计划服从于图书馆的发展讨‘划，围绕图书馆与馆员共同发展的大原则，尽可能地找到双赢的最佳结合点、平衡点。

②设立培训职能机构。馆员培训是一项长期的工作，应在组织建制方面予以保障，需要专门的职能机构或专人负责，并最好有馆领导直接主管。同时，应建立培训目标责任制，与主要领导签培训目标管理责任状。

③建立相应配套的考核、奖励机制。通过激励调动受训馆员的积极性，提高其参与培训的热情，将培训同馆员的年终考评、职称评定、工资待遇、职务晋升等切身利益关联起来，将培训合格证书或具体成绩作为个人考核评估的主要依据之一，使培训工作逐步走向规范化、标准化和制度化”。

(2) 公共图书馆需要对培训与教育的经费、师资、规划等方面予以足够的重视。

①加大培训投入力度。资源的保障一方面要靠行政主管部门和社会各界的大力支持与帮助；另一方面，主要靠图书馆领导的真正重视、节约挖潜、筹措资金，确保培训与教育的可持续开展。

②强化师资力量。师资水平的高低将直接影响着培训效果，应选拔实践经验丰富，理论水平较高，培训效果突出的专家担任培训教师。不可只凭学历、资历衡量师资水平，而要注重实际效果。只有培训人员经过专业的培训管理和实施计划的训练，才能有效地开展馆员的培训工作，制订出合理有效的培训计划，保证培训的效果。本馆不具备相关人才，则可通过外包培训、联合培训或进修培养等方式解决。

③提升培训计划的可操作性。应结合本馆人、财、物等资源的具体特点，制订出切实可行的培训计划，将其纳入战略发展规划体系，明确下达培训目标和任务，使其

具有长期性、稳定性、实效性。每个馆员则根据自己的实际情况，制订适应本人的培训计划，明确学习时间、内容、方法和预期目标。

（3）除了物质层面的投入，公共图书馆的馆员培训与教育还需要在学习氛围、宣传推广、防范意识、理论研究等方面得到保障。

①营造良好的学习氛围。通过创造良性的竞争环境，在馆内树立浓厚的学习风气，正确引导馆员正确看待个人素养的作用与影响，清醒地认识到培训与教育的必要性与紧迫性，只有不断地学习、更新知识，掌握新的理论和技能，才能紧跟信息时代的步伐。

②加强培训教育的宣传推广。图书馆领导对此工作应高度重视，做好宣传动员，让每位馆员都能明确培训的目的意义，理解专业知识和职业技能对个人成长的重要性。同时，要善于将培训成果由理论向实践转化，由总馆向分馆推广，由个体向团队扩散。

③加强培训投资风险防范力度。一方面可从法律制度上规范和约束馆员在职培训后的义务和责任，在正式培训前履行必要的法律合同手续，以约束双方的行为。通过签订培训协议，以合同的形式要求馆员在接受培训后必须为图书馆服务一定期限，形成馆员对图书馆的一种强制性忠诚。另一方面，应加强馆员心理契约的培养力度，增加馆员对图书馆的归属感，以提高馆员的忠诚度和诚信度，确保馆员培训绩效的最大化”。

④加强培训与教育理论的研究。馆员培训与教育的体系和制度建设等问题是实践活动开展的理论基础。体系的建设既包括教育和培训的培养同标、形式、途径和内容等。还需协调教育过程中的各种关系，如在岗教育和脱岗教育、阶段教育和终身教育的有机结合、实用技术培训和超前理论教育的互补、教育数量和教育质量的平衡等。同时，培训与教育的开展迫切地需要相关的政策法规建立健全，以此提供必要的规章约束和指导性政策依据，在权利、标准、经费、时间及资格等方面做出具体的规定和指导。

2. 实施步骤

（1）明确培训与教育需求。首先应该开展耐心细致的调查研究工作，对全馆员工的工作性质及个人成长需求进行评估，明确培训的对象和内容，以及本馆人力资源状况与组织发展目标之间的差距，以此确定培训需求。在培训前期的分析阶段，培训组织部门应通过调研、分析、磋商等方式，明确馆员的素养提升需求及相关问题，如馆员当前的专业技术水平，培训的预期目标与效果，合适的培训内容、教材、方法，培训资金的预算，培训的激励机制等。

（2）制定科学的培训计划。这一阶段需要制定培训时间表、明确受训人员的任务、安排有关会议日程等，以便管理、控制及评估反馈。在计划制定过程中，首先要明确培训目标是否与本馆的战略发展目标一致，必须综合考虑主、客观条件，最大限度地确保培训目标的实现。其次是制定相应的措施以保证培训工作的顺利完成，培训与教育的实施策略涉及诸多方面，后文将有详细论述。另外，培训计划的制定需要结合馆员现有的知识结构，广泛征求意见，取得共同认识，确保培训方案的科学性和可行性。

（3）确定参与人员。包括培训与教育活动的受训馆员和讲授教师，前者需要根据年龄、学历、专业、工作岗位等特征予以区分；后者则可以根据实际情况，采取在本馆范围内遴选、外聘专家学者、外包给培训机构等形式予以确定。

（4）设计合适的课程及教材。针对培训与教育的需要，设计出合适的培训项目，该项目可以仅包括一门课程，也可以是多门系列课程的总和。教材可以是基于本馆实情的自编讲义，也可以是较为成熟的权威著述，同时，应注意不断地修订与完善，以及核心教材与参考资料的有机配合。

（5）选择培训设备与场地。培训过程中涉及的设备包括讲台、桌椅、电脑、投影仪、灯光、音响、空调、环境布置以及局域网或广域网的接口设施等。实施场地以本馆的电子阅览室或报告厅为主，也可根据培训内容的需要，选择馆外的文化场馆、实训基地、教育机构等相关场地。

（6）开展前期宣传工作。正式实施培训教育之前，有必要开展一定的公关宣传活动，宣传培训的意义和作用，争取单位领导、主管部门和相关组织的支持与协作，激发馆员的参与兴趣和热情，为克服各种困难和障碍奠定基础。

（7）正式开展培训与教育。有步骤、有重点地落实培训计划，注意处理好馆员的培训教育与公共图书馆日常业务工作的关系，做到理论与实践相互联系，学习与工作相互促进。

（8）进行绩效评估。培训与教育的目的是提升馆员素养，提高工作业绩，绩效评估能够反映其最终成果．也为下一轮的培训开展提供科学、可靠的决策依据。

3.绩效评估

科学的培训评估体系应是若干方面的有效组合：一是评估内容，包括受训馆员对所参与培训学习的评价，对培训组织管理的评价及其前后工作绩效差异的评价等；二是评估标准，各级各类评估指标要界定明确，力求科学合理，尽可能量化，具有可操作性；三是评估方法及周期，对培训教育的评估以专家测评、自我鉴定、读者评价等方式为主，并根据图书馆的战略规划周期和馆员的职业生涯发展阶段划分评估周期；同时，应该将评估置于培训教育的前期、中期和后期等不同阶段，使其既能激发馆员的积极反应和学习热情，并实现自我反省和改进，又能促进图书馆适时调整、修订培训方案。

具体的评估指标体系可根据主要的培训内容分为职业道德、专业知识与技能、现代信息技术、相关知识与技能等大类，大类下又由若干个次级的评估指标构成。如，加拿大的《图书馆员培训需求评估体系》涉及图书馆工作的各个岗位，包括行政、管理、业务等各个方面，其中的专业程度技能包括了有良好的工作习惯（下设：压力管理的能力，可靠性，自我激励有效决策能力，用户隐私管理，无监管下的工作表现。时间管理，完成相关职责，准时性，灵活性，组织性等指标），个人优良品质（下设：有责任感，有团队精神，愿意接受改变，适应性较强，承诺，个人事务与工作事务做好区分，愿意接受培训，耐心，积极的态度，诚实，幽默感，礼貌等指标）等具体下级类别。

主要的评估模式可分为总结性和过程性两类。总结性评估是针对受训馆员的学习结果是否达到培训计划的预期目标以及达到的程度如何进行检验。具体包括：获得了哪些知识和技能；多大程度上改变了原有的工作能力和服务态度；多大程度上能将所获得的知识和能力运用在服务工作上。评估义务馆员学习效果的途径很多，可以采取书面测验、即席演讲、口试、实务操作、成果展示、心得报告、技能竞赛、综合座谈、意见反馈、问卷调查等方式进行。过程性评估是通过收集受训馆员对于培训计划内涵及其执行过程的反映意见，了解其在受训过程中的满意度。评估项目包括：方案目标、课程内容、时间架构、场地环境、参加人数、师资安排、实施方法、培训方案及实施过程等。

可为每个评估指标设计5个计分等级：1分代表需大力提高；2分代表需提高；3分代表达标；4分代表良好；5分代表优秀。同时，根据每项指标相对被评估者所在岗位需要的重要程度，赋予相应的权重值，也分为5个等级：1分代表与该岗位所需相关性较弱；2分代表与该岗位的需求有一定的相关性；3分代表该岗位需要此项素养；4分代表该岗位必备此项素养；5分代表此项素养对该岗位非常重要。

第四节 公共图书馆统计

公共图书馆统计是利用统计、计量等方法对图书馆工作进行定量的记录与描述，用数据向人们展示图书馆的运行情况。公共图书馆统计既可以作为社会公众对图书馆的监督工具，也可以作为上级机构对图书馆的考核依据，同时还是图书馆开展内部管理的重要参照。

一、统计的内涵与作用

公共图书馆统计是公共图书馆管理工作的重要组成部分，是对公共图书馆各项工作的真实记录和反映。开展公共图书馆统计的动机，从宏观层面来说，是国家管理机构为了解公共图书馆事业运行与发展情况，而对公共图书馆系统的基本宏观情况进行统计；从微观层面来说，就是各个图书馆为了反映和记录各项业务活动，而针对本馆的具体微观情况进行统计。通过对公共图书馆工作运行中产生的各项数据的搜集、整理和分析研究，可以探寻其内在规律性，从而为公共图书馆工作的改进提供分析基础。因此，公共图书馆统计是从数最方面综合认识公共图书馆发展规律的一种工具。具体来说，公共图书馆统计是指对公共图书馆数量

方面的资料进行搜集、整理、分析，利用统计数据指标表现公共图书馆各种现象的数量因素和发展动态，以揭示公共图书馆各种现象的特征与规律，从而为管理决策的制定提供坚实可靠的数据支持。

公共图书馆统计是对公共图书馆各项工作运行情况的重要反馈，对把握公共图书馆工作有着重要意义。公共图书馆统计的作用，主要体现在以下几个方面。

（1）为国家各级主管部门编制公共图书馆事业发展规划提供科学依据。

统计是认识社会现象的有力工具，它用数字形式提供社会现象的整体情况，并跟

踪社会现象发展变化的活动轨迹。公共图书馆统计提供公共图书馆发展、运行中的各种分析数据，是国家各级主管部门制定公共图书馆事业发展政策、计划、规划的可靠依据。

（2）为公共图书馆效益评价和公共图书馆评估的开展提供依据。

公共图书馆统计提供有关公共图书馆工作开展情况系统而准确的数据资料，这些统计资料与统计指标客观地反映公共图书馆工作的质量与成效，是评价和考核公共图书馆工作实绩的主要依据。

（3）为公共图书馆的管理与决策提供依据

公共图书馆统计客观、全面反映公共图书馆业务工作的基本情况，便于人们从中发现问题、找出差距，不仅为改进工作效率、提高服务质量提供依据，同时为管理决策及馆内各项业务工作的发展规划提供科学依据，从而提高公共图书馆的科学管理水平。

（4）是对公共图书馆管理和业务工作开展情况进行宣传与监督的重要工具。

公共图书馆统计利用数据反馈出公共图书馆管理与业务工作的开展情况，一方面可以使社会公众加深对图书馆的了解，从而起到宣传推广的作用；另一方面则有利于主管部门全面把握公共图书馆运行情况，从而可以更好地对其予以监督与指导。

（5）是开展图书馆学研究的重要方法

图书馆统计是图书馆学定量分析的基础，要深入开展图书馆学研究，离不开图书馆统计。

二、统计的内容与步骤

（一）统计的内容

1. 藏书统计

公共图书馆藏书统计是了解公共图书馆的馆藏资源结构、藏书特色和每年图书增长情况的重要途径，是反映馆藏规模、水平和发展变化情况的重要指标之一。藏书统计指标主要包括藏书数量，文献有关学科、语种和载体等的分布情况，费用及分配情况，来源和入藏时间等。根据藏书统计数据对馆藏质量进行分析，可以为优化馆藏结构提供依据。

2. 读者统计

读者服务是公共图书馆工作的中心环节，通过对使用公共图书馆的读者情况的了解，可以更好地改进公共图书馆的读者服务工作，并提供更具针对性的服务。读者统计是对读者数量、构成及其对图书馆利用情况的统计。读者统计指标主要包括读者总数量，读者年龄、文化程度、专业、职业、职称、居住地等的分类统计数量，以及读者到馆次数等。通过读者统计数据分析，可以更好地了解图书馆读者人数的发展变化规律和读者特征，以科学安排读者服务工作和藏书建设规划。

3. 借阅统计

借阅统计主要反映馆藏文献的流通与利用情况。通过掌握馆藏文献借阅规律，可以很好地了解读者的阅读喜好与倾向，掌握读者的阅读需求种类与阅读需’求变化情况及其对图书馆工作的满意度。借阅统计指标主要包括图书借阅总量、图书借阅分类统计数量（按学科或主题）、文献周转率、文献拒借率等。借阅统计数据，可以反映出读者利用藏书的发展变化情况，以及各类藏书的流通情况和对读者需求满足情况，从而为图书馆采访计划的制订与动态调整、图书剔旧工作的开展以及读音服务创新提供依据，进而改进图书馆藏书质量和读者服务措施。

4. 深化服务统计

公共图书馆深化服务统计是指对参考咨询、馆际互借、培训、展览等服务项目开展情况及读者参与利用情况的统计，旨在为改进服务质量和方式以获得更好的服务效果提供依据。

5. 数字资源使用统计

对数字资源使用的统计需要运用专业技术（如数据挖掘等）和统计分析工具，从服务器日志文件和检索结果中分析、判断、整理出所需数据，可从以下几个方面进行数据统计：

①某段时间内用户访问数字资源的任务数。任务是指对一个数据库一次成功的请求，是用户使用数据库从连接成功到任务完成后退出或超时为止的过程。

②某段时间内的检索次数。

③某段时间内的访问时间和检索时间。

④某段时间内下载记录、文献和数据数量。

⑤某段时间内拒绝访问的平均任务数。

⑥系统平均无故障时间。

⑦某段时间内正常服务时间。

其中指标①一④可以客观反映数字资源的服务效率和效能，而⑤一⑦能反映用户的满意度，测度用户对服务的感知绩效，这七个指标基本上反映了数字资源服务的数量和质量。

6. 工作人员统计

公共图书馆工作人员统计主要反映图书馆工作人员数量与结构的发展变化情况。公共图书馆工作人员统计指标主要包括人员总数量，图书馆工作人员在年龄、性别、专业、文化程度、职称、职务等方面的分类统计数量。通过对工作人员数量与结构变化情况的分析，一方面可以反映工作人员素质的发展变化情况，另一方面可以为图书馆人事计划提供依据。

7. 财务统计

财务统计主要反映公共图书馆在经费数量、来源与分配情况等方面的发展变化情况。它一方面可以指导监督公共图书馆财务管理工作，另一方面也反映着国家对公共图书馆事业发展的重视程度。财务统计指标主要包括文献购置、行政、设备和工资等的经费数量。

8. 建筑设备统计

建筑设备统计主要指对公共图书馆建筑总面积以及藏书、借阅、咨询服务、公共活动与辅助服务、业务、行政办公、技术设备、后勤保障用房的分布情况，机器设备的名称、型号、规格、数量、质量情况等的统计。

（二）统计工作的步骤

1. 明确统计目的

任何调查研究都要有明确的目的。公共图书馆统计工作的开展也应首先确定本次统计的目的，弄清楚统计工作所要解决的问题。统计目的应具体些，要抓住主要矛盾，突出中心问题，密切结合图书馆工作的实际与可能需求。

2. 统计调查

统计调查，即统计资料的搜集。它是根据统计目的，有计划、有组织、科学地收集原始数据资料的工作过程。在统计工作的整个过程中，统计调查担负着提供基础资料的任务，是决定整个统计工作质量的基本环节。统计调查的基本要求是准确、及时和完整。

统计调查是一项复杂细致的工作，在开展此项工作之前，要首先制订统训调查方案。统引调查方案必须包括：①统计调查目的和对象；②调查项目；③统计调查表；④统计调查的组织方式。

公共图书馆统计调查的组织方式可以按照不同的标准进行划分。按调查时间，可以分为经常性凋查和一次性调查；按调查范围，可分为全面调查和局部调查；按调查组织形式，可分为统计报表制度和专门调查。

3. 统计整理

统计整理，即统计资料整理，它根据统计目的和任务要求，对统计调查阶段取得的杂乱无章的原始资料进行加工、综合，使之系统化、条理化，从而得到反映总体特征的综合统计资料。统计整理是统计分析的前提和基础，其质量直接影响统计分析的质量。

公共图书馆统计资料主要有定期统计资料、专题统计资料和历史资料三种。定期统计资料即一定时期内的统计资料，专题统计资料是一定时期内有关公共图书馆某种现象的资料，历史资料则是历年来图书馆发展数量、藏书量、用户数量等资料。图书馆的统计整理，可以根据统计目的，分别对这三种资料加以整理。

统计整理工作的开展应遵循以下步骤：①设计汇总方案；②审核原始资料；③资料分类与编码；④分类汇总；⑤编制统计报表。

4统计分析

统计分析是在统计调查和统计整理的基础上，根据统计目的，运用特有的统计分析方法，对统计资料作进一步分析处理，从而揭示公共图书馆的特点与发展规律，揭露矛盾，并提出建议的工作过程。

统计分析是提供统计成果的重要阶段，其步骤主要包括：①明确分析目标；②收集、整理有关资料；③运用统计分析方法进行系统周密的分析；④得出结论，提出成果。统计分析成果可以以统计分析报告、文字说明、口头报告等形式予以表达。

三、统计的分析方法

1. 分类分析法

分类是人类思维的基本形式，是认识世界的基本方法，它帮助我们辨别事物的相同或相异特征。分类分析法，即指经过统训调查，根据统计分析的目的，按某些变动标志将统计资料划分成若干部分，再对各部分数据进行分析比较，以掌握它们之间内在联系的方法。

2. 对比分析法

对比分析法也称比较分析法，是统计分析中最常用的方法。它通过有关指标的纵向、横向对比来反映事物数量上的差异和变化，进而探寻事物的发展规律。纵向对比是对同一研究对象不同时期指标数值的比较，横向对比则是在同一时间条件下，对不同部门、不同馆、不同系统、不同地区进行的比较。

3. 相关分析法

相关分析法是研究两个或两个以上变量之间密切程度的一种常用统计方法。它通过大最统计资料，运用数学方法分析各种统计变量之间的相关关系，确定各统计变量之间相互作用程度的大小，进而区分相关关系中的主要因素与次要因素及其之间的关系。相关分析的最终目的是根据统计变量之间的相关关系进行预测和控制。

4. 动态分析法

动态分析法是以某种现象发展变化所表现出来的数量特征为依据，通过建立并分析动态数列来掌握该现象的变化趋势的方法。反映某种现象在时间上变化与发展的一系列指标数值，按时间先后顺序排列，就形成一个动态数列（即时间序列）。通过分析动态数列的发展速度和增减速度，可了解该现象的发展变化，以及这种变化的趋势。

5. 结构分析法

结构分析法是在分类分析的基础上，计算各个部分在总体中所占比重，进而分析总体事物的内部结构、总体的性质、总体的内部结构依时间推移而表现出的变化规律性的统计分析方法。该方法要求首先掌握总体事物的基本统计数据，然后对总体中各个部分的数据进行分解分析，从而计算出各个部分的数值与总体数值的百分比。结构分析法主要应用于三个方面：①分析事物内部结构的差别；②分析事物内部结构的依存关系；③分析事物内部结构的变化趋势。

第五节　公共图书馆营销

改革开放后，我国政府对公共图书馆的重视程度与经济投入逐渐加大，并相继涌现出大批硬件出色的公共图书馆，但公共图书馆的社会认同率和社会地位并未与此成正比增长。虽然图书馆通过开拓创新打造了很好的资源与服务项目，但并没有得到社会公众的充分利用，这与公共图书馆被动、保守的管理理念不无关系。为了在社会发展中求得生存与可持续发展，公共图书馆需要改变刻板形象，引进积极面对用户的营销理念，并努力构筑自身的核心竞争力来获取用户的信赖与支持，为社会进步和经济发展发挥更大作用。

一、公共图书馆营销必要性

营销在人们头脑中的一般概念是推荐、影响和说服人们去买他们不一定需要的东西，但营销的含义不止如此。早在1969年，现代营销大师菲利普·科特勒（Philip Kotler）就拓展了营销的概念，指出营销的另一种含义是机敏地为人服务且满足其需求。营销的这种含义，吸引了非营利机构对它的关注。1975年，菲利普·科特勒又出版了他的第一部以非营利组织为对象的著作《非营利组织的营销》，为非营利机构的营销奠定了理论基础。而最早将营销理论引入图书馆的则是加拿大女王大学（Queen' s university）的企业管理教授劳伦斯（Lawrence）。他在1977年就提出图书馆馆员应利用营销的技巧创造网书馆发展的新机会。他认为图书馆也是一个可营销的资源，强调图书馆的管理应以读者为中心，认为图书馆的管理者必须以有创意的方式来适应外在环境的变化。

从20世纪70年代末开始，在营销学教授的倡导下，国外图书馆学家也针对营销理论与方法在图书馆领域的应用展开了积极的研究，并开始运用传统的市场营销理论、创新的服务营销和社会营销理论来指导公共图书馆的管理，取得了较好的效果。我国图书馆界引入营销理念基本是在改革开放以后，随着我国社会主义市场经济逐步走上轨道，信息作为一种战略、经济资源越来越受到人们的重视，信息的价值在市场上得到认可。1993年4月25日至28日，中国科学技术信息研究所在联合国教科文组织综合情报计‘划处的资助下在北京召开了《图书馆和信息服务机构营销政策国际讨论会》。讨论会上专家们提出，不论在发达国家还是在发展中国家，图书馆和信息服务机构的管理者必须采用营销方法，才能使组织把注意力放到用户需求上，才能使组织充满活力、有远见、向用户提供优质服务。

图书馆是文献信息与用户的中介，是以满足用户的需求，最大程度的实现对馆藏资源与服务的利用来创造价值，完成其社会职能的。在当前动态多变的信息服务市场竞争环境中，为了使产品或服务得到最广泛的接受，公共图书馆有必要通过有计划、有组织的研究用户和对产品或服务推广宣传，实现组织与用户的双向沟通，缩短图书馆与用户之间的距离。《国际图联／联合国教科文组织：公共图书馆服务发展指南》中也强调：“图书馆的主管人员可以利用市场营销技术，使自己能了解用户的需求，并进行有效的规划，以便满足他们的需求。图书馆还必须向大众宣传它的服务，确保他们清楚了解图书馆为他们提供的图书信息服务。”具体而言，公共图书馆开展营销活动的必要性主要体现在以下几个方面。

1．应对信息服务市场竞争的需要

信息经济时代，图书馆的生存环境发生了重大变化。在多样化的信息环境中，图书馆在知识信息供给上的传统优势和垄断局面已不复存在，有越来越多的信息服务机构试图与图书馆争夺信息用户。过去图书馆是唯一的信息入口，而现在图书馆面临着各种信息服务机构的强大竞争。图书馆的发展，甚至是生存都面临着严峻挑战。

虽然与其他信息服务机构相比，图书馆的信息来源可靠，但却因缺乏理想的服务定位造成信息用户不断流失。图书馆只有引进营销理念，才能理清新的发展方向，深化对目标用户群的服务。借助营销理论与实践经验，使图书馆的一切业务活动真正做到以用户为中心并适时调整自身的服务观念和管理策略，同时有计划、有策略的开展推广宣传活动，积极抢占信息服务市场，才能为图书馆赢取更大的生存与发展空间。

2. 改善公共图书馆社会认知的需要

随着知识经济时代的到来，图书馆顺应时代的发展趋势，无论是从资源层面、技术层面、服务层面、人员素质层面都得到了极大提高。虽然图书馆不断创新服务形式，拓展服务内容，但人们对图书馆的印象仍旧是提供借借还还单一服务的单位，图书馆所提供的多种服务内容并不为用户所熟知。因此，有必要采取营销传播手段宣传推广图书馆的服务内容，采取营销策略性行动争取更多公众的理解、支持与合作，让更多的用户认识到图书馆的用处，并进一步利用图书馆的深层次服务。

公共图书馆开展营销工作并非为了增加利润，而是为了图书馆的使命，使文献资源得到更有效的利用以获得更大的社会效益，进而改善社会公众对公共图书馆的认知，赢得上级机构和社会在未来对图书馆给予更大的支持，使图书馆得以长期生存和可持续发展。

3. 实现公共图书馆社会效益最大化的需要

为了使图书馆丰富的信息资源最大限度地发挥作用，有针对性地满足用户的信息需求，就必须缩短图书馆、用户和社会之间的距离。营销以社会责任为导向，以提升资源、服务品质和拓展服务项目为手段，可以使图书馆获得更多用户的了解和利用。

信息环境的变化除了导致图书馆用户需求的变化，还带来了用户对图书馆期望的变化。过去人们对图书馆的期待是能满足借书的需要，而今天还要求图书馆能联结到无边界的信息资源，给他们以广阔的选择空间；过去人们在图书馆要找到、找全信息资料，现在他们的要求是查精，要求高质量的信息搜寻和深层次的信息加工。公共图书馆营销在充分研究用户的现实需求和潜在需求的同时积极推广宣传图书馆的资源和服务项目，这不仅有利于图书馆为用户提供最需要的信息服务，达到满足用户信息需求的目的；同时也可以促进用户对图书馆的使用，进而实现社会效益最大化。这既是引入营销理念的根本目的，也是最终目的。

公共图书馆营销就是了解、发现和激发用户的需求，并通过建立、开辟和延伸图书馆的资源与服务，以满足目标用户群体需求的过程。它不仅是一种宣传行为，更是一种促进图书馆与用户之间沟通的行为，同时也是一种用户服务行为。这种沟通与服务将用户的真实需求与行为模式传递给图书馆，又将图书馆的资源与服务信息传递给用户，强化了图书馆与用户的合作，促进了图书馆资源与服务的利用，提高了图书馆的社会地位和影响。

二、公共图书馆营销策略

图书馆营销工作主要包括两个方面：一是馆藏资源的宣传推介，二是信息服务的宣传推介。公共图书馆营销的成功与否在很大程度上取决于公共图书馆营销的策略是否正确。为了实现最好的营销效果，公共图书馆需要制定适合本馆的营销策略。

1. 用户细分策略

用户细分策略是指在对公共图书馆用户及其需求研究的基础上，将用户整体划分为若干用户群，然后了解各用户群的需求是否已经满足，公共图书馆根据自身资源情况为本馆确定重点用户群，并根据各用户群的需求情况开发信息产品及服务，即为满足特定用户群的需而开拓特定的信息产品及服务。制订用户细分策略，首先应合理划分用户群并选择目标用户，然后根据自身优势进行市场分析，并以自身优势为基础开拓信息产品及服务，最后针对目标用户进行推广宣传。

2．品牌策略

品牌是指用来识别一个（或一群）卖主的产品或服务的名称、术语、记号、象征、设计或其组合，可以用来区别一个（或一群）卖主或竞争者。优秀的品牌，作为一种无形资产，可以为其所标识的产品与服务带来强大的品牌效应。“图书馆品牌”则是指一个图书馆利用其独特的馆藏资源，或一定的信息产品，或某一特色服务，在同行业中形成的一种吸引广大用户的差别优势，这种优势就是图书馆品牌。公共图书馆的地域差异、馆藏资源差异等为其实现个性化服务、打造特色品牌奠定了基础。

公共图书馆品牌的打造，需要深入探求公众的信息需求与信息行为模式，发掘图书馆的服务潜力，进而形成独特的服务模式或产品。通过品牌的打造，图书馆可以建立和巩固自己在信息服务市场中的地位与优势。当然，打造一个知名品牌需要经历一个缓慢而艰难的积累过程，并需要图书馆具备以下条件：

（1）深刻的品牌意识。品牌意识是图书馆对品牌和品牌建设的基本理念。品牌意识的培养需要图书馆深刻了解自己的产品或服务在信息市场上、在用户中间的影响力，并清楚地知道这种影响力所造成的认知度、忠诚度和联想度，同时能够采取适当的战略将品牌融入用户和潜在用户的生活过程。

（2）健全的品牌管理体制。品牌管理就是以品牌产品或服务为核心，综合运用各种资源和手段，围绕品牌的创建、维护和发展所进行的一系列管理活动。品牌管理的水平高低、质量好坏直接关系着图书馆的品牌营销策略的成功与否。管理中应以人为本，注重人的管理；其次要建立科学的管理体制和规范的管理制度；第三，各部门和全体员工要相互协调、密切配合，同时要不断改进管理方法与手段。

（3）优质的产品与服务。优质的产品与服务是图书馆营销的关键，也是图书馆品牌创立的基础和特征。

（4）高素质的人才队伍。高素质的人才队伍是构建图书馆品牌的基础，品牌营销的关键在于人，图书馆员素质与魅力可以极大增强品牌的亲和力。同时，通过品牌打造也可以不断提高图书馆馆员的专业素质、服务技能和管理能力，激发图书馆馆员的进取精神和创新精神，从而提高整个图书馆的服务质量和水平。

3．宣传策略

为了吸引社会公众对图书馆资源与服务的使用，图书馆应采取多元渗透式推广策略。

（1）媒体宣传

图书馆可以通过报纸杂志、广播、电视等大众媒体宣传图书馆以及图书馆的馆藏与服务，以吸引社会公众对图书馆活动的关注与参与。作为一项公益性事业，媒体中的图书馆应以公益性广告出现，旨在传播文化，弘扬民族精神，加深社会公众对图书馆的了解。

（2）网络宣传

网络宣传是指借助互联网的功能，利用数字化信息和网络媒体的交互性来推广图书馆的资源与服务的宣传活动。根据网络信息传播的方式，图书馆的网络宣传可以分为静态宣传和动态宣传两种方式。静态宣传是指图书馆为用户提供的单向信息推送，如图书馆在自己的网站上发布各种公告信息以及利用网上广告、电子邮件等方式开展的服务推介等。动态宣传则是指图书馆利用社交媒体网站通过与用户的互动沟通，了解用户需求、推广‘图书馆品牌的营销活动。

图书馆网络宣传成本低、受众范围广泛并且不受时空的限制，还可以通过与用户的互动使用户更好地了解图书馆馆藏特色与服务项目。同时还可以帮助图书馆迅速、准确地获得用户的需求信息，以改进服务或调整服务策略。

（3）体验式营销

体验式营销是站在消费者的感官、情感、思考、行动、关联五个方面，重新定义、设计营销的思考方式。这种思考方式认为消费者在消费时理性与感性兼具，营销活动的开展应关注消费者在消费前、消费时、消费后的体验。图书馆体验式营销就是要时刻关注用户的体验感受，可以采取景观体验、氛围体验、社交体验、科技体验、教育体验等策略。

①景观体验是指图书馆的景观设计应突出鲜明的个性色彩和地域特征，具有易于识别、记忆的特征，并凸显图书馆深厚的文化积淀和人文精神，塑造图书馆内外兼美的良好形象。用户体验图书馆景观的过程，同样也是接受文化熏陶、感受文化魅力的过程。图书馆提供的各种景观体验，在知觉和情感上极大满足读者的需求，从而激发用户对图书馆的认同和喜爱。

②氛围体验是指图书馆应营造一种令人愉快、使人流连忘返的氛围。这种氛围可以是休闲、时尚、富有青春活力，也可以是严肃、高雅、充满文化气息的。图书馆多元和谐氛围的构建，可以迎合现代人文化消费的需求，从而提高图书馆产品与服务的外在和主观质量，使图书馆形象更加完美。

③社交体验。图书馆是公共文化服务机构，是为个人和社会群体的终身学习、独立决策和文化发展提供基本条件的场所，因此在为用户创造社会交往机会、满足用户社交需求上，图书馆具有不可比拟的条件和优势。图书馆各项集体化互动活动，如读书会、辩论会、亲子阅读等活动，可以为有着共同话题与爱好的人提供交流平台，为用户带来深刻、良好的社交体验。

④科技体验是指图书馆可以为用户提供很多与科技零距离接触的机会，让用户在图书馆中自由感受科技带来的信息和便捷，在潜移默化中培养用户的创造性思维和充满理性的科学习惯。新信息技术在图书馆的广泛应用，使图书馆成为科技与文化完美结合的地方。

⑤教育体验是指图书馆主办的各类参与互动的文化活动，如诗歌朗诵会、名家讲坛、文化艺术展览等，就像一道道丰盛的文化大餐，为公众提供文化、艺术滋养。

4. 政府公关策略

政府对公共图书馆的支持与否是某个地区公共图书馆事业发展的关键因素。图书馆对政府的公共关系工作是指图书馆运用有效的传播手段，与政府建立相互理解和信赖的关系，树立良好的形象和声誉，使图书馆适应政府的需要，同时使政府适应图书馆事业发展的需要，以促进图书馆目标实现而进行的一种管理活动。图书馆对政府的公关工作，主要针对政府中直接或间接负责管理图书馆事业的有关机构和人员。

积极开展与政府的公关工作，对于图书馆协调各方关系，疏通渠道，以确保图书馆事业稳步发展，具有重要作用，主要体现在：①了解政府的政策、法令及国内外图书馆事业的发展动向、变化因素，以辅助图书馆决策的制定；②通过为政府提供优质服务，获取政府对图书馆的广泛宣传，扩大图书馆的影响，增进其他组织机构及整个社会对图书馆的了解和信任，进而提高图书馆的社会地位；③密切情感联系，取得政府的支持和帮助，争取尽可能多的政府拨款，引进尽可能适合的专业技术人才。图书馆开展政府公关活动的方式有多种：①增加图书馆人员的公关意识；②通过设立公共关系部门或指定专人有计划、有组织、有重点地开展对政府的公关工作；③借助业务活动和优质服务建立与政府的沟通渠道，联络感情、交流信息；④积极开展各种公共活动，同时积极寻求政府的参与，进而增强与政府的联系。

三、公共图书馆核心竞争力的构建途径

公共图书馆核心竞争力即在其服务过程中形成的不易被其他竞争对手效仿的能带来社会效益的独特能力。虽然公共图书馆属于公益性服务组织，但它同样面临着生存与发展的压力。为了争取更多的资金支持和进一步提高自己的社会地位，公共图书馆也需要积极构建自身的核心竞争力，以吸引更多的用户和社会关注。同时，核心竞争力的构建，也有利于明确公共图书馆的发展重点，实现公共图书馆资源的优化配置。

目前，关于图书馆核心竞争力构建与提升路径的研究众说纷纭：有的认为图书馆文化是图书馆核心竞争力的源泉和根本，只有通过打造具有特色的图书馆文化，才能有效提升图书馆的核心竞争力；有的认为图书馆的核心竞争力来源于隐性知识，图书馆核心竞争力的形成有赖于个人知识向图书馆组织知识的转化，离不开科学的管理规章制度，来自于信息服务、工作创新、用户反馈等知识创新的过程，同时也来源于外部知识的内在化；有的认为应通过构建信息无障碍体系提升图书馆的核心竞争力；还有人提出知识管理”、战略联盟是构建图书馆核心竞争力的最佳途径。

对于公共图书馆来说，资源是构建核心竞争力的基础，服务是核心竞争力的体现。公共图书馆应通过资源的有效开发，创新服务形式和内容，打造其核心竞争力。具体来说，公共图书馆的核心竞争力应由资源层和核心竞争力体现层组成。图书馆的资源不仅包括馆藏文献信息资源，而且还包括先进的技术设备和服务设施、高素质的人力资源以及图书馆所特有的文化氛围。创新服务项目是公共图书馆核心竞争力的体现，它为用户提供具有核心竞争力的服务产品，实现公共图书馆的社会价值。

公共图书馆核心竞争力的构建是一个系统工程，同时也是一个积累的过程。关于公共图书馆核心竞争力构建，可从以下几个方面着手：

（1）特色资源是提升核心竞争力的基础。在同社会其他机构的竞争中，图书馆要立于不败之地，提升特色资源是一项重要任务。网络在人们的工作和生活中占有重要的地位，人们从网络上搜索有用的信息，阅读相关书籍，网络在某种程度上削弱了图书馆在人们工作和生活中的地位。但是图书馆的某些特色资源是永远不会被大众网络取代的，这就是图书馆在网络时代的核心竞争力所在，如，美国国会图书馆的“美国记忆”特色资源库，国家图书馆的“甲骨世界”和“数字方志”等。

（2）发展人力资源是提高图书馆核心竞争力的根本保障。核心竞争力属于知识的范畴，其实质是单位组织中积累形成的特殊知识，而知识作为一种特殊的资源，人为其重要的载体，核心竞争力只有通过员工的学习和创造才能获得，员工个人的知识技能水平、员工的整体素质与知识技能结构是核心竞争力得以形成的主要要素。

（3）图书馆文化是提升图书馆核心竞争力的催化剂。提升图书馆的核心竞争力，不仅要靠技术、管理和物质方面的激励，还要从图书馆的价值观入手，建立具有号召力、凝聚力、亲和力的图书馆文化，以图书馆文化铸造图书馆灵魂，培育图书馆的核心价值体系，形成图书馆的核心竞争力。

麦肯锡咨询公司的凯文·科因、斯蒂芬·霍尔和帕特里夏·克里福德等提出，核心竞争力是某一组织内部一系列互补的技能和知识的组合，它具有使一项或多项关键业务达到业界一流水平的能力。所以，一个阿书馆核心竞争力的培育，单纯地通过馆藏资源、人才队伍和组织文化建设是不够的，需要综合考虑和系统地规划。公共图书馆核心竞争力的构建过程，也就是公共图书馆的发展和进步历程，通过核心竞争力的构建，公共图书馆不仅明确了自己的发展重点与方向，更重要的是明确了自己的社会定位与营销基点。

第五章 公共图书馆读者服务

第一节 读者服务概论

一、读者服务内涵

图书馆作为社会文化教育机构，作为文献信息中心，它的性质决定了它要以服务社会、服务读者为根本任务。“服务”是图书馆存在的前提，是图书馆各项工作的出发点和归宿，是检验和评估图书馆工作的重要标准。

“读者服务”是指图书馆根据读者对文献的需求，充分利用图书馆资源直接向读者提供文献和信息的一系列活动，也称为“读者工作”或“图书馆服务”。它是一种特殊的服务，是利用图书馆资源所进行的文献服务；其目的是通过开发利用图书馆的各项资源，为读者提供快捷有效的信息服务。它是整个图书馆工作中最活跃、最富有生命力的因素。

读者服务工作，也称“用户服务工作”，是指图书馆文献的使用和服务工作，如文献的外借、阅览、文献宣传、阅读辅导、参考咨询、文献检索、网络信息导航以及用户发展、用户研究、用户培训工作等；此外，还包括各类信息工作，如科技查新、专利查新、定题信息服务等。读者服务工作可以分为4个部分：情报服务、参考咨询、文献借阅、信息增值服务。情报服务工作包括组织读者、组织服务（利用文献资料开展各种读者活动）、图书情报服务工作的管理。参考咨询工作包括文献调查工作、书目工作、参考工作、文献检索工作、文献提供工作等。文献借阅工作包括文献外借和文献阅览服务。信息增值服务主要有4种模式，即个性化全程服务、团队服务、集成化信息服务、专业化网上服务。

二、读者服务要素

1. 用户是图书馆服务的对象

图书馆的生存和发展在一定程度上取决于用户的数量和素质，不同类型的图书馆，用户的种类和需求不尽相同。如：公共图书馆的用户来自社会各行各业，他们所需的文献涉及面广，但以综合性、普及性的读物为主：大学图书馆的用户主要是师生和研究人员，这类用户的需求专业性强，尤其是研究人员对文献的需求层次高、研究性和情报性强。

2.文献资源是读者服务的基础

图书馆赖以生存的基础、图书馆服务的深度和广度取决于馆藏文献信息资源的开发和利用，而且其布局和建设是随着社会的发展而变化的。尽管现代图书馆提供的服务仍以文献资源为基础，但由于图书馆内外部功能不断变化．使图书馆文献资源的种类不再仅仅是纸质出版物，而且文献资源也不再局限于馆内。现代图书馆的文献资源由馆藏实体资源和网络虚拟资源两部分组成。

3.图书馆馆员是图书馆服务的提供者

现代图书馆馆员的作用不仅仅是保存文献资源，更重要的是能从浩如烟海的文献资源中为用户筛选他们所需的信息，冈此现代图书馆的业务水平和职业道德对图书馆的服务质量起着举足轻重的作用。现代圈书馆的服务由“用户自助服务”和“馆员辅助服务”两大类组成。

三、读者服务方式

传统图书馆工作以藏书为中心。随着现代信息技术的发展，图书馆的外部信息环境和内部业务机制正在发生重大的变化，图书馆从“以书为本”转向“以人为本”。读者服务从封闭走向了开放，从静态走向了动态，从单一走向了多元，从被动走向了主动；读者服务逐渐形成了全新的服务方式。

（一）自助服务

自助服务是数字时代用户服务的一种新的服务趋势。在图书馆自助服务模式下，读者不需要工作人员的帮助可直接获取图书馆的资源和服务。一是在馆内建立“藏、借、阅、咨”一体化的大流通服务模式。如深圳图书馆研发的“城市街区24小时自助图书馆系统”，市民通过该系统即可享受申办借书证、借书、还书、预借、查询等自助服务。借助RFID系统的普及，图书馆自助服务正像银行自助服务一样快速发展。

（二）信息共享空间服务

1.信息共享空间概述

信息共享空间（information commons，IC）兴起于20世纪90年代，是欧美地区图书馆为培育读者的信息素养率先应用的一种创新型服务模式。这一新型的服务模式是在共享式学习和开放存取运动背景下建立的一个经过特别设计的一站式服务中心和协同学习环境。

（1）信息共享空间的内涵。IC开放式的服务理念于2005年被引入我国，但是到目前为止，国内外学者对IC还没有一个统一的定义。

美国北卡罗来纳州立大学的Donald Beagle在他的《IC构想》一文中，最早从技术管理理论的角度提出IC概念，认为IC既是一种虚拟空间，也是一种新的物理实体空间。在此文中，作者提出了对信息共享空间的两种不同的理解：一种定义为独特的虚拟环境，在该环境下，用户可以通过安装在计算机上的数据库资源、简单的搜索引擎及各种应用软件等数字化方式获得多种虚拟服务，这不仅是图书馆资源的简单整理，而是对各种类型资源的一个高度的、密集的整合；另一种定义为新型的物理设施或空间，提供一个整合的物理环境进行服务的传递，这种空间可以是图书馆的一个部门、一个楼层或独立的一幢大楼，它构成了一种新的信息环境，并在第一种模式基础上引进了服务这一概念。

Russell Bailey和Barbara Tierney将Beagle的IC模式进一步细分为3个基本的类型，即巨型信息共享空间（macro-commons）、微型信息共享空间（micro-commons）和整合信息共享空间（integreted commons）。很多图书馆采用了整合形式的信息共享空间，将信息技术与图书馆资源相结合，由图书馆员、计算机专家以及多媒体工作者在一个平台上联合提供各种服务，帮助用户学习与创新。

美国德克萨斯州立大学（TCU）图书馆的Kocler. J和Bobich. M设计了一个理想的信息共享实体学习空间，将信息共享空间利用一个平面坐标轴进行了更为生动和形象的描述，坐标轴的4个象限即为IC设计的4个物理结构的雏形。IC的设计方式不仅改变图书馆以往的结构布局，将图书馆的个人学习区与小组学习区进行分隔，将有计算机的区域与无计算机的区域进行隔离，更重要的是实现学习区域、计算机区的有机整合，形成传统阅览区、电子阅览区、小组讨论室和个人研究区等多个人性化的空间布局，这样的服务革新从用户的需求出发，将“以用户为中心”的服务理念进一步落实。

以上各学者对信息共享空间的表述可以概括为以下几个方面：一是提供一站式信息服务，即将图书馆的空间、资源和服务进行整合，为用户提供方便快捷的一站式服务，便于用户进行协作式的学习和交流；二是注重培养用户的信息素养，即通过参考咨询员、计算机专家、多媒体工作者等多个领域的专家、学者为用户提供动态服务、信息培训等来提高读者信息甄别、查找、使用、评价等方面的能力；三是促进用户的学习与研究，即信息共享空间是继用户信息需求发生变化后产生的一种新型的图书馆信息服务模式，通过利用最新的信息技术途径来整合图书馆服务，使每一台计算机都有相同的操作界面，提供各类信息查找工具和知识管理软件，满足各类用户的不同需求，进而提升用户的个人知识管理能力和学习与科研能力。总之，信息共享空间是一种动态的服务模式，是一个支持协作式学习与研究的服务平台。

(2) 信息共享空间的兴起

Donald Beagle认为，信息空间的雏形应该是在20世纪80年代中期，随着知识（信息）爆炸时代的来临和IT技术的发展，那个时候社会理论学家开始热衷于讨论广义的“空间”的定义。有一批研究者开始将网络个人计算机技术与文化或社会空间模式相联系。比如，Harlan Cleveland在他1985年出版的《The knowledge Executive: Leadershipinan Information society》一书中提出，网络技术的发展形成了一种新的在线空间或者是一种共享的环境，是对知识和信息的共享。在此书中，首次提到了“Information commons”的概念。之后，贝尔实验室执行官Robert W. Lucky在他1991年出版的《silicon Dream》一书中首次对计算机网络将产生一种新的虚拟空间作出了比较完整的论述。他认为，这将产生类似图书馆的一种新的信息的收集和分发模式，而这种模式将超越传统图书馆。类似的虚拟空间的热议催生了“Information commons”的理论探讨，作为高等教育中重要的知识和信息收集单位以及科研教学的辅助基地的图书馆自然无法避免地参与了进去。而如何和怎样使用这些空间是首先必须要解决的问题。

1990年，Mingioni在他的《基于计算机的信息空间》一文中首次提出了解决以上问题的方案雏形。他提出基于公共网络为技术支持的计算机终端的信息空间的解决方式，在这个空间中，容纳了各方面的图书馆员以提供各类信息和参考咨询服务。与此同时，相关联的文化空间与物理空间的探讨也开始逐渐被重视起来，为IC完整理论模式的探讨奠定了基础。

1990年春季刊《Library Administration and Management》上，菲利普·汤普金斯讨论的一种新的教学图书馆的组织结构成为对这一问题比较经典和权威的解决典范。他提出：“在大量的工作站空间区域，配有经验丰富的咨询馆员，同时，可以访问课程管理系统和信息软件。”这一模式最终成为现在图书馆IC的主流构建模式。

而1999年Donald Beagle发表的《IC构想》一文奠定了IC研究的理论基石，可以说标志着信息共享空间研究的正式兴起。

2. 信息共享空间的模型结构

在信息共享空间的模型构建上，孙瑾提出IC主要由实体空间和虚拟空间构成。也有学者认为IC构建模型包括四大模块：资源建设模块、功能服务模块、质量测评模块和管理决策模块。在综合国内外研究的基础上，IC模型的主流为3层结构，即实体层、虚拟层和支持层。

实体层是用户学习、活动和交流的实体空间，侧重舒适环境的设计布局，重在发挥IC的交流、协作和“一站式”服务功能。实体层的构建遵循“因需而变”，内部构成元素根据用户的需求和实现目标而定。实体层的实现目标是在整个IC实体环境中针对不同的读者类型、学习方式、学习目标和相应的需求，营造多个大小适宜、布局合理、设施完备、形式灵活的学习空间，构建和谐的实体空间。实体层的基本组件包括咨询台、工作站、合作学习研究室、指导室、多媒体制作室和休闲区等。

信息共享空间的虚拟层是融合和链接实体层和支持层的纽带。虚拟层的实现目标是在网络环境下营造资源丰富、支持开放存取与协同共享的虚拟学习环境，构建开放获取的虚拟空间。虚拟层的构建主要在于信息资源建设和网站平台的建设。

信息共享空间的支持层是系统运行和发展的核心动力层，由信息技术、组织与管理、文化与精神三大核心驱动力构成，通过三者的有机融合和共同作用来支撑和驱动系统的运行与发展。在支持层的实际构建中，分为组织管理模型的构建和人力资源队伍的构建。

3. 信息共享空间服务

IC的服务理念主要基于两种思想，即开放获取的思想和图书馆服务的思想。其目的是确保用户所需知识的开放获取和应用，以便促进信息的自由获取与共享，鼓励用户的自主学习与创新；同时，从图书馆服务的角度把图书馆的空间、资源和服务进行重新整合，促进用户的协作式学习与交流。

（1）服务内容。公共图书馆读者的多样性、服务范围的广泛性，使得公共图书馆的IC服务内容不需要像高校馆那样有较强的学术性与专指性，而是包罗万象，侧重普及性知识——从帮助读者解决政策法规、地方政府办事条例等社会领域问题到医疗健康和消费等生活问题，为的是满足他们普通阅读需求、一般信息查询、为企业提供经济信息乃至为政府部门提供决策参考。问卷调查显示，28.3%的读者希望图书馆帮助解答日常生活中遇到的问题，因而公共图书馆IC服务系统中需要提供一些常用信息查询平台，例如本地区的电子地图、天气预报或其他公共信息查询软件，以便最大限度地满足不同层次读者的多元化信息需求。

（2）服务人员。从IC的发展现状来看，相对于高校图书馆，公共图书馆IC的服务人员较少。例如：加拿大多伦多公共图书IC的服务人员仅有6名；而爱姆雷大学IC的服务人员有22名；爱荷华大学IC的服务人员有21名；北京大学多媒体服务共享空间服务人员有9名；清华大学信息服务中心服务人员有8名。

公共图书馆读者不像高校图书馆的读者那样具有较高的文化层次，他们的年龄和文化水平参差不齐，身份和职业五花八门，对信息的理解和接受能力也不尽相同。读者的多样性与多层次性要求公共图书馆IC服务人员不仅具有广阔的知识面，而且更要有耐心服务这一公共图书馆IC服务人员最显著的特点。用足够的耐心热心地解答读者提出的每一个问题是公共图书馆IC对其服务人员提出的一个基本素质要求——即使某个读者是流落街头的乞丐；即使读者提出的某个问题是众人皆知的常识。

4.信息共享空间的发展现状

在理论研究方面，随着IC理论的不断发展和完善，人们获取学术信息、进行学术交流和传播的途径和方式发生巨大的变化。高校图书馆的学术共享空间作为信息共享空间在服务对象、层次和范围上的一种延伸应运而生，并有很多学者进行了这方面的研究。与此同时，有关IC的专题会议和国际学术研讨会也如火如荼般地展开。纵观国外，近十几年学界在总结和借鉴国外研究成果的基础上，对图书馆信息共享空间的特点、要素、构建模式、运作机制等作了深入的理论探讨；也有不少图书馆进入了信息共享空间的实质性建设阶段，并取得了良好的效果。可以说，这些研究和实践为我国公共图书馆进一步构建信息共享空间打下了一定的基础。

在实践进展方面，自1992年美国爱荷华大学Hardin图书馆建立第一个IC服务空间后，欧美各地区也掀开了信息共享空间的建设热潮，历经数十年的发展，IC的建设已渐渐地趋向成熟和完善。

20世纪90年代中期，美国许多高校图书馆开始变革图书馆的历史使命，相继开展IC创新服务，并取得了显著的成果。1992年8月，美国爱荷华大学图书馆构建了开放的信息走廊（information arcade，IA），这是由图书馆、学校信息技术部（OIT）和学院共同打造的一个以图书馆为中心、促进跨学科教学和研究的开放式学习平台。在IA成功运行之后，爱荷华大学又于1996年在Hardin图书馆建立了另一个信息空间空间，正式命名为“Information commons”。此后，美国很多大学图书馆纷纷效仿，陆续开展IC服务。

而国内这方面的研究进展则较为缓慢。2005年上海召开“第三届中美图书馆合作会议”，Robert A. Seal在会上阐述了美国各高校图书馆的IC模式、规划和面临的挑战，由此IC服务理念受到我国图书馆界的重视。我国关于IC研究的论文最早出现于2005年上海图书馆馆长吴建中发表的《开放存取环境下的信息共享空间》一文中。他首次将“信息共享空间”一词以文献的形式介绍给国内学者。随后，关于IC的研究逐年增多，陆续有学者在专业核心期刊上发表相关文章。随着IC理论与实践的进展，与IC相关的学术研讨会也陆续在各地展开。与高校图书馆相比，国内公共图书馆IC的构建还比较滞后，目前只有国家图书馆、首都图书馆、上海图书馆和东莞图书馆等少数几个公共图书馆开展了信息共享空间服务。

5. 信息共享空间与图书馆

我国公共图书馆是由国家和地方政府拨款建立的国家文化基础设施，是我国全体公民知识更新、文化学习的主要场所，是社会主义文化建设的服务机构。公益性是公共图书馆的基本属性，每一个社会大众是公共图书馆的服务对象，公共图书馆的社会职能和服务对象要求它的服务必须向多层次、多领域全面开展。然而，近年来网络技术的出现与普及使图书馆正在失去最重要的社会公共信息中心的地位。各种统计圾我们的感觉都表明，越来越多的人在通过网络获取资料，从而导致图书馆在社会信息服务体系中的边缘化。

信息共享空间的提出正是图书馆转变传统服务理念。重新确立图书馆在社会公共信息中心地位的难得的契机，也为实现其核心价值观开创了一条全新的方式与途径。图书馆作为一种公益性的服务机构，更容易倡导一种“公正、公平”的服务氛围和“自由、平等”的信息使用权力，从而更有利于实现文化的传播，信息公平、公正的共享和知识的参考咨询服务。信息共享空间的提出，又进一步地为传统图书馆实现其核心价值观提供了更强有力的支持，也更加突出了图书馆的综合竞争优势。IC中提出的一站式服务改变了传统图书馆被动式服务的模式，是在服务理念上质的飞跃。通过这种服务模式，用户可以在足不出户的情况下无缝地获得各种分布式的服务，而且这种获取与服务可以直接进入用户的学习和研究过程中，从而推动其学习，提高研究效率。除此之外，IC所提供的团队协同的集中式学习研究的服务方式也迎合了现代社会新的学习模式的需求，从而成为图书馆服务新的亮点。因此说，信息共享空间在图书馆面临行业信息机构挑战，需要重新审视自身价值的情况下，给予了它一种全新的生命力，对于提升图书馆核心竞争力，强化图书馆的核心竞争优势，构建图书馆在社会信息服务体系中的核心地位起到了不可或缺的强大作用。

另外，相对于高校图书馆，公共图书馆的IC有一个明显的服务优势，即通过开展形式多样的读者活动来吸引更多的用户认识IC、了解IC、利用IC和宣传IC，从而提升整个图书馆的社会影响力。公共图书馆在这方面的努力仍有很大的改进空间。虽然公共图书馆的读者活动较之高校图书馆而言在推进社会主义文化建设、丰富读者文化素质等方面做了许多贡献，但是仍存在活动形式单一、活动内容简单、网络优势没有得到有效发挥等问题。因此．公共图书馆在借助文化活动宣传IC的同时，也要将各类文化娱乐活动纳入IC构建的范畴，强化娱乐体闲活动职能，注重活动内容的技术含量、知识含量，提供更有价值的读者知识增值活动。

（三）创客空间服务

“创客空间”的提出及其概念出自著名的《创客杂志》：“它是一个真实存在的物理场所，一个具有加工车间，工作室功能的开放交流的实验室，工作室，机械加工室。”创客空间经常会嵌入到大学、社区中心、成人教育或工厂等机构中。创客空间是为创客们提供实现创意，交流创意思路，以及产品的线下和线上相结合、创新和交友相结合的社区平台。创客空间里的人们有着各自不同的经验和背景，因为在科学、技术、数码或电子艺术等领域具有相同的兴趣而聚集到一起。他们在创客空间里共享资源和知识，学习新技术，接受技能培训，分享产生创意，开展制造，最终将自己的创意变为现实。由此可见，“创客空间”的概念包含了3个层面：①环境层面——一种能共享所有资源，具备分享特质的氛围；②精神层面——指的并非资源和空间本身，而是一种协作、分享、创造的人生理念；③功能层面——促进技能学习和人类知识创新。

在信息化进程中，全球图书馆界一直在努力探索数字时代自身创新发展的新路。面对互联网大潮中涌现的“创客运动”新现象，美国公共图书馆最先抓住契机：2011年下半年，纽约州的法耶特维尔公共图书馆成为第一个提供“创客空间”服务的公共图书馆。该馆接受了美国雪城大学信息研究学院的一名学生的建议，推出一个名为“FabLab”的“创客空间”项目。该项目引进了两台3D打印机，帮助图书馆用户进行数字设计的操作和创造。“FabLab”取意为“神话般的实验室”（fabulous laboratory）；同时一语双关：“FabLab”正是美国麻省理工学院媒体实验室于2001年推出的“制造实验室（fabrication laboratory）”项目名称缩写，而此项目的核心理念本质上与创客运动是高度契合的，甚至有观点认为，MIT的FabLab项目关于个人创意、设计与制造理念及实践的全球传播引发了全球的创客浪潮。继FahLab之后，许多其他的美国公共图书馆也开始建立“创客空间”项目。自2012年开始，“创客空间”已经成为美国图书馆协会（ALA）年会上的热门话题。ALA还举办了网络系列研讨会“创客空间：图书馆服务的新浪潮”。

图书馆能够在“创客运动”中施展身手，“创客运动”可以助力图书馆转型发展，特别是公共图书馆将可能成为支持与服务大众创新创业的重要力量之一。图书馆是不以获取利润为目的，提供优质服务和满足资源需求的公益性组织，它作为重要的文化场所，是文化启蒙和创新思维激发的重要园地。长久以来，它围绕着资源价值、服务价值和知识共享价值开展各类服务，并以支持终身学习为核心使命。图书馆与创客空间的社会价值，都紧紧围绕着“知识、学习、分享、创新”这4个关键词展开，因此与图书馆合作构建的创客空间要比一般的创客空间更容易推动人们进行创新，投入创客运动。创客们是一个紧密团结的群体．他们开放包容，乐于分享，并且热爱自己所从事的事情，这与优秀的图书馆人精神高度一致。创客们有着不同的知识背景，通过相互学习、分享资源和工具，能够推动和促进工具改进，从而大大降低了空间的构建成本。此外，鉴于图书馆原来的管理经验，人们聚集到图书馆创客空间更易于管理。由此可见，在图书馆内开辟创客空间是创客文化在图书馆的真正实现，图书馆长久以来营造的学习环境具有构建创客空间得天独厚的优势，因此图书馆是孕育和发展创客文化的理想平台。另外，随着“创客空间”的入驻，公共图书馆的核心使命已经从传统的积淀与传承文化、提供信息、知识和文化服务，扩展为提供工具、鼓励知识与思想的交流、激励创意与创新，从而成为连接一切的公共知识空间、创新空间。“创客空间”为图书馆创新转型提供了新契机，为图书馆注入了新活力。为创新创意创业提供信息智力服务是公共图情机构义不容辞的社会责任，除了与时俱进出现的新技术新设备，图书馆“创客空间”提供的核心价值依然是信息和知识服务，这也是区别于其他创客空间的重要特点。

（四）休闲空间服务

除了与阅读直接相关的服务网外，公共图书馆还可通过组织一些看似与图书馆的功能没有直接关系的活动，如游艺、联谊、民俗欣赏、歌舞剧表演、手工制作、书法绘画等。这样做，一是可以提高公共图书馆的知名度，吸引民众走进公共图书馆，这是他们利用公共图书馆的第一步；二是可以在活动中有更多的机会接触其他用户，经常使用公共图书馆的用户能诱导很少使用图书馆的人产生利用公共图恬馆的愿望。

传统的观点认为，这种活动只是一种图书馆推广的方式。近年来，一种新的观点越来越受到重视，即从“第三空间”的角度来看待公共图书馆以及所举办的这类活动具有的意义。“第三空间”的概念完全颠覆了过去对公共图书馆举办文化类活动的认识，将它们的地位从一种从属、辅助性地位提升到图书馆服务的核心地位上来。

所谓“第三空间”这一概念来自美国社会学学者雷·奥登伯格（Ray Olden-burg）。他将其定义为除了第一空间（家庭居住空间）和第二空间（职场工作空间）之外的公共空间，如酒吧、咖啡店、公园、图书馆等。图书馆作为一种“第三空间”在国际图书馆界正在达成共识。2009年8月国际图联卫星会议的主题是“作为场所与空间的图书馆”，其分主题之一是“作为第三空间的图书馆”（what is the fast thing that you think of when you think of a library?）。这一全新的认识角度促使人们开始重新思考图书馆：“当你想到图书馆的时候你首先想到的是什么？”而在“第三空间”观念的支配下，这个问题的回答就是：“一个温暖的地方，在这里我可以随书历险。”（A place of mild climate where I can find adventures.）可见，“第三空间”的概念赋予了公共图书馆更多的使命与功能。这样，公共图书馆就不仅仅是一个借阅文献和获取信息的地方，而是可以多方面地满足人们需要的场所。比如在体闲服务方面，很多公共图书馆如弗利特伍德、曼彻斯特等开辟了游戏房、会议厅、台球室以及国际象棋等娱乐设施，这显然是一个用来打发闲暇时间的有意义的场所。

为此，一个关键点就是要设法缩小“他们”和“我们”的距离。让公共图书馆成为人们最常驻足的地方——“我不是在图书馆，就是在去图书馆的路上”。按照此概念，原本被归为“间接感知式宣传推广”的图书馆活动就不再是图书馆宣传推广的一种策略，而是图书馆服务的核心业务范畴的内容。

（五）合作服务

因购书经费有限，公共图书馆的文献总量难以满足读者的阅读需求，建立区域性的图书馆联盟，实现资源的共建共享，可在一定程度上缓解公共图书馆文献资源不足与读者需求增多的矛盾。图书馆常常要以合作服务的方式满足用户的个性化需求。

国内地的馆际图书馆联盟如中国数字图书馆联盟、长江三角洲图书馆合作联盟、珠江三角洲数字图书馆联盟、吉林省图书馆联盟、首都图书馆联盟等，都通过加强合作，整合了各自区域内各个图书馆的文献信息资源。

（六）移动服务

图书馆采用无线移动网络、互联网以及多媒体技术，将OPAC检索、借还书提醒、电子图书阅读、视频播放、期刊数据库查询、云图书馆服务等移植到智能手机、掌上电脑、电子书阅读器、笔记本电脑、MP3/MP4等各种便携移动终端上，为用户提供方便灵活的服务（包括图书期刊信息查询、资源内容的浏览和获取）。

2003年以来，国内陆续出现手机图书馆（mobile library），又称为无线图书馆或移动图常馆。这项业务不仅提供传统图书馆的图书流通业务，为用户提供知识服务，提高图书馆的服务效率，更重要的是用户可以利用手机主动点播和定制自己所需的各种信息，利于满足读者的个性化需求。

第二节　公共图书馆基本服务

一、外借阅览服务

文献资源借阅服务是指图书馆将馆藏各类文献资源通过各种文献流通方式提供给读者利用的服务方式．分为文献外借服务、文献阅览服务等。文献资源借阅服务是图书馆读者服务工作中的最基本、最主要的服务方式，其工作质量的好坏是评估图书馆工作效益高低的重要内容。

（一）文献外借服务

文献外借服务是指读者与图书馆建立一定的契约关系后，图书馆将馆藏文献资源在一定期限内出借给读者，使读者可在馆外使用的一种服务方式。

1.文献外借服务的形式

根据外借服务对象、文献来源、外借方式等的差别，图书馆外借服务的形式主要有个人外借、集体外借、馆际互借、预约借书、邮寄外借、流动外借等。

（1）个人外借读者持借书证以个人身份办理借书手续的一种外借形式。个人外借能满足读者个人的不同需求，是文献外借的基本形式。

（2）集体外借读者以集体为单位，批量从图书馆外借图书的一种外借形式。集体读者按照图书馆的规定办理集体借证，由专人代表向图书馆集体办理文献批量外借，以满足集体读者共同的阅读需求。

（3）馆际互借图书馆之间根据协定相互利用对方馆藏以满足本馆读者需求的外借

形式。其主要作用是各馆之间可互通有无，弥补本馆藏书的不足，多途径地满足读者需要。

（4）预约借书读者向图书馆预约登记某种暂时被借出的图书，待图书归还后有图书馆按预约顺序通知读者借书的外借形式。

（5）邮寄外借图书馆借助邮政传递手段，为远离图书馆而又需要文献的单位和个人读者寄送外借书刊。《中华人民共和国残疾人保障法》中规定，盲人读物邮件免费寄送，由此可以通过邮局为视障读者邮寄图书，让他们能轻松、便捷地使用卣人图书资料，图书馆也可以有效地节省人力、物力。

（6）流动外借图书馆通过馆外流动站、流动服务车等途径，定期将馆藏文献送到读者身边开展借闭活动的服务形式。

2. 文献外借服务的内容

（1）办理借书证。公共图书馆发放借书证的对象是全体市民。凡持有个人身份证或其他有效证件（户口本、驾驶证、护照、军人证等）的人，都可以办理个人借书证。

借书卡的材质有普通纸质卡、PVC（聚氯乙烯）卡、智能卡等。普通纸质卡造价便宜，但易磨损；PVC条码卡造价中等，可通过条码识别读者信息；智能卡识别方便、功能扩展性强，但造价高。随着身份证、市民卡、社保卡的智能化和统一化，不少图书馆也开始尝试使用现成的居民身份识别证件作为借阅图书的凭证。例如，佛山市联合图书馆、杭州图书馆、青岛图书馆、济南图书馆等都可以使用二代身份证作为借书证，苏州地区各公共图书馆普遍使用当地市民卡作为借书证。

读者办理借书证可收取一定数量的押金，押金的金额可根据读者申请的借阅权限调整。近年来，图书馆界也在进行免押金借阅的讨论和尝试。

（2）文献外借。外借文献要有一定的规定和制度：规定每次可借的册数；限制外借时间（一般为一个月）；明确续借制度、损书、超期的处罚制度；等等。传统的文献外借需手工进行，通过借书证、索书单、书袋卡、借书记录卡等进行管理。随着计算机在图书馆的使用，外借服务大多使用计算机进行管理，大大提高了工作效率。

（3）文献续借。读者根据需要，在文献来过期的前提下延长借阅期限的方式。文献续借的方法有到馆续借、电话续借、网上续借、短信续借等。不同类型的文献可按需求制定不同的续借规则。通常规定在某些情况下不容许进行续借，如读者证已过期、读者有过期未还文献、读者欠费到一定额度、已经超过可续借的次数等。为了保障每个读者公平享用资源的权利，一般同一读者当前借阅的图书最多续借一次。

（4）文献催还。文献催还服务分为3种：预期催还、超期催还和预约催还。预期催还就是读者所借阅的文献即将到期而进行的催还；超期催还是读者所借阅的文献已经超过规定期限没有归还而进行的催还；预约催还指读者对正在借出状态的文献提预约要求，提示持有者按期归还（即催还），并不再续借。文献催还的方式主要有电话通知、手机短信提醒、邮寄催还单、网上发布等。

（二）文献阅览服务

文献阅览服务是指图书馆利用一定的空间设施，供读者在图书馆内阅读、利用馆藏文献的一种服务方式。通过馆内阅览，可以使读者更全面、更有效地使用馆藏书刊。

文献阅览服务主要通过各类阅览室展开工作。阅览室的种类很多，为了正确地设置阅览室，科学地管理阅览室，可按以下标准划分阅览室的类型：按知识门类划分，可以设置社会科学阅览室、自然科学阅览室、地方文献阅览室等；按读者对象划分，可以设置少儿阅览室、视障阅览室等；按出版类型划分，可设置期刊阅览室、图书阅览室、参考工具书阅览室、视听资料阅览室等；按文献文种划分，可设置中文阅览室、外文阅览室和少数民族阅览室等。文献阅览服务的内容包括：合理规划和合理布局各类文献资料；认真布置阅览环境和营造阅读氛围；积极推进阅读指导和阅读推广服务；努力加强参考咨询服务；等等。

公共图书馆作为公共文化设施，应提供免费阅览服务，让所有市民自由出入图书馆，真正体现公共图书馆的公益性和开放性；同时应建立开架阅览和藏、阅、借结合的服务模式，为读者提供多元化阅读服务。

对于开放时间，《公共图书馆服务规范》中规定：“公共图书馆应有固定的开放时间，双休日应对外开放。其中省级馆每周开放叫问不少于64小时；地级馆每周开放时间不少于60小时；县级馆每周开放时间不少于56小时。各级独立建制的少年儿童图书馆每周开放时间不少于40小时。”

二、咨询参考服务

（一）参考咨询的含义

图书馆咨询服务的实质是以文献为根据，通过个别解答的方式，有针对性地向读者提供具体的文献、文献知识或文献途径的一项服务工作。该定义明确指出，咨询的基础是文献，咨询服务以文献为主要依据，针对读者在获取信息资源过程中提出的各种疑难问题，利用各种参考工具、检索工具、互联网以及有关文献资源，为读者检索、揭示、提供文献及文献知识或文献线索，或在读者使用他们不熟悉的检索工具方面给予辅导和帮助，以解答读者问题。由于解答问题的主要依据是图书馆现有的文献或其他参考源等，且提供的答案又是参考性的，所以，对于这类服务多称为“参考咨询服务”“参考服务”“咨询服务”等。

（二）参考咨询发展概况

图书馆参考咨询服务起源于19世纪。1876年美国麻省伍斯特公共图书馆馆长格林向美国图书馆协会第一次大会提交了题为《值得建立的公共图书馆与读者之间的交流和人际关系》的论文。格林认为，图书馆员不仅有义务为读者提供藏书，而且还应该提供参考服务，帮助读者在藏书中找到需要的书。这篇论文发表在1876年创刊的《图书馆杂志》第一期上，堪称图书馆参考咨询服务理念起源的经典文献，被认为是现代图书馆开展参考咨询服务的最早倡议。这种以读者为中心的现代图书馆思想，促进了参考咨询业务的发展。

参考咨询经过百年发展，自20世纪90年代以来，随着技术的不断发展和普及，数字参考服务的应用领域不断拓展。可以说，数字参考咨询作为网络信息时代的新型模式，已成为现代参考咨询服务的主流形式，图书馆也由此步人了一个全新的时代。

（三）图书馆咨询服务的类型

公共图书馆的咨询服务既包括被动接受读者询问，也包括主动宣传报道、信息推送；既包括馆内咨询，也包括馆外咨询；既包括通过个别辅导方式帮助读者查找信息，也包括开展各类读者教育活动普及推广信息；既包括开展简单的普通咨询服务，也包括专题文献研究和服务等较深入的咨询服务；既包括面向普通读者的咨询服务，也包括面向政府机构、企业等特定人群的咨询服务；等等。

（1）普通咨询服务。由工作人员接受读者咨询提问，并提供解答，一般问题难度不大，可较快解决。按照读者提问的内容特征可分为向导性咨询和辅导性咨询。向导性咨询的问题都是一些常识性问题，如某某阅览室在哪里，图书馆开放时间等。工作人员需将问题进行归类、整理成参考咨询手册或“常见问题”，以便快速回答或统一口径回答。辅导性咨询是指针对读者在查找资料过程中出现的各种问题而进行的咨询活动。针对读者提出的一般性知识咨询，通过查阅各种相关的参考工具书查找线索或答案，直接回答读者，或指引读者利用某一工具书、刊，直接阅读有关咨询问题的资料。对于读者在查找文献过程中因不熟悉检索方法而遇到的困难，图书馆工作人员可以充分发挥自己熟悉馆藏、熟悉检索工具的优势，给读者以检索方法的辅导和帮助。

（2）为地方政府提供决策服务。党的“十六大”报告明确指出：“正确决策是各项各种成功的重要前提。要完善深入了解民意、充分反映民意、广泛集中民智、切实珍惜民力的决策机制。推进决策科学化和民主化。”党政领导的决策牵涉面广，任何疏忽都可能对社会、老百姓造成不良后果，因此领导在做出一项决策之前，需充分了解各种信息。图书馆作为社会公益性机构，理应为广大党政领导提供决策参考服务，以提高领导决策供决策服务的方式包括：以地方政府及政府决策执行部门作为服务的对象，为它们提供专项信息咨询服务；与政府有关部门合作编制具有影响力、有品牌效益的信息产品；根据地方政府关心的大事、突发事件编制专题信息剪报；参与地方政府支持的课题研究；为政府决策部门开通网络信息服务绿色通道；编制本地舆情信息刊物；为党代会和“两会”提供咨询服务；等等。

（四）图书馆咨询服务的形式

咨询的服务方式有传统咨询形式和网络咨询形式两大类。传统咨询形式常见的有到馆咨询和电话咨询。图书馆各阅览室都设有咨询岗，图书馆工作人员可以为读者提供文献查询、检索服务等全方位服务。图书馆总服务台可以提供电话咨询服务，各个阅览室也可以提供电话咨询服务，如询问开馆时间、办理续借书刊、借书证的办理等。网络技术的迅速发展和应用，使传统咨询的提问和解答方式都发生了重大变化，出现了信息推送和虚拟咨询等通过网络完成的咨询服务。国内外许多图书馆和信息机构相继加入到提供数字参考咨询服务的行列，使参考咨询这一具有100多年传统的文献信息服务在服务模式、工作方法、参考资源乃至服务对象等方面都发生了根本性的变化。

（五）数字参考咨询服务

1. 数字参考咨询服务概述

数字参考咨询是国外图书馆20世纪90年代中后期迅速兴起的一种新的服务方式，是传统参考咨询在网络环境下的继承、延伸和发展。它利用网络提供的技术优势，用户提供方便、及时、高效的咨询服务。

（1）数字参考咨询服务的定义与特点

1）数字参考咨询服务的定义。数字参考咨询服务是建立在数字资源建设基础上，以丰富的馆藏资源和因特网资源为依托，针对网络用户的提问，由具备一定专业知识的人员通过电子邮件、网络表单、聊天、视频、网上客户呼叫中心软件、网络语音协议等手段，为用户提供方便、快捷的现代知识服务。它又称虚拟参考服务、在线参考咨询服务、电子参考咨询服务等。其核心是一种分布式信息网络中具有特殊知识和技能的“信息专家”（专业知识网络）对用户的个性化服务，使用户不受时空限制获得咨询服务和信息共享，有效地实现信息资源、专家资源、服务资源最优化共享与利用。

2）数字参考咨询服务的特点

①信息源的广泛性与多样性。在网络环境下，图书馆参考咨询的信息源从传统馆藏扩大到包含各种数据库、联机目录、电子或电子化出版物以及大量网上资源。信息源的类型多样、内容丰富，可扩大用户的检索空间和提高原文的可获得率。

②服务手段的现代化和技术性。计算机等先进技术在图书馆的运用，实现了信息资源数字化和咨询服务工作的现代化。传统的手工检索工具和传递方式由于网络技术的发展而逐步弱化，取而代之的是网络信息检索工具和传递工具。

③咨询服务的及时性与实时性。网络化的工具在扩大检索范围的同时，大大提高了信息检索与传递的速度，使参考咨询服务得以超越时空的限制，在很短的时间内完成，并实现实时交互。

④服务模式的个性化和多样性。数字参考咨询独具“一对一、一对多”的服务特点，可采用E-mail咨询、FAQ档案库、实时咨询、联合虚拟参考咨询服务等多种方式，共享世界范围馆藏文献资源与专家资源，实现全球化、个性化、实时化咨询服务。

⑤咨询解答的专业性与可靠性。参考咨询服务的成员需受到相应的培训，其中有一些甚至是图书情报界专家或具体学科带头人。图书馆之间还可以合作成立网上咨询中心，将咨询问题按学科、专业等分送给相应的参考馆员回答。这样不仅提高了解答的专业性，而且也提高了解答的权威性与可靠性。

（2）数字参考咨询服务的工作程序

无论何种类型的数字参考咨询，虽然在具体方式上存在一定的差异，但其工作流程基本由以下5个密切相关的环节组成：

1）问题接收。数字参考咨询服务系统以各种方式（E-mail，Webform，real-time等）接收用户提问。

2）提问解析和分派。数字参考咨询服务系统对接收到的用户提问进行一定的分析、筛选和评估，并首先查询先前的问题和答案保存文档，看是否有比较合适的现成答案；如果无合适的现成答案，系统将此提问发送至专家库，以寻求最适合的可能回答问题的专家。

3）专家做出答案。专家根据自身的知识和可以获取的资源，按照一定的要求和准则做出答案。

4）答案发送。专家的答案可以“张贴”到DRS服务的“回答”页面，让用户随后进行查询、浏览；当然答案也可直接发送至用户信箱。

5）跟踪。数字参考咨询服务系统通过所记录的提问信息来监控每一个问题的处理进展，如果需要，随时将当前提问处理的状况通报用户；而当一个问题回答完毕后，问题和答案需进行存档，以便以后查询利用；在此基础上逐步形成一个独立的、可面向所有网络用户进行检索的知识库，而大多数数字参考咨询服务系统的FAQ也产生于这个保存文档。

（3）数字参考咨询与传统参考咨询的区别

数字参考咨询随着新技术的应用、数字环境的飞速变化，对参考咨询馆员提出了更大的挑战。传统参考咨询的三要素发生了巨大变化：读者需求更加丰富多样，参考馆员面临的信息环境、文献信息组织形式也愈加复杂多变，咨询的形式及结果也呈现多样化趋势。数字参考咨询和传统参考咨询两者的不同点体现在：

1）服务对象。传统参考咨询服务的对象主要是亲自到馆的用户，通过面对面的方式，了解用户提出请求的真正意图。数字参考咨询服务扩展了传统参考咨询服务的对象，不仅仅局限于到馆的用户，更多的是服务于远程用户，可以让更多的不能亲自到馆的用户同样也能享受图书馆的各种服务。

2）服务方式和服务参考源。传统参考咨询服务主要是采用手工检索，通过一些印刷版的工具书的查找，为用户解答问题。传统工具书大多具有权威性，但是形式单一、更新较慢、存储密度小、占用空间大、检索途径单一、操作费时费力、不能共享。数字参考咨询服务主要是通过网络和计算机等高新技术，通过查找一些数据库和网络资源为用户提供问题的答案或线索。数字参考咨询服务的参考源形式多样，存储密度大，检索功能好，操作简单，传递速度快，可以共享；但是数字参考咨询服务的保密性较差，所依赖的参考源相对于传统参考源而言，它的权威性和时效性受到质疑。

3）服务机构和服务队伍。传统参考咨询服务往往是设立参考工具书阅览室，以参考咨询台为中心开展工作，由馆员在参考咨询台轮流值班解答用户的有关图书馆的各方面问题。而数字参考咨询服务往往是设置信息咨询部门或技术参考部，借助虚拟咨询台通过网络接收用户问题，再通过网络解答用户问题。对于用户问题的解答也不仅仅只是依赖于本馆的工作人员，而是面向社会招集一些学科的专家或志愿者来解答，从而提高了答案的准确性。

传统参考咨询服务模式和数字参考咨询服务模式是图书馆参考咨询工作中出现的两种工作方式，二者之间是一种互补的关系，而不是取代。数字参考咨询服务模式可以吸收参考服务模式的理论，传统参考咨询服务模式可以借助数字参考咨询服务模式中的技术，二者可以在互相借鉴和完善中达到和谐一致的目的。

2. 数字参考咨询服务模式

（1）异步模式。顾名思义，异步数字参考咨询是用户提问与参考咨询员的回答是非即时的，目前主要采用常见问题解答（FAQ）、BBS电子公告板服务系统和电子邮件等服务方式。

1）常见问题解答（FAQ）。在日常工作中，参考咨询员往往必须解答不同用户提出的相同问题，在网络环境下也是如此。常见问题解答，就是将用户经常问到的问题及其答案编辑成图书馆站点的一个网页，并在图书馆的主页显著的位置上建立链接，方便用户查询。这种服务内容大体是馆情介绍或服务政策方面的咨询，如怎样检索图书馆的目录、怎样办证、怎样申请馆际互借、怎样续借、允许用户一次借几本书等。常见问题解答是数字参考咨询初级阶段，存在一定的局限性，只能被动地接受服务，遇到没有提供的问题答案就会无所适从。

2）电子公告板服务系统（BBS）。电子公告板系统简称BBS，在图书馆的应用开始于1981年。当时美国芝加哥公共图书馆的分馆建立了BBS系统，给图书馆的参考咨询服务带来了全新的面貌。就目前情况而言，图书馆将BBS作为通告信息的园地，同时实施图书馆利用教育和进行参考咨询服务。该服务系统一个明显的缺点是保密性差，那些由于个人或商业原因需要保密的咨询问题不适合此方式。

3）电子邮件参考咨询服务。电子邮件是计算机介入的通信方式中用得最多的，比普通邮政更受到人们的欢迎。差不多从图书馆拥有电子邮件时起，电子邮件咨询就成为图书馆的服务项目之一。早先是有咨询问题的用户向某一位图书馆员发送问题，由该图书馆员进行解答；后来发展为提供一个电子邮件地址，多个图书馆员都可以阅读并解答。比如浦东图书馆信息咨询与情报研究中心便设有统一的邮箱，发布于浦东图书馆主页的联系地址中，读者可以直接问询也可发送表单，部门将及时回复，并将课题任务分配给咨询馆员进行解答。

（2）实时交互模式

将电子邮件和表单用于参考咨询的最大问题在于“时滞”，即图书馆员与用户之间无法建立起迅捷、即时的联系。将商业上使用的“聊天”技术改造为实时问答技术，能够克服这一缺点，使用户与图书馆员之间进行实时的你来我往的问答。联网计算机一端的用户通过键盘输入信息，另一台联网计算机的信息接收者就可以看到监视器上的信息，并做出答复。其最大特点是问题的答案可以立即传递。以文本为基础的网上问答融合了电话和电子邮件交流的优点，对图书馆的参考咨询服务具有重要的意义。目前主要采用的形式有网络聊天室、网络白板、网络视频会议、网络寻呼中心等。不仅如此，随着网络应用软件的不断发展，浦东图书馆还开通了微博、微信，及时发布活动通知、解答读者问题，并可以与读者实时交互。

（3）合作数字参考咨询模式

合作式数字参考咨询系统是数字参考咨询发展到一定阶段的产物，是指基于网络由多个图书馆或信息机构建立协作关系，将咨询专家、学科知识与用户交互联系起来所形成的一个分布式的虚拟参考服务系统。合作式数字参考咨询系统扩大了图书馆服务功能，并对传统的参考咨询服务模式进行了拓展，由过去的单一机构在办公时间内独立地提供馆藏资源服务，逐步扩展到由多家机构合作提供全天候协作式网络参考咨询服务，解决了异步服务和实时交互服务所带来的信息需求的繁杂和多样性，同时体现了信息资源、人力资源共享的优势。我国公共图书馆最早开展合作式数字参考咨询服务的系统是“网上联合知识导航站”，由上海图书馆于2001年5月推出。参与规模最大的合作式数字参考咨询系统是“联合参考咨询网”，由广东省立中山图书馆牵头组建，于2001年8月投入运行。

3. 数字参考咨询服务的实践发展

（1）国外图书馆数字参考咨询系统

1）Question Point。Question Point（QP）是OCLC与美国国会图书馆共同牵头的一个合作数字参考咨询服务项目。其主要目的是通过成员馆资源上的相互补充来为更广泛的用户提供更好的服务。QP的服务由两大部分组成：Global Network全球网络服务和Regional/Local本地网络服务。QP各个成员馆将自己无法回答的问题提交到Global Network中，由request manager（请求管理器）根据最优匹配的原则，从member profiles成员档案）中选出最适合回答该问题的成员馆，将问题转发过去由该馆来回答。问题得到回答之后，经过编辑，存储在knowledge base中。Global Network是一个“library to library”（图书馆对图书馆）的结构，并不面向最终用户。地区性的图书馆、信息机构联合会可以通过单个图书馆也可以通过QP的本地网络服务向用户提供数字参考咨询服务。QP的服务是集中在OCLC的服务器上运行的，因此，成员馆不需要安装用户端的软件，只需要用户名、密码以及链接因特网的能力。QP目前已拥有全世界超过20个国家的1000多个参与者，在其知识库中存储了7000多组可供检索的问题与答案。

2）VRD虚拟参考咨询台（Virtual Reference Desk）。VRD是一项由美国教育部发起，致力于推进数字参考咨询，并成功创建和实施的基于以人和Internet为媒介基础的信息服务项目。它将数字参考咨询定义为是基于Internet的问答服务，通过Internet把用户与学科专家联系起来，帮助用户解答问题。用户可根据需求选择服务专家、服务网络，而VRD软件也可根据用户的需求分配、转发问题给信息专家或义务馆员。他们会根据各自的服务模式、服务政策、服务承诺提供服务。加入VRD服务网络的著名的数字参考咨询台有Ask A MAD Scientist，Ask a Space scientist（NASA），Ask an Astronomer（Cornell）等等。此外，VRD有着强大的研究专家队伍，走在数字参考咨询发展的前沿，甚至可以说指引着数字参考咨询发展的方向，从而也成了数字参考咨询研究的阵地。

除了，以上系统之外，比较知名的国外参考咨询服务系统还包括：OCLC旗下的24／7数字参考咨询系统、澳大利亚AskNow、英国Ask a Librarian、美国Temple大学Talk Now、纽约公共图书馆Ask a Librarian online、CLEVNET图书馆联合体Knowlt-Now24x7等等。

（2）国内图书馆数字参考咨询系统

国内规模较大的联合虚拟参考咨询系统主要有全国图书馆信息咨询协作网、中国高等教育文献保障系统（CAIS）的分布式合作虚拟咨询平台、国家科技图书文献中心（NSTL）的网上专家咨询系统、国家科学数字图书馆的科学参考咨询台、上海图书馆网上联合知识导航站、广东省立中山图书馆网上咨询服务中心（联合参考咨询网）等。

1）上海图书馆网上联合知识导航站。上海图书馆网上联合知识导航站是向用户提供高质量专业参考、知识导航的新型服务项目。该站以上海地区图书馆及其相关机构的馆藏资源为整合基础，结合各馆特有的馆藏数字资源与各种搜寻技术，以来自上海、全国各地以及海外图情界的资深参考馆员和行业专家为网上知识导航员，实现各类图书馆网上参考咨询服务的优势互补，充分发挥图书馆在知识经济社会中为各行业服务的知识导航作用。浦东图书馆也是导航站的成员馆之一，在浦东图书馆的主页上可链接到网上联合知识导航站，点击“信息咨询与情报研究”栏目下的“参考咨询”图标即可。导航站列出的主要栏目有“专家问询”“合作馆咨询”“地方文献咨询”“家谱咨询”“中小企业服务”“房地产咨询”等等。“专家问询”又分自然科学和社会科学两大类。在每个学科下列出了相关咨询专家的情况，用户可以根据每一位导航专家的专业特长进行选择，并发出提问请求。

该导航站是一种分布式的数字咨询专家网络，为用户提供事实性问题的简短回答以及专业研究的各种线索和导航，并许诺1～2个工作日内答复问题，承诺严格保护提问者的隐私权。用户的提问与专家的问答在用户与专家之间进行的同时，上海图书馆中心导航站也能收到提问和答复信息，并进行提问 / 答复的监控管理。

2）广东省立中山图书馆网上咨询服务中心（联合参考咨询网）。数字图书馆参考咨询服务中心（联合参考咨询网）是由广东省立中山图书馆、超星数字图书馆等多家图书馆合作建立的公益性服务机构。该数字参考咨询的最大特点是与数字图书馆的紧密结合，采用BBS技术、电子邮件技术、超文本链接技术、远程浏览和下载等技术，为全球用户提供“一站式”参考咨询和文献远程传递服务．使用户在网上免费获得答案的同时可以得到原文提供服务，具有使用方便，响应速度快，开放性、实用性、公益性强，社会效益显著等特点。该数字参考咨询平台开通了两个入口：“网上参考咨询服务中心”和“联合参考咨询网”。前者是咨询馆员入口，是咨询馆员交流天地；后者是用户入口，是用户提问和获取信息的站点。

（六）图书馆咨询服务的工作流程

（1）受理咨询。包括工作人员通过口头、书面、电话、信函或网络等方式了解到读者需求，也包括工作人员深入实际主动了解读者需求。

（2）分析研究。对读者提出的问题进行深入的分析，对特定文献、特定主题、特定课题等需求类型制定不同的检索方案。

（3）文献检索。按照制订的检索方案，并按照一定的步骤、方法和途径来查找文献。

（4）答复咨询。获得读者需要的文献和文献线索后，可直接向读者提供答案，介绍参考工具书；或提供专题书目、二次文献及其文献线索；或直接提供原始文献（或文献复制品）；或提供网址；等等。

（5）建立咨询档案对咨询问题进行解答后，应记录读者信息，记录咨询问题提出的内容、手段、解答方式以及读者的反馈意见等。咨询档案一方面可用于以后查阅、统计和总结，另一方面可做衡量咨询服务质量的依据。

三、阅读推广服务

阅读推广是指图书馆通过开展各种阅读活动，向广大市民传播知识，培养市民的阅读兴趣，促进全民阅读。阅读指导的目的是满足读者的阅读需求，而阅读推广则是为了激发这种需求。阅读推广活动既是对阅读本身进行推广，也是对阅读指导服务的推广，同时也是图书馆一种很好的自我推广方式。

（一）阅读推广的契机

除了日常的阅读推广外，公共图书馆可把各种节日、纪念日及某些特殊的时间段作为阅读推广的主要契机，进行年度大型阅读推广活动和专题推广活动。例如：①“4•2”国际儿童读书日。有针对性地举办儿童阅读推广活动，架起儿童与图书的桥梁．促进儿童阅读．引领儿童成长。②“4•23”世界读书日。可联络社区、学校、出版社等开展丰富多彩的阅读日庆典活动，把读书的宣传活动变成一场热热闹闹的欢乐节日。③图书馆服务宣传周。可向公众宣传图书馆，开展各种便民利民活动，增强全社会的图书馆意识，提高图书馆利用率，以树立图书馆的良好形象。④寒假暑假。可通过这个学生相对轻松的时间段，根据不同年龄段学生的特点组织夏令营、征文比赛之类的读书活动。⑤其他节日。如儿童节、国际盲人节、重阳节等可开展针对少年儿童、视障人士、老年人的阅读推广活动。

（二）阅读推广的形式

（1）图书展览可针对不同人群和需求，开展专题或精品图书展览，直观地将图书展现在读者面前，吸引他们阅读和外借。例如针对小朋友的绘本书展，针对本地文化研究者的地方文献专题展等。

（2）推荐书目可针对某一特定人群或特定的目的，围绕某一专门问题，对文献进行选择性的分类和筛选，并进行推荐。推荐书目不仅能引导读者阅读•同时更能激发读者爱书、读书的热情，是阅读选择过程中的重要辅助工具。

（3）演绎名著可通过诗文朗诵、音乐会、影视欣赏的方式．演绎名著、名篇，激发读者对经典的兴趣，培养良好的阅读习惯，享受阅读的乐趣。对于少年儿童，则可通过故事会、COSPLAY（角色扮演）的形式，演绎经典童话、绘本书，让他们从小养成对阅读的兴趣，养成阅读的习惯。

（4）公益讲座。讲座是一种有效的知识传播手段，从一定意义上来讲也是一种推广阅读的活动形式。读者通过讲座，获取书本知识，养成阅读和求知的习惯。公益讲座近几年在公共图书馆里兴起，通过专家、名人讲座，让读者更亲近阅读，体味读书的人生乐趣。

（5）其他。除了以上阅读推广形式外，编制阅读推广手册，开展图书漂流活动、书友会活动、读书征文比赛、读书箴言征集、读书有奖知识竞赛、图书捐赠等也同样受到广大读者的欢迎。全媒体时代，图书馆更应充分利用各种媒体、信息技术，开展各种凄书活动，使阅读推广行之有效。

第三节　面对特殊群体的服务

一、少年儿童服务

公共图书馆和少儿图书馆都是为少儿图书馆服务。年龄范围是在12岁以下的读者为对象的服务。1982年美国学者FH. Thomas在博士学位论文《美国公共图书馆少儿服务的创始 1875-1906》中将少儿服务划分为五个组成要素：专业人员、专门空间、专门馆藏、是专门为少年儿童提供的服务与活动、合作网络。

1. 重视少年儿童服务

无论是公共图书馆，还是少儿图书馆应当都是将少年儿童作为图书馆的重要读者对象，为他们提供充分主动的服务，在公共图书馆服务中占有突出地位的是少儿图书馆服务。少儿享受图书馆服务是少儿的权利。1994年10月29日，国际图联／联合国教科文组织在《公共图书馆宣言》中提出了公共图书馆的12项主要使命，其中第1条和第4条分别是“尽早培育并加强儿童的阅读习惯”和“激发儿童和青年的想象力和创造力”。

在国际图书馆界，各国越来越重视少儿图书馆服务，加强和发展少儿服务成为公共图书馆的大趋势。美国国会1977年建立的图书中心是利用国会图书馆的资源和声望，促进图书、阅读、扫育和图书馆发展的全国性组织，中心设有帮助监督青年文学会和儿童图书委员会的全国大使，首任大使是乔恩。该中心专门开办了为儿童和青少年、家长等提供阅读资源的网站（www. Read.gov），其中被称为“精美的僵尸之旅”的系列故事，是与全国儿童图书和扫盲联盟（www. thencbla.org）的联合项目。美国的公共图书馆一般都附设专门的少儿图书馆，例如芝加哥公共图书馆总馆附设的儿童图书馆藏书数量逾10万册，面积超过1.8万平方尺，堪称世界上最大规模的儿童图书馆。美国图书馆协会儿童图书馆服务委员会于1997年提出并于1999年修订了《公共图书馆儿童服务馆员资格》，对公共图书馆儿童服务馆员的专业资格提出7项条件，包括：（1）顾客群的相关知识；（2）沟通技巧；　（3）资料与馆减发展；（4）行政及管理技能；　（5）建立公共关系的技能；（6）策划及学习活动能力；（7）专业素养与发展潜能。2009年10月，美国国会图书馆首次设立少年读者中心（Young Readers center）。在俄罗斯，《俄罗斯联邦图书馆事业法》第8条规定“儿童和青少年有权在公共图书馆、专门国立儿童和青少年图书馆享受图书馆服务”。

在日本，短短的50多年间，图书馆数量增加了3.18倍，有儿童室的图书馆增加了9.25倍。日本儿童室的设置率从30%上升到72%。周和平提出，设立“国家图书馆文津少儿图书奖”，编制《少儿图书馆（室）基本藏书目录》和年度推荐书目，作为各馆文献入藏的参考，指导少儿馆的基础文献建设；同时应加快少儿数字图书馆的建设，构建多层次服务体系，不断提高服务水平，扩大社会影响力。要加强对少儿图书馆事业发展的研究，在深入调研、广泛征求意见的基础上，定期发布我国少儿图书馆事业发展状况的报告，同时开展对事业发展中所涉及的一些重大理论和实践问题的研究，策划带动行业发展的项目；要建设国家少儿文献资源库，为基层少儿图书馆建设提供支持与服务。在我国，文化部、教育部和共青团中央曾于1981年5月12日至20日，在北京联合召开了全国少年儿童图书馆工作座谈会，国务院办公厅转发了文化部等单位关于全国少年儿童图书馆工作座谈会的情况报告的通知，提出了发展少儿图书馆工作的9条意见。

2. 亲子服务

公共图书馆的亲子服务是指以少儿家庭为服务对象，通过亲子活动、家庭阅读指导等，促进亲子阅读和家庭对图书馆的利用的系列过程。我国2010年第八次国民阅读调查显示，0-17岁的未成年人图书阅读率、人均图书阅读量均超过成年人，0-8岁儿童的家长平均每天花费22.78分钟陪孩子读书。实际上，亲子服务是“图书馆+家庭+社会”的一种服务模式。在英国，“智力开发”国家计划由公共图书馆与地区健康中心协作，在父母带9个月婴儿来做健康检查时，交给每对父母一个包，包里面装着图书、读书建议和利用图书馆的申请书。其目的是劝父母读书给孩子听，把读书当一件家务事。在俄罗斯，从1990年开始，家庭阅读课程成为一门独立的课程编入文化类大学的教学计划。俄罗斯中心图书馆进行的一项调查显示，有86.3%的家庭希望从图书馆获得各种信息；新乌拉尔国家青少年中心图书馆的工作人员经过调查发现，大多数家庭希望得到图书馆的阅读建议和指导，愿意根据图书馆制定的阅读大纲来进行阅读”。

亲子阅读是亲子服务的主要形式，它既可以满足他们依恋家长的心理需要，又可以吸引他们对图书的注意，还可以帮助婴幼儿克服对陌生环境的不适应，从而产生对图书馆阅读的兴趣。公共图书馆要根据婴幼儿的特征，结合家庭需求，开展亲子服务。图书馆应有相对独立的亲子服务空间，在布局上重视美化装饰，为低幼儿童设计前亲子服务区要色彩鲜明和主题多变，辅以人性化的家具设计和配套设施，营造良好的亲子服务环境。0至6岁是婴幼儿大脑成长、智能开发的最佳时期，研究表明，唤醒孩子阅读意识是从18个月到4岁，儿童语言发展的敏感期是2岁左右，书写敏感期出现在3.5岁至4.5岁时期，阅读敏感期出现在4.5岁至5.5岁时期。

3. 少儿阅读服务

国家必须发展少儿阅读，营造全社会重视少儿阅读的氛围。少儿阅读推广既是公共图书馆的重要职责，也是全社会的重要任务。日本早在10年前就积极推广儿童阅读运动。1995年一群国会议员开始推动设立国际儿童图书馆。在我国，2009年中国图书馆学会精心筹划了“全国少年儿童阅读年”活动，全年先后共举办了少儿科普图书展、少儿阅读讲故事大赛等100余项3400场次形式多样的阅读活动，共有400余万青少年踊跃参与，取得了良好的社会效益。1997年日本修正“学校图书馆法”，规定学校规模只要超过12个班，都必须指派学校图书馆员。为培养婴幼儿阅读习惯，日本从英国移植了“图书起跑线”运动，鼓励新生代父母讲故事给襁褓中的孩子听。2001年底，儿童阅读进入国家法律，《日本儿童阅读推进法》颁布，指定4月23日为日本儿童阅读日。

公共图书馆举办少儿阅读节，是推动阅读的一种良好形式，让少年儿童以书为伴，以读书为乐。6月12日，中央馆举办幼儿阅读节，从全市四周赶来的儿童及其家人创下2万人的记录。阅读节影响着阅读俱乐部，在中央馆和各分馆举办的阅读俱乐部计划将10万多年轻人带进图书馆。洛杉矶公共图书馆经常举办阅读节。例如，1999年5月15日在马克·吐温分馆的免费春季阅读节以图书吸引社区居民，排队一直到了街区的尽头，工作人员和志愿者将3000多种新的英语和西班牙语图书送给洛杉矶南部儿童及其家人。

从组织形式上，可以由少儿馆员对少儿读者直接进行阅读指导，也可以通过家长对少儿读者进行阅读指导。志愿者辅导阅读是一种可行的方法。洛杉矶公共图书馆1998年10月25目发动了“Read to Me L. A.”全市阅读活动，图书馆工作人员准备了各种资料：阅读书目、书签、广告、教学录像带和其他双语资料。这一活动训练志愿者教会父母如何有效地给婴幼儿、小孩和学龄前儿童阅读。因此，少儿图书馆阅读活动要与家庭教育、学校教育、创新教育和素质教育等有机结合起来。

从方法上，少儿阅读指导要根据少儿的生理和心理特点，结合兴趣爱好，有针对性地采取不同的方法，还要根据少儿思想状况和文化基础，采取有效的方法进行针对性的阅读指导。美国的儿童心理学家认为，0-3岁是养成儿童阅读兴趣和学习习惯的最佳时期，3-6岁则是培养儿童阅读和学习能力的关键阶段。阅读指导要将阅读方法与经验相结合，将儿童阅读方法通过实际阅读的形式传授给小读者，让少儿在阅读中逐步掌握常用读书方法和技巧，纠正不科学的读书方法。还要教会少儿在茫茫书海中选好书、读好书，提高阅读效果，增长知识和提高学习能力，还要教会少儿读者通过阅读来积累资料，并学会使用必备工具书如字典词典和手册等。

4. 根据年龄与功能分区服务

伊利诺伊州Urbana市的公共图书馆少儿部里设有阅读区、电脑（上网）区、棋牌游戏区、活动区、玩具区和亲子区（大人可以抱着孩子坐在摇椅上，朗读图画书）。洛杉矶公共图书馆（Los Angeles Public libmry）是美国最大的公共图书馆系统，由中央馆和72个分馆构成，服务人口400万，服务地域470平方公里。公共图书馆与少儿图书馆的少儿服务要根据少儿年龄的差异和功能的不同，设置不同的分区，便于有效地开展服务，其设计原则是年龄适用性和灵活多样性。洛杉矶公共图书馆中央馆的服务非常重视两个方面。青少年服务和儿童服务。儿童文学部和青少年园地成为11岁以前儿童、11-18岁少年接受知识和服务的启蒙学校。有一个可容63人的小剧院——KLOS故事剧院，儿童文学部布置精美，内容丰富，图书、杂志和电脑提供启蒙知识，开发儿童智力，是儿童们阅读学习的迷人天地。每逢星期六下午提供免费节目，有孩子们喜爱的木偶剧表演活动和阅读俱乐部。南加州Ronald McDon ald儿童慈善多媒体中心也在该部。青少年园地提供一片全新的世界，是专为满足青少年兴趣和教育而选的。有青少年喜爱的图书、杂志和录像带，或和朋友们一起做家庭作业，还举办戏剧表演等活动。而且还有大学和择业导向文献，这里既有静谧的读书环境，又有活跃的电脑中心，供青少年上网。青少年在此欢聚一堂，尽情地探索图书馆中的奥秘。洛杉矶公共图书馆专门为少年儿童开发了网站“Kid’ s Path”。

我国香港中央图书馆二层是儿童图书馆，服务12岁以下的儿童，设有借阅部、参考部、画书角、玩具图书馆、儿童多媒体资料室、儿童活动室、资讯服务。而青少年图书馆在六层，服务12岁至17岁的青少年。

纽约皇后区最大的儿童阅览室在法拉盛图书馆。除了儿童图书馆资料和高层次藏书外，阅览室营造了易于探索的氛围。“电车”提供座位和想象的游戏空间。儿童室藏有杨松明的玻璃壁画《花的世界》。单间提供儿童计划项目，这里的兴奋和嘈杂不会影响年轻的学者们工作。Latchkey计划为放学后的儿童提供安全而促学的避风港。此外，在儿童室的计算机上还可进入皇后区图书馆自己的KidsLinQ，它有一个进入皇后区图书馆电子目录的友好界面，提供最佳的因特网导引，由儿童图书馆员评价和更新，通过它可提高计算机和研究技能并在电子写作方面获得良好开端。

5．少儿读者活动策划与推广

策划少年儿童服务项目是公共图书馆服务创新的重要内容。我国台湾地区儿童图书馆策划开展了多种服务项目，有说故事时间、演讲、班访、读书会、小博士信箱、图书馆利用教育、阅读指导、好书介绍、征文比赛、新书展示、推荐书单、参考服务，影片欣赏、各项展览、专题书展等。深圳少年儿童图书馆经常策划大型活动，每年举办“六·一”小脚印系列游园滔动。深圳少年儿童图书馆举办了历届“深圳读书月”少儿系列活动，如2001年与深圳电视台合作的“青春期与虚拟世界”魔方舞台节目，2002年的“深圳书香溢四方·西部之旅”活动，2003年的“深圳书香溢四方-东部之旅”活动等。不仅立足深圳开展青少年读书活动，而且面向全国开展。1998年开展了小学生中英文讲故事大赛、百童书“虎”、大型游艺活动；1999年举办了“深圳市中学生说句心里话”征文大赛、科技宣传周以及“勤、奇、书、话”小状元大赛；2000年举办了“新世纪——我来了”千禧之子小脚印采集及百名幸运小读者金卡抽奖活动，“多彩的希望——深圳的明天”少儿书画、摄影展览。

在图书馆做作业：在美国，许多公共图书馆专门为放学后的学生服务，如“Do homework at the library”（洛杉矶），学生们到图书馆做家庭作业，也有学生把图书馆当做放学后的安全教室，等待家长到图书馆来接。在英国，许多公共图书馆设立了家庭作业俱乐部，专为放学后的学生服务。

讲故事：讲故事活动在美国很早就是儿童图书馆和中小学图书馆的主要服务方式之一。美国早在19世纪末期即已开展讲故事活动，当时的讲故事活动仅局限于学龄儿童。20世纪30年代至40年代讲故事括动的对象已经大大扩展。60年代针对中小学生对影视资料的喜好，开展了“故事和电影活动”，就是根据电影讲故事，受到中小学生的普遍欢迎。此外，美国旧金山市立公共图书馆还开展了“拨电话听故事”活动，中小学生或儿童可以打电话到图书馆，便能听到经过图书馆员选择的故事、儿歌及童谣等录音，而其他图书馆纷纷效仿。

图书馆读者运动：洛杉矶公共图书馆想方设法在全市扩大读者。在图书馆基金会的赞助下，1998年7月1日，开始发动图书馆读者运动（library card campaign），邀请篮球球星来作宣讲，利用广告栏、报纸广告、广播和电视的公共服务通报刺激读者办证并增进对图书馆的了解。在当年夏季运动中，图书馆发放了数千个新的借书证。

科技与文艺括动：公共图书馆举办科技活动和文艺活动，不仅起到了普及科学和文艺知识的作用，而且吸引了广大少儿对图书馆的利用，成为少儿图书馆服务的重要形式。以洛杉矶公共图书馆为例，该馆举办有科技活动，组织热心的少年和著名发明家、喷气推进实验科学家、Mt. Wilson天文台天文学家及其他人员一起探索宇宙奥秘和空间乐趣，在便携式天文仪中少年们还认识了星座。1999年1月23日，市馆举办的天文活动在67个分馆展开。该馆还举办艺术活动，如1998年10月3-4日举办的喜剧艺术节，大批少年来到中央馆与蜘蛛人创作者Stan Lee及其他重要人物见面，这些少年许多过去从未来过图书馆，通过艺术节，参加了职业实习班、代表作品选评会、写作和绘画班、日本动画剪辑放映。

玩具图书馆：香港中央图书馆玩具图书馆，专为0-8岁儿童而设，提供启发智能的玩具和教育材料供家长与子女在馆内使用。馆内有四个主题角：婴孩游戏区，模仿及想象游戏区，创意游戏区，智慧游戏区。馆藏约1400件玩具，分为十类：棋板游戏，建筑游戏，咭牌游戏，创意游戏，电脑型玩具，音乐游戏，技巧游戏，体能游戏，砌图游戏，扮演游戏。深圳盐田区少年儿童玩具图书馆，效仿香港中央图书馆玩具图书馆的运行模式而建，分为婴儿区、合家欢区、游乐区、益智区、美术创意区和波波球区，馆中配备有各种各样的少儿玩具124种，主要为0—6岁的低幼读者提供益智玩具，用寓教于乐的方式开发低幼读者的智力，体现对低幼读者的人性关怀，创建互动交流的活动空间。

艺术展览：公共图书馆举办少儿绘画展，展出少年儿童自己的作品，既可以是综合性的，也可以是专题的展览。公共图书馆还可举办中小学生作文展、书法展、摄影展、图片展等。

志愿服务：杨浦区少儿图书馆2003年成立志愿者服务基地，从起初的十余人逐步发展至240余人，服务内容从单一走向多元，拥有“大手牵小手”爱心助学行动等四项核心服务项目。2006年1月起，进一步深化“小小图书管理员”志愿服务项目，进行图书整理、解答咨询、推荐好书、策划小型读书活动，此项目共招募志愿者82人，不少骨干小志愿者累计服务时间达200多小时。2007年11月成立读书会，会员达80余人”。

此外，少儿图书馆的动漫阅览室，让少儿在图书馆进行动漫创作；设立图书馆参观日，有专人讲解，让公共图书馆成为文化旅游景点。

在少儿服务活动策划中，要体现以少儿的主体地位和少儿的主人翁意识，但也不能让少儿活动完全孤立起来，要让少儿加强参加社会活动的意识，策划少儿与成人共同参与的活动。因此，少儿图书馆也要重视“中介读者”，即和少年儿童有密切关系的教师、作家、家长和一切为儿童服务的单位、个人”“，他们在少儿图书馆工作中有着重要作用。要加强中介读者服务，提高图书馆员为中介读者服务的水平。

6. 重视Google一代的网络信息服务

1993年后出生于互联网环境的青少年们已经因其过多地依靠互联网和搜索引擎而

被称为“Google一代”。国外研究表明，Google一代普遍缺乏信息搜寻能力和信息素养，这些能力的缺陷严重影响了他们的学习。

比较重要的是，公共图书馆要大力建设少儿网站，以网络平台吸引少儿利用图书馆。深圳少年儿童图书馆与全国14家图书馆和科研机构共同建设了“中国少年儿童信息大世界——网上图书馆”（http；//www. cclibrary.org.cn），这是以广大少年儿童、家长、教师及各类少年儿童工作者为服务对象的数字图书馆。在网上提供健康有益的，融科学性、引导性、知识性、趣味性、服务性于一体的综合性信息服务。还可以实现网上借书、网上阅览、网上阅读指导、网上专题信息检索、网上咨询等。上海、广州等少儿图书馆网站也都提供了内容丰富、形式多样的服务。如阅读图书和连环画，在线娱乐（观看电影、欣赏音乐），学习礼仪知识、健康知识，查找电子数据库、家教知识等。截至2011年4月，国家图书馆少儿数字图书馆的访问量超过50万次。2011年4月，国家图书馆少儿馆主持的“全国少年儿童阅读推广服务平台”项目成功立项。该项目是基于电子书阅读器开展少儿阅读推广的实验性项目，旨在通过开展数字阅读调研和研讨，探索少儿图书馆的新媒体服务模式，通过推广少儿数字阅读，引导少年儿童学习正确的数字阅读方法。该平台的目标是建设一个国家级的专门为全国少年儿童阅读推广服务的开放平台，它将是一个安全、可靠、开放、共享的少儿网络阅读社区。

二、残障人士服务

2002年3月，朱镕基总理在第九届全国人大第五次会议上所做的政府报告中明确提出‘对弱势群体要给予特殊的就业援助”。“弱势群体”一词首次出现在国家官方文件，由此引发了国内外各界对这一群体的关注，而图书馆界也开始重视为弱势群体服务。残障人士又是弱势群体中比较突出的一部分群体，是公共图书馆履行其社会责任的重要体现。

1．制定相关制度给予导引

制度是为残障人士提供服务的保障，完整的制度体系包括宏观、中观和微观三个层面。宏观层面是国家的制度，包括国家的法律法规；中观层面是公共图书馆行业制度；而微观层面是指公共图书馆的内部制度。

从宏观上来看，国家层面要制定相应的法律法规来保障公共图书馆为残疾人士提供服务。在我国现行的国家法律法规中尚未有关于公共图书馆服务残障人士的相关政策，而一些地方性的法律法规中仅有描述性的规定，无详细的服务条例。从中观上来看，公共图书馆行业应形成相应的行业规定，共享设施与资源，交流服务模式，为残疾人士提供无障碍的信息服务。从微观上来看，公共图书馆内部应有针对残障人士的制度来给予保障，包括基础设施建设、提供教育与培训机会、提供特色服务以及加大对弱势群体信息需求的研究。

制度的制定是为了给向残障人士提供服务以一定的导引。虽然国家层面的法律法规尚未出台，但是公共图书馆有义务建立本行业的相关政策，保障公共图书馆行业开展针对残障人士的服务。同时各公共图书馆应根据自身所在辖区的具体情况，制定本馆的服务策略，为残障人士提供免费、均等的服务。

2. 提供针对残障人士的便利设施

设施是为残障人士提供服务的基础，有了便利设施才能为残障人士提供优质的服务。同时要满足残障人士基本的信息需求，也离不开基础设施的建设。据新华网报道，目前我国残疾人数量已超过8300万，但人们在大街上却很少看到残疾人的身影。这是由于他们出行不便造成的，因此公共图书馆服务残障人士，要打造便利的环境。

公共图书馆服务残障人士，首先应改善本馆的环境，并购置相应的无障碍设施。2007年南京图书馆与南京市残联共建了占420平方米的“南京市残障人活动基地”，基地在信息交流无障碍等方面做了精心设计，装备了大量先进设备，服务便捷、环境舒适，能听、能看、能玩。2008年由陕西省残疾人联合会与陕西省图书馆联合共同开办的视障阅览室正式对外开放，收藏各类盲文图书和视听资料1200多册（件），配置9台联想电脑、2台盲文点显器、1台盲文刻印机、1台盲人读书机、2台多功能视频助听器、1台传真机、2台CD录音机及触觉语音地图、多功能盲杖等国内外高科技视听产品，通过明盲文转换软件及语音软件，实

现图书文献电子化盲文阅读、语音阅读、网上交流信息、读写文件、刻印文件等多重功能。其次要做好宣传，将残障人士吸引到公共图书馆来。可同相关部门共同举办活动，让残障人士了解图书馆，走进图书馆。再次，公共图书馆对于残障人士的服务体现着公共图书馆的社会责任，因此日常对这些设施要进行专门管理，给予足够重视，并加强本馆服务残障人士的基础设施建设。

3. 给予残障人士以相应的指导与培训

残障人士前来公共图书馆阅读，需要图书馆像医院为患者提供导医、商场为消费者提供导购一样，为他们提供导读服务。导读可以节省残障人士的阅读时间，同时可以针对图书馆的资源和设施，对其进行培训，使他们更快地熟悉图书馆的设施，利用图书馆的资源。2011年3月24-25日，以“保障残疾人阅读权利，推进信息无障碍交流”为主题，由重庆图书馆主办、上海浦东图书馆协办的“视障读者服务研讨会暨视障者电脑使用推广培训班”在重庆图书馆隆重举行。这一培训教授和指导盲人使用电脑，更好地利用公共图书馆的资源。美国很多州的公共图书馆举办培训和讲座为残障人士提供指导，一些图书馆面向自闭症患儿举办讲座，定期接待智障人士，为其提供与社会接触的机会。可见，阅读指导和培训是促进残障人士利用图书馆的良好形式。

除此之外，还可以开展一些专题讲座，尤其是健康知识的普及，为文化水平不高的人培训扫盲，提高他们的素质。同时还可以开展读书竞赛、有奖知识问答、看电影、给智力障碍残疾人讲故事等丰富多彩的活动，拓展残障人士的知识面。

4. 针对残障人士开展无障碍服务

无障碍服务是指在服务中无干扰，各个环节紧密相连不脱节的服务。对于公共图书馆来看，可涵盖两方面内容。一是设施无障碍，就是要在设施的配置上来满足残障人士对图书馆的利用。二是服务无障碍，要开展便捷的公共图书馆服务以满足残障人士的需求。具体地讲：其一，要保障馆内阅览无障碍。加大馆内基础设施投入，增加便于残障人士馆内阅览的相关基础设施，为残疾人提供无障碍通道，为盲人提供阅读

文献的设备和视听资源，为他们提供计算机上网等服务。其二，要保障馆外阅览无障碍。为残障人士提供流动书车服务，将图书馆送到残障人士身边，保障残障人士在图书馆之外也可享受到图书馆的服务。此外，公共图书馆还可以建设针对这一目标群体的数字图书馆服务，延伸公共图书馆服务，保障管外阅览无障碍。其三，要保障信息服务无障碍。对于信息无障碍，中国互联网协会给出了一个定义：信息无障碍是指任何人（无论是健全人还是残疾人，无论是年轻人还是老年人）在任何情况下都能平等地、方便地、无障碍地获取信息、利用信息。信息无障碍包括两个主要范畴：一个是电子和信息技术无障碍；另一个是网络无障碍。国务院扶贫办公室主任任铁民也指出，信息无障碍是残障人士贫困人口等弱势群体的基本发展权。对此要高度关注，加大投入、建立信息无障碍网站等。

三、农民工服务

伴随着改革开放，我国农民群体于20世纪80年代末大规模从农村向城市流动，90年代初期迅速扩大，到90年代中后期达到顶峰。据《中国农民工调研报告》，我国在外务工的农民数量将近1.3亿人次，如果再加上在本土乡村企业打工的农民，农民工总数大约2亿人，平均年龄为28.6岁。而今后10年内，我国从农村转移到城镇的人口总量将达到1.76亿，预计今后20年，农村人口向城镇转移的总量将超过3亿。农民工已成为图书馆读者群中的一个特殊群体，为农民工服务成为公共图书馆一项长期的重要任务。

1998年3月，时任国务院总理的朱镕基提出把“保障下岗职工的基本生活，切实抓好再就业工程”作为当年各级政府需要抓好的重点工作之一。同年5月，党中央国务院在北京召开了有关“国有企业下岗职工基本生活保障和再就业”的工作会议，并且再次把“下岗工人的再就业”工作与整个社会政治、经济的发展相关联起来，成为国家头等大事，呼吁社会各界共同帮助关心这一弱势群体。2010年1月31日中央一号文件《关于加大统筹城乡发展力度，进一步夯实农业农村发展基础的若干意见》中提出，为了让新生代农民工城市化，要求采取积极有效的措施，切实解决新生代农民工问题。该文件中提出，要“着力去解决关于新生代农民工的问题”，从而表明党中央对“新生代农民工”这一新群体的高度重视。因此，公共图书馆做好农民工服务工作，既关系着公共图书馆服务的广泛性，也关系着响应党中央号召，在推进城镇化和和谐社会建设中发挥作用。

1. 将农民工服务作为公共图书馆的重要任务

从2005年起，北京、成都、甘肃等地率先开展农民工图书馆建设活动，深圳、河北、武汉等地积极响应。首都图书馆与北京建工集团在建设工地创办了第一个专门“工地图书馆”。2007年11月，甘肃省在农民工比较集中的地方设立了6家农民工流动图书馆。深圳1200万的总人几中有近1000万是外来务工人员，从2006年以来，深圳各区文化部门和区图书馆把建设劳务工图书馆当做一项重要的业务指标，截至2008年年底，全市建有劳务工图书馆近100个。深圳许多公共图书馆分别在劳务工集中的工厂企业建立图书馆分馆，宝安区、龙岗区、南山区图书馆分别在大型企业厂区建立藏书2万册以上，订阅报刊100种以上的劳务工图书馆25个（有的馆还配备电脑10台以上）。因全市600多所区图书馆、街道图书馆、社区图书馆农民工服务出色，深圳市文化局被国务院农民工工作办公室授予“全国农民工工作先进单位”称号。

在公共图书馆为农民工服务的探索中，有关农民工图书馆研究涉及“兴建的必要性”、“建设现状和经验总结”、“服务与举措”、“对农民工以及农民工子弟的知识援助”、“在和谐社会构建进程中的社会意义”五个方面，取得了系列重要成果。

公共图书馆高度重视为农民工服务，不仅具有重要的现实意义，也具有重要的政治意义，是公共图书馆的职责所在。从公共图书馆的使命角度，公共图书馆要为社会的每一个成员服务，也包括为农民工提供服务。从读者权利出发，公共图书馆应重视和关注农民工读者的权益。例如，为农民工服务时，需要尊重农民工，注意农民工读者与其他类型读者服务是否平等的问题，保障农民工读者平等权；图书馆推出各种形式的农民工服务时，要让农民工有充分的服务知情权；在农民工办证和读者管理中要注意农民工的隐私权是否得到了保护。

2. 针对农民工的需求开展阅读服务与信息服务

农民工从农村到城市，在城市务工的过程中迫切需要获得有关生活与工作诸方面信息。2006年夏针对武汉市495名农民工进行的问卷调查以及针对北京市188名农民工的问卷调查结果都显示出，从事简单劳动、体力劳动的农民工，信息知识能力在整体上比较低下，获取信息知识的渠道比较传统；他们中的大多数因业余时间少、经济收入低等原因阅读匮乏，但他们求知欲望也很强，渴望走入图书馆；而对图书馆不了解、图书馆收费等因素，是阻碍农民工利用图书馆的主要原因。

公共图书馆要重视“新生代农民工”的需求，他们出生于改革开放后的80年代初，平均年龄在25岁以下，偏小者居多，大都在新世纪初进城务工或做小本生意；跟他们的父辈相比，他们接受教育的条件与机会更好更多，所以通常受教育程度较高，很少参与农务，许多人甚至完全没有接触过农务，这些生活经历让他们进城务工的目标和对自己的期望受到很大的影响。调查显示，报刊、电视、广播、互联网等媒介已成为“80后”农民工信息获取主渠道。2009年针对广州两代农民工信息需求的问卷调查显示，41.9%的新生代农民工工作与生活中最需要的信息是“职业介绍”，比老一代农民工的30%高出了11.9%；在业余爱好上，58.1%的新生代农民工选择了上网，远高于老一代农民工的8.2%，也高于选择看电视、电影的55.2%，选择逛街的50.5%，选择睡觉的39%，选择读书看报的33.2%，选择交朋友的30.5%。另据调查，新生代农民工的信息需求以就业、休闲娱乐、经济法律以及文学小说类为主；目前最常用的信息获取渠道还是网络与电视广播；企业和书店是绝大部分新生代农民工获取信息的主要来源，而利用图书馆的相对较少。调查还发现，大部分新生代农民工对图书馆缺乏了解，时间和精力不够、不知道图书馆的具体位置、手续麻烦以及图书馆太远等成为妨碍新生代农民工利用图书馆的最主要原因。

根据农民工的需求特征，公共图书馆要为农民工提供各种休闲、娱乐性强的小说、文摘、故事书等书刊。通过加强宣传阅读、指导阅读，引导农民工走进图书馆这所“没有围墙的学校”，既让农民工阅读到免费的休闲娱乐读物，充实他们的业余精神生活，又让农民工接触到人类优秀的精神产品，避免“黄赌毒’’的影响与毒害，营造良好的信息环境和健康的社会环境。

3. 开展以就业和提高技能为中心的培训

在我国，二、三产业从业人员中农民工占半数以上，76.4%的农村劳动力没有接受过技术培训。2003年10月，由农业部等6个部门共同制订的《2003-2010年全国农民工培训规划》为农民工培训提供了指南。国办发（2010）11号文件《关于进一步做好农民工培训工作的指导意见》指出：“加强农村实用技术培训与创业培训。加大力度提高培训水平，让农民工能通过培训掌握一门实用技术，使他们的就业率得到显著提高。”公共图书馆要以此为依据开展农民工培训服务。

公共图书馆应根据农民工的需求和社会就业热点，及时为农民工提供职业技能培训，开展安全生产讲座，开展以提高技能为中心、以就业为目标的培训服务；运用网络信息和技术，如全国文化信息共享工程网站的进城务工栏目的信息和视频，组织他们学习家政物业、建筑装修、车辆电器维修、营销技能、美容保健等热门职业技能，使他们基本掌握一项在城镇创业、就业的技术，在激烈的就业竞争环境中提高生存能力。此外，图书馆可以和城市劳动部门、就业指导培训中心联合，为农民工开展专题培训。还可以与学校合作，充分利用大学生志愿者开展针对农民工的计算机、外语、专业性的培训。如重庆图书馆每个月第二个星期四定期开办农民工免费电脑培训班，根据农民工需求量身定做免费电脑培训，发放上机练习卡，提供45个学时免费上机时间，已免费开展电脑培训17期，培训600多人次。

4. 开展多种形式的活动提高农民工及其子女的文化素养

公共图书馆为农民工服务，要通过多种形式提高农民工的文化素养。公共图书馆可以从三个方面开展服务：

一是要培养农民工及其子女积极向上的社会主义价值观和良好的道德素质，让农民工及时了解国家政策。

二是培养农民工及其子女的科学文化素养，引导他们学习科学文化知识、了解历史地理等，真正提高农民工的文化程度。针对农民工在打工中经常遇到的拖欠工资、劳资纠纷以及遇到的人权伤害等问题，图书馆要加强法律信息知识服务，促进农民工及其子女的法律知识学习，用法律保护农民工的权益。图书馆要在农民工及其子女中大力普及法律法规知识，通过订阅法律书刊、举办法制培训班、提供法律咨询、法律援助等方式，增强农民工的法制意识，提高依法维权能力，使他们在遵纪守法的同时学会运用法律武器，解决打工过程中可能出现的工伤、医疗、养老保险等问题，维护自己的基本权益。另外，通过对农民工进行电脑、普通话、英语、社交礼仪、文明行为、心理健康等知识的培驯，提高他们的综合素养。

三是可以促进文化上的融合，增强农民工及其子女对城市的认同感、归属感。外来移民要融入当地社会，除了经济上、政治上的融合，更重要的是文化上的融合。由于农民工这种身份的特殊性，在他们进城务工后长期处在社会底层，其心理压力和经济承受能力比较薄弱，也易于引起矛盾激化，并有可能危及到社会稳定。公共图书馆可以组织座谈会、讲座，让农民工了解城市文化，融入城市文化，有利于促进全社会文明程度的进步。

第四节　政府信息公开服务

政府信息公开是政府信息资源整合发展的必然方向，是服务型政府信息化发展的要求。它以公民的民主权利为根本诉求，其根本理念与公共图书馆的服务内涵是相契合的。分析和探讨公共图书馆的政府信息公开服务，对于我们理解公众、政府和公共图书馆三者之间的互动关系具有重要的现实意义。

一、政府信息和政府信息公开

关于政府信息，2007年4月5日由国务院公布的《中华人民共和国政府信息公开条例》（以下简称《条例》）中对其做了明确的概念界定，即“是指行政机关在履行职责过程中制作或者获取的。以一定形式记录、保存的信息”。从产生主体来看，政府信息来源于行政机关，即行使国家权力的各机关和依法被授权管理公共事务的各组织。对于行政机关的概念，国外一些法律法规中做了明确规定，如《日本行政机关拥有信息公卄法》将“行政机关”定义为“依据法律规定在内阁中设置的机关以及属内阁管辖的机关、国家行政组织法有关条款规定设置

的国家行政机关、国家行政组织法有关条款规定的特别机关、会计检察院”。从信息属性来看，政府信息产生于行政机关履行职责这一信息活动过程，它作为一种不可或缺的国家信息资源，具有社会共享共有的公共属性。记录和保存政府信息的载体可以是文本、图片、录音、影像等，获取方式具体有查阅、摘录、复制、下载、收看等。从接收客体来看，政府信息与社会各成员间均行着直接或间接的利益关系，因而从这个意义上来说，社会公众是接收行政机关依照一定法定程序公开的政府信息的客体，他们享有依法获得政府所掌握信息的权利。但是对于社会公众作为自然人的属性而言，由于政府信息是与一个国家的内部发展情况息息相关的，所以公众的性别、职业、社会地位、健康状况等都不是客体确定的矛盾点，主要的讨论分歧在于该接收客体的国籍，各国的国情不同，则客体被界定的国籍范围就不同。

政府信息公开是政府信息的传播方式之一，这表明行政机关在除开那些归属国家秘密、商业机密、个人隐私等的信息外，应主动以“公开”的形式向社会公众提供政府信息。作为一项庞大的社会系统工程，政府信息公开一方面关系到社会主义民主法治和政治文明。传统政治文化下的政府机构不愿意让公众知道他们手中的信息，而公众在不能充分了解政府信息的同时也无法真正地参政、议政，这无益于构建一个民主的法治文明社会。另一方面，政府信息公开关系到政府转型中对政府信息资源的高效开发与利用。政府执政方式的转变、服务职能的深化和行政体制的改革要求大力提倡和推进政府信息公开，其中重要的是使政府信息资源能被社会公众有效运用。对政府信息公开的社会环境可以从三个方面认识。首先，实施政府信息公开是信息化社会与政府转型合力的结果。这是建立在大量的信息化工作基础之上的，信息已成为比物质更重要的资源出现、知识经济的兴起，以及政府面向公众服务的实践，都体现出政府

信息公开的必要性。其次，公民的信息需求与权利意识的转变需要政府信息公开。前者涉及公民的知情权，作为一项基本人权，政府信息公开中的知情权指的是公民有权利知悉并获取政府信息，且政府应保障公民的这一权利不受剥夺；后者提到的权利意识即公民的民主权利意识，这种意识的逐渐苏醒促使占据社会信息资源很大比重的政府信息向着更广泛的利用空间发展演化。再次，《条例》的颁布实施给政府信息公开带来了新的契机，体现了我国政府信息公开制度取得了阶段性的成果。它从法律上规定了政府信息公开的范围、方式、程序、监督和保障等，尽管还有不完善之处，但是其在推进我国民主法治建设中起到的作用不容忽视。

二、开展政府信息公开服务的措施

政府信息公开关系到社会各阶层和各利益群体，其中政府部门、非政府组织、公共信息服务机构及全体公民所承担的责任义务不尽相同，随着信息公开的进程，所具备的功能各有侧重。《条例》第十六条规定：“各级人民政府应当在国家档案馆、公共图书馆设置政府信息查阅场所，并配备相应的设施、设备，为公民、法人或者其他组织获取政府信息提供便利。行政机关可以根据需要设立公共查阅室、资料索取点、信息公告栏、电子信息屏等场所、设施，公开政府信息。行政机关应当及时向国家档案馆、公共图书馆提供主动公开的政府信息。”

公共图书馆是政府的文化服务设施及服务机构，毋庸置疑地要在政府信息公开中发挥重要作用并有所作为。我国公共图书馆在政府信息公开工作中的作用表现在以下五个方面：一是参与到相关标准的制定工作中去；二是做好政府公开信息资源的组织与整合；三是想办法把政府公开信息推送到广大老百姓的身边；四是着力于政府公开信息资源的长期保存和永久利用的技术与机制研究；五是如何降低公共图书馆参与政府信息公开的一些成本。

1. 公共图书馆开展政府信息公开服务的具体措施

（1）以政府信息的可公开性为主导方向

公共图书馆拥有丰富的信息资源，其中包括大量的政府信息资源，因此公共图书馆在开展政府信息公开服务上有天然的优势。实施政府信息公开是整个社会民主发展的趋势，这种趋势是一个不断向前发展的累积过程，需要全社会的各个组成部分来共同努力。对于公共图书馆来说，首先就是要保障政府信息的可公开性，这关键在于公共图书馆对待政府信息的服务意识问题。过去的服务意识是与权利本位思想相对应的，使得政府信息与公民之间的距离感一直存在，掌握在少数人手中的政府信息变成了一种稀缺资源，很难通过公共图书馆这个信息渠道来广而告之。如今的公共图书馆要摒弃以前的保守姿态，转变遮掩政府信息以不为人知的固有观念，推动政府信息公开服务的有序开展。

（2）与政府有关部门和领导密切协作

在政府信息公开行为中，公共图书馆与政府之间是一种密切协作的关系，一方面政府有关部门需要公共图书馆这一平台来公开政府信息，另一方面公共图书馆可以主动向各级政府部门索取信息。两者之间的互动可体现在两个层面上，第一个是抽象的信息流动层面，政府的各个行政机关参与生产、制造和形成信息，这些信息通过一定的合法渠道流向公共图书馆。要指出的一点是，该层面中的政府信息不是单向从行政机关到公共图书馆的流动，公共图书馆对可被接收的政府信息还要起到把关人的作用，也就是说要对其进行鉴别、筛选以及及时反馈。第二个是具体的人际合作层面，指的是公共图书馆的政府信息公开服务有关部室与政府的相关领导建立良好的交往关系，只有在一个紧密协作、健康互利的氛围下，才能更好地激励政府信息的传播与公开。

(3) 全面搜集可供公开的政府信息

公共图书馆服务要强调主动性，没有主动性便会使图书馆缺乏活力，同时也会失去很多重要信息，具体到政府信息公开服务上就是公共图书馆要全面搜集政府信息，尤其是那些可供公开的信息。这里对公共图书馆主要提出了两点要求，首先是“全面”搜集，即公共图书馆要发挥自己所有的主观能动性，通过各种正当的合法途径或手段来获取政府信息。当然，信息得到的多少是与行政机关对政府信息的释放程度、当时的社会环境要求、技术限制等因素有关，但必须保证在自身能力范围内得到最全面的信息。其次是搜集“可供公开”的政府信息，公共图书馆要区分哪些是可以公开的政府信息，哪些是不能公开的政府信息，对于那些可以公开的就要去尽力获取，对于不能公开的则要慎重，以免在提供政府信息公开服务中出现与政策、法律、制度相悖行的情况。

(4) 满足所有公民对政府信息的需求

政府信息公开制度产生的一个基础条件是公民权利意识的不断提高，公民逐步意识到自身在推进社会民主化中的重要作用，而不是一味地置身事外，因而作为一种政治参与力量的公民有知悉政府信息的需求。针对这种需求，公共图书馆要以完善的政府信息公开服务来满足，这是保障公民知情权和话语权的途径之一。为了所有公民能方便快捷地获得政府信息，公共图书馆不仅仅在馆内的物理环境上要发生一些变化，如增设公开政府信息的布告栏、显示屏、电子查阅点等设施和设备，而且在服务内容上也要改变，如除了提供一般性的政府信息公开服务外，还应在定期的读者培训中加入如何解读政府信息的部分内容。

(5) 充分开发和合理利用政府信息资源

搜集政府信息是公共图书馆提供政府信息公开服务的基础，更重要的是关注这些信息的实用性和适用性。政府信息是重要的资源，只有重视和开发所获取的政府信息资源，才能推动其合理利用，二者相辅相成。公共图书馆，尤其是国家图书馆、发达城市中的省市级公共图书馆等，有相对完善的信息开发技术和稳定的内部人才结构，即这些馆已基本具备了开发政府信息资源的技术条件和人才条件，而对于那些在软硬件方面还未达到一定标准的公共图书馆，不能以资源开发能力不足作为借口来忽略对政府信息资源的开发，应该加大建设力度以支撑政府信息公开服务。开发政府信息资源是为了能最终利用，但要在一个合理的范围内

利用，低于了这个范围的下限值便会形成资源浪费，高于这个范围的上限值就是对资源的过度利用，将会造成对政府信息资源的滥用、乱用和误用，公共图书馆要做

的是通过开展政府信息公开服务来达到社会各个利益群体对政府信息资源利用的合理化和有效化。

2. 公共图书馆在政府信息公开服务中应注意的问题

政府信息公开活动是一个庞大的系统工程，涉及方方面面的问题，公共图书馆在提供政府信息公开服务的时候首先应把握政府信息公开活动的本身规律和特点，其中包括活动实施的法律性、系统各要素间的连接性、阶段分层的复杂性、持续发展的长期性，以及切合我国国情的文化性等。另外，公共图书馆开展政府信息公开服务时必然会遇到许多矛盾和冲突，需要每个公共图书馆人密切注意，这些问题主要集中在以下三个方面。

（1）平衡好政府和公民之间的关系

在政府信息公开中，政府是主导者，即政府信息由政府机构来发布。公民既是服务对象又是参与者，而公共图书馆是作为公共信息事业部门来主动介入，除遵守《条例》中的相关规定外，一方面要利用专业特长、信息技术和人力资源等内在优势协助各级政府，通过编制信息公开目录和指南、进行公民信息素养培训、协助加工初始文档等活动扩大自身影响，推动信息公开；另一方面是要调动公民的主观能动性，进一步强化服务对象的参与意识，强调政府与公民的共同主导，以此促进政府信息公开的循序渐进开展，奠定民主政治的基本保障。公共图书馆做好政府信息在政府机构和社会公众之间有效流动，积极收集政府信息的同时，需要整合这些信息以向社会公众公开，公众也可以向公共图书馆提出想要知道政府信息的要求，从而形成政府信息在社会各群体中转移传递的良性互动。

（2）协调政府信息公开与保密之间的尺度

政府信息公开并不是指要把所有的政府信息全部公开，而是公开不具保密性质的那些信息，公共图书馆要注意保护政府部门的隐私。一般来说，根据对政府部门权益的保护程度，政府信息的公开在内容范围上有三个层次：公开、部分公开、不公开。公开的和部分公开的政府信息均可以接受公民的公开请求，只不过部分公开的政府信息必须除去了不公开信息部分后才能向请求人公开，不公开的政府信息是受保密法及相关法律法规保护的。对于公共图书馆而言，所拥有的政府信息很有可能涵盖了这三个层面，那么就需要公共图书馆在提供政府信息公开服务时把握好政府信息公开与保密之间的尺度，对政府信息进行分类，在不违背

保密原则和不侵犯隐私权的条件下，保障服务的有序开展。

（3）切实保障网络环境下的政府信息安全

公共图书馆是公民在网络环境下获得政府信息的一个重要的信息接入点，网络为公共图书馆开展政府信息公开服务提供了有效且便利的条件，比起单一的纸质政府信息提供来说更易被如今的大多数公民所接受，但如何从意识、技术和制度方面保证政府信息安全、网络安全和国家安全却是公共图书馆面临的一个考验。网络技术因素在当前的信息安全中显得尤为重要，没有坚实的技术作为后盾就谈不上对网络信息的安全保护。公共图书馆既然要成为政府信息的提供者，就必须考虑到在网络环境下提供的政府信息是否能够被公开，已公开的信息是否存在着安全隐患，是否做好了在政府

信息受到威胁时的应对准备等一系列现实问题，这也是在信息化背景下对公共图书馆的政府信息公开服务提出的挑战。

第五节 基于新媒体的服务

媒体的变革给公共图书馆领域带来的冲击常常是深刻的，在报纸、广播、电视三大媒体为主导的时代，媒体与公共图书馆服务的关系更多的是被收藏与收藏盼关系，体现在馆藏文献的数量和种类上了。当信息化浪潮席卷而来之时，网络成为了第四媒体逐渐发挥作用，公共图书馆服务可以说从形式到内涵都发生了巨大改变，计算机的普遍使用为公共图书馆打开了一条通往未来数字化服务的道路。手机作为第五媒体逐渐被公众所接受和认可，其与公共图书馆的结合也给公共图书馆服务增添了新的活力。

一、新媒体对公共图书馆服务的影响

当前的各类媒体按媒介产生时间划分，可以分为五大类媒体，从第一媒体到第五媒体的代表性媒介分别是报纸、广播、电视、网络、手机。新媒体这一概念的产生是依托于信息技术的飞速发展，媒体呈现出新的形态，大多指的是五种媒介在不同程度上的复合形态，不同媒体优势互补，如网络电视、数字电视、移动媒体等。新媒体环境下图书馆服务的特点包括：一是开放式，无论是文献资源的收集还是数字资源的访问，都注重开放性；二是交互式，用户可以参与到图书馆提供的服务中进行互动；三是多样性，服务内容和服务形式越来越多样化；四是泛在化，新媒体使图书馆为用户提供了一种到身边、到桌面、随时随地的服务，

图书馆服务无处不在、无时不有，用户在哪里，服务就在哪里。

新媒体对公共图书馆服务的影响，促进了公共图书馆服务与新媒体的结合，其中有机遇也有挑战，由于发展时间尚短，总体说来是机遇远大于挑战。目前，新媒体给公共图书馆服务提供的机遇有三个方面。

1. 创新了公共图书馆服务的手段

媒介技术的进步在公共图书馆服务中的最直观反映就是服务手段的更新。在网络尚未出现的时候，图书馆服务必须依靠大量的人力，每一个阶段都必须有人来参与，服务手段相对比较单一。以借阅书籍为例，传统的公共图书馆服务要求读者必须到馆借还书，如果要续借图书仍需到图书馆来，这对于没有时间到馆的读者很不方便，久而久之，他们就不愿意来图书馆了。当互联网迅速普及之后，数字图书馆的概念被提出并慢慢被构建出来，读者可以足不出户就获得图书馆的各种信息资源，另外很多公共图书馆纷纷建设网站，读者在计算机上就能享受到图书馆的外借服务，其中的所有步骤都可以在网络环境下进行，而不必反复去到图书馆这个实体环境。对于公共图书馆而言，采用计算机远程服务的手段也减轻了过去馆员的工作量，服务手段的创新带来的是公共图书馆与时俱进的发展。

2. 缩短了公共图书馆与读者之间的距离

理解公共图书馆与读者之间的距离有两层含义，表面上的含义是指图书馆与读者之间的物理距离，通常指的是读者住处与图书馆间的相隔路程，这不是新媒体应用就能改变的。我们说的缩短距离指的是让读者更乐于上图书馆来主动接受信息或知识，图书馆服务也加入新媒体技术来吸引读者，比如可以开展最新图书书目推送服务、手机新闻退订阅服务、馆内免费无线上网服务。以国家图书馆为例，如今它利用新媒体技术可以提供以下服务：移动数字图书馆服务、数字电视服务、数字资源触摸体验系统、数字共享空间服务、国图手机报服务、无线局域网服务、虚拟现实服务、手持阅读器服务、智能架位服务、自助借还书服务、整

合发布服务等。这些可以具体操作的新媒体服务无疑拉近了公共图书馆与读者间的关系，使服务在方便快捷且人性化的同时更深入人心。

3．降低了公共图书馆服务的成本

甩机器服务代替人力服务，这在一定程度上本身就是降低成本的举措。因此新媒体技术在公共图书馆服务中的引进，一是在所有的图书馆服务环节中尽可能地使用了新媒体信息技术之后，就会替代掉原先的人工岗位，从而大大降低了人力成本；二是将大量的馆藏资源数字化，在一个图书馆联盟中的其他图书馆就可以同时共享，省去了过去单个馆为了提供全面化的文献服务而耗费的购买成本。

二、各类基于新媒体的服务

基于新媒体的公共图书馆服务已经打破了过去由于地域限制而导致的服务范围有限化，互联网络接入点的逐渐增多以及公共图书馆的日益数字化，在网络环境中便架构出游离在图书馆实体空间之外的公共图书馆服务模式。只要用户在网络上对图书馆进行访问，面向用户的服务就已经开始，这种服务摆脱了面对面近距离交流的形式，而是通过一个网络媒体来建立联系，但是服务依然可以进行。

公共图书馆是面向全体公民的，其精神和宗旨是实现普遍均等，从这个意义上来说，新媒体的出现为公共图书馆实现其理念提供了很好的契机。社会信息化的全面发展，让面向所有群体的公共图书馆服务变得无处不在，任何时候、任何地点、任何人都可以通过一个网络终端享受到公共网书馆服务，获得自己想要的信息。

数字鸿沟是信息富有者和信息贫困者之间的差距，公共图书馆一直在努力缩小这个差距。新媒体技术将不同媒体进行深度融合，优势在于能发挥不同媒体的优势，如手机与电视的结合使用户能随时随地观看到电视节目，而不用局限在过去电视的非便携性上。公共图书馆对新媒体技术的运用，削弱了以前的媒体技术对适用环境的挑剔，让更多的人能使用现代通信和网络基础设施，并平等获得公共图书馆所提供的信息资源。因此，公共图书馆服务可以应用新媒体技术的有利方面，在一定程度上做好缩小数字鸿沟的有力推行者。

1．触摸屏图书馆服务

触摸屏是一种信息查询输入设备，在人机交互控制下，人们可以利用所设置的应用软件，在触摸屏上直观、简便地查询和获取各种信息，因而被各行业广泛应用。随着触摸屏技术在图书馆的应用，触摸屏成为图书馆服务的新形式日益普及。英国大不

列颠图书馆的读者借助触摸屏可以近距离翻阅珍贵的书籍和手稿，德国汉堡中央图书馆通过触摸屏完成馆藏的自动归还，韩国国立中央图书馆数字图书馆入口处设有触摸屏检索亭，可提供信息检索及阅览服务。我国国家图书馆2008年新馆开馆时推出了触摸体验系统，设置了服务介绍、馆藏资源、电子报刊、在线展览、中国政府公开信息整合、少儿频道等栏目。

公共图书馆开展触摸屏服务，可以在馆内设置，方便到馆用户，也可以在居民点集中的地方设置，以吸引公众注意。触摸屏服务内容广泛，涉及图书馆介绍、图书馆利用指南、电子报刊、电子图书、政府信息、城市信息、特色馆藏等，成为读者了解图书馆的直观窗口和直接接受图书馆信息服务的新形式。目前已有一些图书馆服务供应商与公共图书馆合作，推出图书馆触摸屏服务。还有一些媒体主动在公共图书馆内设立免费媒体触摸屏，在扩大媒体传播功能的同时，也增加了图书馆的服务项目。

2. 自助图书馆服务

随着无线射频识别（RFID）技术的应用，图书馆服务走上了智能化的道路。1998年新加坡国家图书馆率先使用RFID技术进行图书管理，随后美国、澳大利亚、荷兰等国的图书馆也相继使用。2006年集美大学诚毅学院图书馆和深圳图书馆在国内率先开始运用RFID技术。2006年7月，深圳图书馆新馆开放，较早在大型图书馆运用RFID技术。此后，一些公共图书馆应用RFID技术，完成图书自助借还、图书智能归架、防盗体系、馆藏定位等服务工作。据统计，应用RFID技术的图书馆以每年30%左右的速度增长，截至2009年底，全球约有3000余个图书馆采用RFID技术管理图书；到2010年7月，全国约有52家图书馆实施或尝试RFID技术管理图书，其中公共馆30家。

在24小时服务的自助银行、自助售货机等自助服务的影响下，图书馆开展了自助借还服务，美国、澳大利亚、英国等国和我国台湾、香港地区的许多图书馆都陆续使用了自助借还书系统，自助图书馆迅速兴起。2005年7月22曰，我国台湾台北市图书馆率先尝试建立了Open Book无人服务图书馆。2007年12月，东莞图书馆推出国内首台图书馆ATM，无人值守的自助图书馆藏书万余册，配有阅览桌椅、报纸、空调等设施设备，在主馆闭馆期间提供自助借还书和阅览服务。2008年4月，深圳图书馆第一台“城市街区24小时自助图书馆系统”通过验收投入试运行，向广大用户开放。经过3个多月的试运行后，于2008年7月正式在街区布点开始正常运行，2009年4月首期投入运行的40台服务机系统全部开通。其他地市也陆续引进开通这种24小时自助图书馆系统，如沈阳市和平区自助图书馆（2008年12月）、首都图书馆（2010年2月）、三亚市图书馆（2011年1月）等。

3. 移动图书馆服务

随着技术的发展，手机阅读服务、手机图书馆正在全球迅速兴起。手机阅读服务是图书馆提供手机可阅读的数字资源，用户通过手机与图书馆的联结，在手机上下载、复制和浏览图书馆的书刊报等，并利用手机的随身性和移动性特点进行阅读的新型服务方式。其主要功能有：用户可以按兴趣订阅、下载、导入、阅读图书馆的数字资源，定期进行下载更新，对订阅的内容进行分类、排序，并在阅读过程中进行查找、页面跳转以及添加书签、批注、加亮、画线等笔记操作等；图书馆可以对用户进行注册管理、利用统计、阅读推荐、阅读指导等。而手机图书馆是在手机阅读服务的基础上，在手机上进行图书馆借阅和信息咨询等各项活动，具有更强的管理与服务功能，包括手机阅读服务、离线导航服务、WAP服务等。离线导航服务指用户将图书馆用户指南或图书馆平面确定位置的导航图下载到手机上，通过浏览查找进行定位。WAP服务是用户以智能手机替代计算机，利用手机上网功能接入图书馆主页，使用图书馆检索、在线阅读、视频点播、电子资源访问与下载等业务的服务。

在国外，以欧美、日本、韩国、芬兰等国为主导，陆续推出了移动图书馆计划，如美国的俄亥俄州图书馆、英国汉普郡图书馆、芬兰国会图书馆等。

我国移动电话用户达85 900万户，随着移动用户的普及，公共图书馆要开展移动图书馆服务，逐步实现“图书馆在您身边，服务在您身边”、“读者到哪里，服务就在哪里”。近几年来，国家数字图书馆、全国文化信息资源共享工程国家管理中心、上海图书馆、苏州图书馆、深圳图书馆、武汉图书馆等相继推出自己的移动图书馆应用服务，主要包括短信提醒（图书到期／预约到馆）、短信查询（图书馆基本信息、书目信息）、书目WAP查询等。国家图书馆的“掌上国图”手机服务包括了移动数字图书馆、短信服务、国家图书馆WAP网站、手机

阅读和国图漫游五部分内容。2010年9月，国家图书馆手机门户WAP网站正式改版上线，新版WAP网站承载了大量国家图书馆特色资源，包括千余种公开版权图书，500余小时的音频讲座，将近10万篇学位论文元数据，32 000张特色资源图片，为读者提供内容丰富、体验良好的特色资源展示，读者可以通过手机WAP网站直接在线分享国家图书馆的讲座、展览、书刊阅读等内容。上海图书馆在2005年短信服务基础上，于2009年开通“手机版图书馆网站”和客户站服务，前者服务内容包括上海与世博、动态新闻、上图讲座、分馆导引、上海电子书、服务与简介；后者服务内容包括书目查询、读者卡已借图书查询、读者卡有效期以及卡功能查询、上图讲座查询和预定、阅览室开放时间和读者卡功能要求查询等。深圳图书馆的手机服务涉及定制信息提醒、图书续借、查询、自助缴费等。

4．电视图书馆服务

随着电视网络的发展，公共图书馆可利用电视网络平台开展服务入户。数字电视是采用数字技术处理电视节目的采集、制作、编辑、播出、传输、接收的全过程，具有比传统电视模拟信号更高的声音和图像质量，信号损失小、接收效果好。国家图书馆和各省公共图书馆将资源传递与文献信息资源共享工程相结合，利用数字电视开展图书馆的信息服务，当前主要有三种形式：①有线电视和数字电视模式。如辽宁主要通过三种方式进行，一是开通专门的模拟频道直接播发文化信息资源共享节目；二是在未实现数字电视整转的城乡，利用Z9频道，通过推流（Push VOD）方式和专用机顶盒（带160GB硬盘）实现离线式点播；三是利用数字电视技术，在实现整转和具备双向能力的HFC网络上实现真正的在线免费点播文化共享节目。②IPTV模式。如河南、山西、广西等省区图书馆通过“宽带网络+机顶盒+电视机或计算机”，与党员远程教育网结合，以合作共建方式，将资源提供给党员远程教育网，通过该网络实现乡镇和村文化站的覆盖。③数字电视模式。国家图书馆、杭州图书馆和广西图书馆等与数字

电视运营商合作，在有线数字电视中开设相关频道，通过高清机顶盒，以互动方式，选择阅读数字书刊和讲座等视频节目，为公众提供服务。目前，这些形式在我国乡镇和农村文化建设和图书馆服务中已发挥了重要作用。

交互数字电视使数字电视具有更强的“互动”功能。在城市，图书馆双向交互式电视服务已经起步，2008年国家图书馆联合北京歌华有线电视网络公司研发“国图空间”电视服务，并于2009年在北京正式发布，目前受众群体已达137万多户，该服务包括视频服务、图片浏览服务、图书阅读服务和资讯服务。此外，首都图书馆也已开始进行基于广播通道的数字电视服务；杭州图书馆借助当地的电视运营商，推出了“文澜书话”数字电视服务。

国家广电总局宣布，2015年广播电视全部转为数字化，2010年在全国下发了4张IPTV电视牌照。图书馆人已敏锐地抓住这个机遇，借助更广阔的平台，推广图书馆的数字服务，与央视国际、上海文广等机构的合作已经开始。2010年三网融合的正式启动，新媒体在公共图书馆服务中将有较大的发展空间。

第六章　公共图书馆资源建设标准与服务标准

第一节　公共图书馆资源建设标准与服务标准的必要性及目标

一、建立标准的必要性

（一）标准的定义

我国国家标准GB / T20000.1-2002《标准化工作指南第一部分：标准化和相关活动的通用词汇》中有关标准的定义是：标准是指为在一定的范围内获得最佳秩序，经协商一致制定并由公认机构批准，共同使用的和重复使用的一种规范性文件。标准宜以科学、技术的综合成果为基础，以促进最佳的共同效益为目的。

（二）建立标准的必要性

当前公共图书馆的信息资源不仅包括纸质文献资源，而且有多种载体形式的数字信息资源构成图书馆的虚拟馆藏，还有许多图书馆拥有自建的特色数据库，这些不同载体形式、不同类型的信息资源未能形成较为一致的建设标准，不利于图书馆界的互相交流与合作，成为影响图书馆的信息资源共享实现的短板。因此，建立图书馆资源建设与服务标准是十分必要的。分析建设和执行图书馆资源建设和服务标准的必要性，可以从两个层面米考虑。

1．政府主管部门角度

公共图书馆是由政府兴办的、向所有社会公众开放的公益性组织，它本质上是政府向社会公众提供的文化、教育的公共空间。政府是其主要责任主体，承担了公共图书馆的建设、维护和管理责任，并通过公共图书馆保障社会中每一个公民获得了自由获取知识和信息的权利。从宏观层面看，国家或地方政府通过制定公共图书馆的资源建没与服务标准并监督实施，可以宏观管理与调控全国或当地公兆图书馆事业的平衡发展，为公共图书馆信息资源实现共享提供决策依据，基本保证全国或地方公民的基本文化权利。

2．图书馆自身角度

图书馆的馆藏文献资源、数字信息资源是图书馆提供服务的重要物质基础。面对信息高度发达的现代社会，任何图书馆都不可能全面收集各类信息资源，只有通过各个图书馆的分工协作、合作共建相对完备的信息资源收藏体系，才能实现信息共享，最大限度地满足整个社会的信息需求。所以，从单一图书馆自身层面看，良好的馆藏信息资源是图书馆提供优质服务的必要条件，执行相关公共图书馆资源建设与服务标准，可以有效地保障图书馆馆藏文献体系的合理性，保障基本信息服务和其他服务的质量，满足读者的基本信息需求。

二、建立标准的背景与目标

截至2009年年底，我国共有县级以上独立建制的公共图书馆2 850家，仍有12个地（市）级政府、368个县（市）级政府尚未设置同级公共图书馆。就文献资源分布情况而言，主要集中于大城市的省（市）级图书馆，2009年37个省级公共图书馆的馆减文献量就占全国公共图书馆馆藏总量的28.5%。在中西部地区，仍有相当数量的图书馆馆藏陈旧过时，几年甚至十几年没有买书或者很少买书的县级公共图书馆不在少数，公共图书馆发展不平衡。制定公共图书馆资源建设与服务标准的主要目标就是为了保证各地区公共图书馆事业的平衡发展，实现信息资源共享，为满足公众的信息需求提供基本保障条件。

制定信息资源建设与服务标准的背景主要有两个：(1) 考虑到国家的地域辽阔和经济发展水平的不平衡性。(2) 考虑到随着信息技术的广泛应用，公共图书馆所处的社会信息环境已经发生了巨大的变化。公共图书馆在社会大环境中运行和发展就必然会受到社会环境的影响和制约，进入信息技术时代以后，图书馆馆藏文献信息资源的质量和读者服务的深度就成为决定图书馆命运的力量。信息变化带给公共图书馆资源建设与服务的直接影响有以下几方面。

（一）馆藏信息资源的结构发生变化

传统馆藏信息资源是以图书、报刊等纸质文献为主，同时收藏视听资料。随着现代社会网络数字信息资源的不断增多，在对现实馆藏的文献资源建设中，除了继续保持图书、报刊等纸质文献重点收藏，更加形成注重特色化的馆藏体系，对虚拟馆藏的收集也更为重视（如各种视听资料的收藏、数字信息资源的收藏），更加注重数字信息资源的目的性、实用性和协调性。

（二）图书馆信息资源的获取方式发生变化

随着电子商务的发展，网上售书活动日益频繁，电子邮件和论坛成为图书馆采访人员获得文献信息的重要手段和渠道，缩短了文献信息资源采购的时间，也提高了采访的效率。图书馆传统的获取信息资源的方式主要是购买、交换、捐赠等途径，可以拥有文献的永久所有权和使用权。然而，图书馆通过网络获取的信息，拥有的是信息资源的网络使用权。现代社会，馆藏实体信息资源和网络虚拟信息资源同样重要，所以公共图书馆将越来越重视搜集网络免费数字资源，利用文化共享工程所提供的网络资源，通过图书馆联盟建立虚拟馆藏信息资源。通过多种努力获取更多的信息资源使用权，使图书馆的信息资源得到进一步延伸。

（三）读者的信息需求也发生了变化

读者的信息需求是信息资源建设的依据。由于知识和信息成为社会发展的驱动力，社会对知识信息的关注程度将大幅提高，人们的信息需求量也必将增加。读者信息需求的内容更加丰富多彩，读者对于信息资源的时效性、内容的准确性都有了更高的要求，信息资源利用的目的更加多元化、多领域和个性化。读者的信息需求由原来单一的文献信息向多种载体的文献信息资源转变，获取信息的渠道也不局限于图书馆，网络、数据库都成为重要的信息源。

（四）图书馆开展信息服务的手段和方法多样化

随着信息技术和数字化技术的发展，公共图书馆将成为高度发达的信息集散地，信息技术的应用使图书馆工作变得更加便利和高效。Web2.0、地理信息系统、云计算、3G技术等一系列新技术的发展都将成为图书馆信息化建设中不可缺少的方式和手段。当图书馆被网络化、数字化技术武装起来后，许多图书馆开始采取更为开放和主动的方式来应对信息环境的变化，对传统图书情报服务进行了有力的扩展，如图书馆目录的网络检索、数字资源建设、数字参考咨询等。越来越多的图书馆开始努力在传统图书馆服务之外拓展新的信息服务内容和形式，信息服务逐渐向以用户为中心服务模式演变，如流动图书馆服务、上门服务、移动信息服务等。人们正在走向全面和泛在的数字信息环境，图书馆将只是用户信息环境中一个有限的部分和用户信息过程中的一个环节，我们需要改变观念．从以图书馆为本转变到以用户为本，把图书馆建在用户桌面。可以预见，随着社会信息技术的不断发展，公共图书馆的服务方式和手段也必将日趋多样化，因为服务始终是图书馆存在的根本。

第二节　公共图书馆的信息资源建设标准

一、公共图书馆信息资源建设标准基本指标

信息资源是公共图书馆开展信息服务的基础，公共图书馆作为人们寻求知识的重要渠道之一，必须达到一定的馆藏标准和提供高质量图书馆服务，这样才能完成其公共服务的使命。公共图书馆信息资源建设不应受任何意识形态、政治或宗教制度的影响，也不应屈服于商业压力。公共图书馆制定和执行信息资源建设标准时，应定期对馆藏资源进行评估、替旧和更新，然后根据纸本图书、纸本期刊、音像资料及其非纸本藏量分别计算。

公共图书馆的信息资源建设标准有必要规定公共图书馆的最低人均藏书标准和每年新增藏书的最低标准，人均藏书量也是基本指标之一，常被用来衡量一个图书馆甚至一个地区或国家文献资源丰富程度的标准。作为可以量化考核的指标，公共图书馆馆藏信息资源建设标准主要有以下几个指标。

（1）公共图书馆总藏书量：纸质文献等物理收藏量，以册为单位。

（2）公共图书馆数字资源总量：以资源字节量为单位。

（3）人均占有藏书总量：以常住人口计算。

（4）人均年增加新书量：以常住人口计算。

（5）年人藏文献资料总量：纸质文献等物理收藏量以册为单位，数字资源以字节量为单位。

二、公共图书馆信息资源建设标准设立原则

（一）符合实际，引导公共图书馆发展方向

公共图书馆信息资源建设标准要符合公共图书馆信息资源建设的实际状况，例如要能科学地反映出新增加的网络数据资源，引导公共图书馆信息资源建设适应信息环境的变化。

（二）分类管理，分不同级别、不同地区制定标准

公共图书馆信息资源建设标准的原则要与当地读者需求和地区经济、文化与社会事业发展相适应，应当形成不同地区、不同级别的公共图书馆的不同特色。《公共图书馆建设标准》中就分别为大型图书馆、中型图书馆和小型图书馆制定不同的公共图书馆信息资源建设标准。文化部组织的公共图书馆评估定级标准区分省级图书馆、地市级图书馆、县级图书馆、少儿图书馆制定不同的图书馆资源建设评估标准。国家公共文化服务示范区（项目）创建标准则是针对西部、中部、东部不同的经济发展水平，提出不同地区公共图书馆信息资源建设指标。

三、公共图书馆信息资源建设标准

（一）图书馆信息资源收藏总量

国际图联对于公共图书馆目标设定的最重要阐述就是“保存人类文化遗产”。信息资源是图书馆业务活动开展的生命线，是一切读者服务活动的基础。信息资源的数量尤其是馆藏纸质藏书的数量已成为决定图书馆空间大小的重要因素之一，没有信息资源，图书馆就没有存在的价值与基础。馆藏数量是图书馆开展服务工作的物质基础，是衡量图书馆事业发展状况的主要标志之一，是制定图书馆发展战略的重要依据之一。因此，公共图书馆信息资源建设的基本标准不仅要规划目前馆藏，而且还要为20年增长的馆藏预留出空间，根据服务人口设计出不同规模地区公共图书馆应该拥有的图书、期刊、视听资料、人均馆藏总量等情况。

目前，公共图书馆信息资源收藏总量的确定方法从世界范围看，基本上各国都采用人均拥有公共图书馆藏书数量指标来衡量。在IFLA的相关文件中，普遍使用人均1.5～2册图书的指标，新建的图书馆人均1册图书，3年后，力争人均2册。人均馆藏的数量随人口增长而呈递增趋势，图书馆的人均馆藏和全部馆藏规模都要根据服务人口不低于“基本”级图书馆的规定而变化。但是，不论服务人口或城市人口多少，图书按单本计算，报纸按月合订本计算，期刊按合订本计算，音像制品（录音带、录像带、光盘）、微缩胶片、电子出版物按单件计算。馆藏总量并不是一个静态的数据，

它会随着服务人口的变化而呈现动态变化的规律，当服务人口增加时，馆藏资源总量会增长，反之亦然。

（二）人均占有图书馆资源量

公共图书馆的信息资源总量与服务人口之间的关系尤为密切。随着人数的增长，馆藏总量呈上升趋势，而人均馆藏呈下降趋势。各馆可根据服务人口的数量设置人均馆藏量，但要充分考虑我国地区间、城乡之间的差异，对许多数据设定下限底线，以确保相对落后的地区能够实现公共图书馆服务的基本条件与环境，同时相对发达的地区也能够不受下限底线的限制，而有一个新的发展空间。

《公共图书馆建设标准》中对不同规模图书馆的馆藏总量和人均藏书量制定了控制指标，明确提出了未来5～10年我国公共图书馆人均拥有公共图书馆藏书0.6～1.5册。而《公共图书馆服务规范》中对公共图书馆信息资源建设标准也有详细规定，如“馆藏印刷型文献以图书、报刊合订本的册数计。省级馆、地级馆、县级馆的人藏总量分别应达到135万册、24万册、4.5万册以上，省、地、县级馆年人均新增藏量分别应达0.017、0.01、0.006册以上。馆藏电子文献包括电子图书、电子报刊、视听资料等，以品种数计。省级馆、地级馆、县级馆的年人藏量分别应达到9 000种、500种、100种以上”“省级馆年人均文献购置费应达到0.52元以上；地级馆年人均文献购置费应达到0.3元以上；县级馆年人均文献购置费应达到0.18元以上。文献购置经费应与财政收入的增长同步增加”。上述数据的要求都是不分地区与城乡的，“不少于”“以上”就是下限，也即底线。这些具体量化的指标为我国公共图书馆信息资源建设规范化、标准化发展提供了有力保障。

（三）年度流通数量

年度馆藏流通数量是馆藏建设中的一个重要因素，分为年度每册馆藏流通率及年度人均馆藏流通率。年度每册馆藏流通率等于年度流通总量除以总馆藏数量所得数；年度人均馆藏流通率等于年度总流通率除以所在区域内的人口数量。计算公共图书馆年度流通数量时，应综合考虑到以上两个方面，在年度流通数量方面保持最佳。

（四）替旧与更新率

可以公开借阅的馆藏被称为流通馆藏。一般把年平均增长量作为馆藏文献增长量指标。根据文化部第四次公共图书馆评估《县市级图书馆评估标准》的“文献入藏”项目中，图书年入藏量3 500种以上、报刊年入藏量400种以上就可得该项目的最高分。馆藏文献增长量太低，造成馆藏文献贫乏，知识断层，读者利用文献受到限制；馆藏文献增长量过高，造成大量无用文献进入图书馆，文献利用率下降。英国的公共图书馆服务标准中规定，图书馆可根据其自身发展状况及资金支持条件下，对已有馆藏进行替旧和更新，保证足够的馆藏满足读者的需求。计数时，将馆藏的多个副本计算在内，并包含影音资料，但是，不包含不外借的副本和参考资料。流通馆藏和影音资料的替换率，可用“被转换成馆减全被更新的替换年限”来表示。替旧数量大约在馆藏总量的3%～6%为最佳；另外，更新年限不是一个恒定不变的数据，在财政支持的基础上，会随馆藏数量的变化而变化，当馆藏数量增加时，替旧率将会随之增长，当馆藏数量减少时，替旧率将随之降低。

第三节　公共图书馆的服务标准

一、制定与实施公共图书馆的服务标准的意义

服务标准是服务质量标准的简称，指社会上某一服务行业或机构用以指导和管理其成员开展服务行为的质量规范。图书馆服务标准，是指图书馆行业用以指导和管珲本行业为所有社会成员开展信息服务行为的原则和质量规范。它是图书馆通过读者服务调研和宣传推广，了解读者获取文献信息的期望或要求以后，将有价值的信息转变为服务标准。它能保证图书馆达到最佳的服务秩序和服务质量。图书馆工作人员按服务标准为读者服务，使能够获取的文献信息充分发挥作用，从而极大地满足读者的要求，让读者满意。可以说公共图书馆服务标准是衡量图书馆服务水平质量的重要指标，也是促进图书馆服务水平和提高服务质量的手段。

公共图书馆的服务标准将对未来公共图书馆事业的发展有着深远的影响，制定合理的公共图书馆服务标准是保持公共图书馆不断发展和具有蓬勃生命力的重要手段，具有重大的意义。(1) 通过对公共图书馆服务标准的研究能调动公共图书馆为读者服务的积极性、主动性，提高公共图书馆的服务能力。(2) 研究和制定公共图书馆服务标准，形成科学合理、服务细分的一系列标准，结合公共图书馆事业发展的现实水平，提出略具前瞻性的指标体系，对未来公共图书馆建设和服务具有重要的指导和引导意义。(3) 公共图书馆服务标准中必然会涉及图书馆各项目设置的指导性建议，落实公共图书馆以人为本的服务理念，提升和拓展现代图书馆的服务方式和手段，造就一批具有现代化特色和高服务水准的公共图书馆。(4) 公共图书馆服务标准是对公共图书馆事业的健康发展的政策性导引，明确公共图书馆事业的未来发展方向。《公共图书馆服务规范》中指出，制定公共图书馆服务标准的意义在于规范公共图书馆信息服务内容与质量要求，为促进公共图书馆事业的发展，建设覆盖全社会的公共文化服务体系，保障公众的基本文化权益，改善公共图书馆的服务条件，提高公共图书馆的服务效能和管理效益。

二、公共图书馆的服务标准的主要内容

目前国内各地区已经出台的公共图书馆服务标准，所涉及的内容大同小异，而2011年颁布的《公共图书馆服务规范》则主要对公共图书馆的服务资源、服务效能、服务宣传、服务监督与反馈等方面做出了明确、详细的规定。

（一）公共图书馆服务资源

公共图书馆服务资源是指公共图书馆在开展服务过程中所拥有的物力、财力、人力等各种物质要素，主要包含了硬件资源、人力资源、文献资源和经费资源四种资源。

1. 公共图书馆硬件资源

公共图书馆的硬件资源中已形成的具体标准和指标有馆舍建筑指标、建筑功能总体布局标准和电子信息设备数量指标四方面，在公共图书馆选址设置中应按照公共图书馆建设用地指标执行，总建筑面积和阅览室座位数应按照公共图书馆建设标准执行。公共图书馆计算机设备配置及用途指标如表6-1所示，还对在馆内与局域网或互联网连接的计算机网络接口数量做出规定：阅览室的信息点设置应不少于阅览座位的30%，电子阅览室的信息点设置应多于阅览座位数．有条件的公共图书馆应提供无线网络服务。

表6-1 公共图书馆计算机设备配置及用途指标

等级	计算机总数量	其中：读者使用计算机数量（台）	其中：OPAC计算机数量（台）
省级馆	100以上	60以上	12以上
地级馆	60以上	40以上	8以上
县级馆	30以上	20以上	4以上

2．公共图书馆人力资源

公共图书馆工作人员应受过专业训练、具备良好的职业道德，在读者服务工作中应平等对待所有公众。尊重和维护读者隐私，热忱并努力为读者提供准确全面的信息服务。人员配置数量也有相应规定，应以所在区域服务人口数为依据，服务人口每10 000～25 000人应配备1名工作人员；具有相关学科背景的专业技术人员应占在编人员的75%以上，少数民族自治地区公共图书馆要配备熟悉少数民族语言文字的专业技术人员。此外，公共图书馆还应坚持实施针对全体工作人员的教育培训计划。每年用于人员教育培训的经费预算应占职工年工资总额的1.5%～2.5%，年人均受教育培训时间应不少于72学时。公共图书馆的志愿者队伍也是公共图书馆人力资源的重要部分，公共图书馆应导入志愿者服务机制，吸引更多图书馆工作人员和社会公众加入志愿者队伍。

3．公共图书馆文献资源

对公共图书馆馆藏文献的采集原则、馆藏文献总量均作了详细规定，本章第三节中已有介绍，故不再展开。在公共图书馆文献资源中还规定少数民族集聚地区的各级公共图书馆应承担该地区少数民族文字文献资料的收藏和服务的职能，其他地区各级公共图书馆也应收藏与本地少数民族状况相适应的少数民族语言文献。关于呈缴本制度也有具体的标准，呈缴本的人藏应符合本馆的文献人藏原则和范围，征集的品种、数量应达到地方正式出版物的70%以上。公共图书馆还应承担当地政府出版物的征集、保存与服务职能，设置政府公开信息查阅点，并做好服务工作。

4．公共图书馆经费资源

公共图书馆的经费资源主要指文献购置经费，由各级政府承担，确保专款专用。省级馆年人均文献购置费应达到0.52元以上；地级馆年人均文献购置费应达到0.3元以上；县级馆年人均文献购置费应达到0.18元以上。文献购置经费应与财政收入的增长同步增加。在文献购置经费中安排电子文献购置经费，并根据馆藏结构和文献利用情况逐年提高或不断调整其与印刷型文献的比例。

（二）公共图书馆服务效能

服务效能是指公共图书馆投入的各项资源在满足读者和用户需求中体现的能力和效率，主要规定了基本服务、拓展服务和服务效率等指标。

1. 公共图书馆的基本服务

在《中华人民共和国公共图书馆法（征求意见稿）》中对公共图书馆的基本服务做出了界定，包括文献信息资源的检索、阅览、外借，咨询服务，举办读书会、报告会、讲座、展览等读者活动三方面。公共图书馆的服务时间也有相应规定，省级馆每周开放时间不少于64小时，地级馆每周开放时间不少于60小时，县级馆每周开放时间不少于56小时。各级独立建制的少年儿童图书馆每周开放时间不少于40小时。

为了更好地向公众提供公共图书馆服务，公共图书馆还应因地制宜地开展形式多样的总分馆服务，通过流动站、流动车等形式，将文献外借服务和其他图书馆服务向社区、村镇等延伸，定期开展流动服务。

2. 公共图书馆的拓展服务

公共图书馆拓展服务有两个方面：(1) 远程服务，公共图书馆应利用互联网、手机等信息技术手段和载体，开展不受时空限制的网上书目检索、参考咨询、文献提供等远程网络信息服务。(2) 个性化服务，公共图书馆可为个人、企事业机构及政府部门提供多样化的、灵活的、有针对性的服务。

3. 公共图书馆的服务效率

公共图书馆的服务效率是通过文献加工处理时间、闭架文献获取时间、开架图书排架正确率、馆藏外借量、人均借阅量、电子文献使用量、文献提供响应时间、参考咨询响应时间等指标体现出来的。

文献加工处理时间以文献到馆至文献上架（或上线）服务的时间间隔计算，报纸到馆当天上架服务，期刊到馆2个工作日内上架服务，省级馆、地级馆及县级馆分别在图书到馆20、15、7个工作日内上架服务。闭架文献获取时间以读者递交调阅单到读者获取文献之间的间隔时间计算，闭架文献提供不超过30分钟，外围书库文献提供不超过2个工作日。开架图书应按照《中国图书馆分类法》分类号顺序排列整齐。省级馆、地级馆及县级馆的开架图书排架正确率分别不低于96%、95%、94%。文献提供响应时间以收到读者文献请求至回复读者之间的时间计算，响应时间不超过2个工作日，并应告知读者文献获取的具体时间。公共图书馆需提供多样化的文献咨洵服务方式，包括现场、电话、信件、传真、电子邮件、网上实时、短信等。参考咨询响应时间是以收到读者咨询提问至同复读者之间的时间计算，现场、电话、网上实时咨询需在服务时间内当即回复读者，其他方式的咨洵服务的响应时间不超过2个工作日。

（三）公共图书馆服务宣传

在公共图书馆服务宣传方面，对导引标识（方位区域标识、文献排架标识、无障碍标识）、服务告示（告示内容和方法、闭馆告示）、馆藏揭示和活动推广等方面规定了具体规范。

1. 导引标识

公共图书馆导引标识系统应使用标准化的文字和图形建立，公共信息标识应采用国家标准GB/T10001.1标识用公共信息图形符号第一部分：使用通用符号；在主体建筑外竖立明显的导向标识；公共图书馆人口处应标明区域划分；在每一楼层设立醒目的布局功能标识。公共图书馆应在阅览区和书库设置文献排架标识，还应对无障碍设施设置专用标识。

2．服务告示

公共图书馆的服务告示需要告示读者公共图书馆服务的范围、内容和方法，读者须知，借阅（使用）规则，服务承诺等基本服务政策。

因故暂时闭馆，须向上级文化行政主管部门报告并经其同意后，提前一周向读者公告。如遇公共安全、网络安全等突发事件须临时闭馆或关闭部分区域、暂停部分服务的，应及时向读者公告。

3．馆藏揭示

公共图书馆应借助计算机管理与书目检索系统，将纸质、电子和缩微等不同载体的馆藏文献目录向公众揭示，提供题名、著者、主题等基本检索途径，方便读者查询。还应通过网站、宣传资料、专题展览等形式，向公众推介、揭示最新入藏的文献和特色馆藏。

4．活动推广

公共图书馆应通过媒体、网站、宣传资料、宣传栏及各种现代化通信手段等形式，邀请、吸引读者的参与和互动，增强和提供公众对公共图书馆的认识。

（四）公共图书馆服务监督与反馈

在公共图书馆服务监督与反馈方面，服务标准规定：公共图书馆应在馆舍显著位置设立读者意见箱（簿），公开监督电话，开设网上投诉通道，建立馆长接待日制度，组建社会监督员队伍，定期召开读者座谈会。认真对待并正确处理来自读者的意见或投诉，在五个工作日内回复并整改落实。

还对读者满意度调查的指标与机制做出了具体规定：公共图书馆每年应进行一次读者满意度调查，可自行或委托相关机构向馆内读者随机发放读者满意度调查表。省、地、县级图书馆调查表发放数量分别不少于500、300、100份，回收率不低于80%。各级公共图书馆的读者满意度应在85%（含）以上。应对回收的读者满意度调查表进行分析，针对薄弱环节提出整改意见。调查数据应系统整理，建档保存。

三、中国公共图书服务标准的发展趋势

（一）与时俱进

一个标准的制定与执行不是一劳永逸的，而是一个循序渐进不断完善的过程。面对社会发展带来的新变化和挑战，公共图书馆应积极应对，发现问题并及时修订，这样才能真正发挥标准体系的保障作用。首先，建立与时俱进的修订体制主要体现在标准的持续性上，只有和现实贴近的标准才会更有利于公共图书馆去参照并努力向标准的方向迈进。在美国、英国、澳大利亚等国家，每隔3～5年就会对公共图书馆服务标准进行一次修订，美国《公共图书馆标准》一年中就修订了多次，从未间断。其次，

影响标准修订的因素是多角度的，社会、技术、经济、图书馆事业每时每刻都发生着变化，与社会环境、用户期望、未来的需求，以及预期的人口增长息息相关。

（二）关注弱势群体

《公共图书馆宣言（1994）》曾提到：每个公民都有平等享受公共图书馆服务的权利，而不受年龄、种族、性别、宗教信仰、语言或社会地位的限制。残疾人由于受身体和精神等方面的制约，受到不同程度的文化限制。我国在服务标准的制定过程中，应大力推进相关的制度建设，保证弱势群体平等自由使用图书馆的权利。例如，在建筑无障碍设施及空间面积的基础上，确保公共图书馆制度、资源和服务方面满足弱势群体的知识和文化需求。美国的《美国残疾人法案》《美国联邦残疾人法案建筑和设施利用指南》《公共图书馆空间需求》《特殊需求的青少年：威斯康星资源和计划指南》等均为美国公共图书馆特殊群体的服务提供了法律基础和制度的保障，为世界公共图书馆事业的发展奠定了坚实的基础。我国的相关部门也应多借鉴美国的成功经验，使服务工作走向制度化、常规化。

（三）发展适合国情的服务标准

我国对公共图书馆服务的研究比较薄弱，传统的公共图书馆服务标准一般以办馆条件为重点评估内容，没有重视读者的成分，不利于服务质量的提升。标准的制定需要考虑各地的公共图书馆的现实情况和当地人口的分布规律，使投入的资源发挥最大的效用。

我国幅员辽阔，各个地区的地理特征、人口密度和分布、经济发展状况都有很大差别，在制定公共图书馆服务标准时需要适当考虑当地的服务人口和社会需求，结合我国的具体国情，不照搬照抄他国的模式，吸取和利用先进的科学方法与经验，探索适合中国国情的服务标准体系。此外，流动图书馆等服务形式将是提高整体公共图书馆服务水平的关键，是普及公共图书馆服务的主要形式，对于我国的农村和偏远地区更是意义重大。

（四）探索创新型的服务标准

公共图书馆服务标准的制定是为了更好地提高公共图书馆服务意识，拓展服务手段和服务方式，提高读者满意度。创新是发展公共图书馆事业的灵魂。国内许多公共图书馆尚未形成自己鲜明的特色，针对这种事实，公共图书馆应将各自的特色渗入到服务标准中，独特的地方性是各地公共图书馆各具特色的原因所在。

对于公共图书馆来说，创新意味着对服务标准进行调整、设计与发展。公共图书馆人都应该认真学习、贯彻和执行《公共图书馆服务标准》，并以此为基础制定考核标准，规范图书馆员的服务质量，以促进公共图书馆事业的长足发展，这是我国公共图书馆生存价值的重要体现。从理论与实践两方面对公共图书馆服务标准体系进行创新性探索，为今后公共图书馆服务标准的发展积累宝贵的经验。

参考文献

[1] 汪东波. 公共图书馆概论 [M] . 北京：国家图书馆出版社，2012.

[2] 阮光册 杨飞. 公共图书馆管理与服务 [M] . 上海：上海科学技术文献出版社 . 2015.

[3] 于良芝 许晓霞 张广钦 . 公共图书馆基本原理 [M] . 北京：北京师范大学出版社 . 2013.

[4] 王松林 . 资源组织 [M] . 北京 . 国家图书馆出版社 . 2011.

[5] 陈兰杰 李英 . 信息检索教程 [M] . 天津 . 天津大学出版社 . 2010.

[6] 杨玉麟 屈义华 . 公共图书馆资源建设与服务 [M] . 北京 . 北京师范大学出版社 . 2013.

[7] 李东来 宛玲 金武刚 . 公共图书馆信息技术应用 [M] . 北京 . 北京师范大学出版社 . 2013.

[8] 范并思 吕梅 胡海荣 . 公共图书馆未成人服务 [M] . 北京 . 北京师范大学出版社 . 2013.

[9] 詹德优 . 信息咨询理论与方法 [M] . 武汉 . 武汉大学出版社 . 2010.

[10] 杨桂洁 . 会计基础与实务 [M] . 北京 . 人民邮电出版社 . 2010

[11] 郑丽娜 . 我国图书馆人力资源管理 [D] . 长春：东北大学出版社 . 2010.

[12] 张伟 . 公共图书馆内涵发展的理论与实践研究 [M] . 上海：华东师范大学出版社，2013.

[13] 陶蕾 . 图书馆创客空间建设研究 [J] . 图书情报工作，2013.

[14] 张小平 . 国家级图书馆文化馆全集 [M] . 北京 . 文化部艺术服务中心 . 2010.

[15] 中国注册会计师协会 . 会计 . 北京：中国财政经济出版社 . 2014.

[16] 王建 . 国外图书馆立法概况及评述 [J] . 情报理论与实践 . 2011.

[17] 刘亮 . 我国地方性公共图书馆立法成就、效果与问题 [J] . 图书馆建设 . 2011.

[18] 张艳．高校图书馆编目外包的管理与实践［J］图书馆学刊．2013

[19] 刘兹恒 徐建华 张久珍．现代图书馆管理［M］．北京：电子工业出版社．2010.